从世博会到进博会

陈东晓 ——— 主编　季路德 ——— 副主编

格致出版社　上海人民出版社

代序　从世博会到进博会

周汉民

（2018 年 10 月 11 日，第十一期"浦江养老金融夜话"在中国金融信息中心举行。全国政协常委、民建中央副主席、上海市政协副主席周汉民在此次活动中作了"从世博会到进博会"的主题报告。本文转自中国金融信息中心公众号 2018 年 10 月 17 日。）

　　进博会首次向世界宣告是在 2017 年 5 月 14 日"一带一路"国际合作高峰论坛上。习近平主席谈到，为推动"一带一路"倡议的进步、进展和发展，我们中国作为倡议的首创国，要做四件事，其中有一件就是 2018 年秋季将举办首届进口博览会。着重提出这届博览会是 2018 年 4 月 10 日在博鳌亚洲论坛，习主席的主旨演讲为世界瞩目，习主席说的第一件事就是我们要更加扩大市场准入的范围。"市场准入"这个词是舶来的，市场准入是世界贸易组织六大原则中的一项原则，如何进一步扩大市场准入的范围？用大白话说，进一步开放市场。第二件事，是进一步改善营商环境。世界银行每年发布营商环境年度报告，而 2017 年、

2016 年两次年度报告在全球 193 个经济体的排行中，我们只排第 78 名。而世界银行发布这样的报告，它取用的样本在中国只来自两座城市，一为上海，一为北京，上海占比 55%，北京占比 45%，所以中国营商环境的好坏上海承担主要责任。第三，习主席在演讲中提出我们进一步改革开放的举措，就是要加大知识产权保护的力度。习主席说："要加大知识产权侵权违法行为惩治力度，让知识产权的侵权者付出沉重代价。"[1] 第四，我们宣告，2018 年 11 月 5 日到 10 日，在中国上海要举办这一届进博会，而且提到这是"主场外交的收官之作"。

一、改革开放的三个重要历史节点

改革开放 40 年，有三个时间点，这三个时间点讲明了，就能了解为什么上海是国家改革开放的排头兵，是科学发展的先行者。

（一）1978 年，党的十一届三中全会

首先是 1978 年。40 年前的中国是什么情况？中国的生产总值是 3 000 亿美元，2017 年中国的国内生产总值（GDP）是 12.22 万亿美元，在今天联合国 193 个成员国中，经济总量超过 10 万亿美元的只有两个国家，2017 年接近 20 万亿的美国，和 2017 年超过 12 万亿的中国。但反过来说，20 万亿和 12.2 万亿就是我们的差距。中国人均 GDP 在 1978 年是 376 美元，到 2017 年是 8 700 美元。从 2017 年反观 1978 年，中国的外贸进出口总额是 209 亿美元，当年占世界贸易总额 1% 都不

---

[1]《习近平：要加大知识产权侵权违法行为惩治力度，让侵权者付出沉重代价！》，中华人民共和国商务部网站，qbpc.caefi.mofcom.gov.cn/article/h/201707/20170702612500.shtml。

到，是 0.8%，排行第 32 位。2017 年，中国外贸进出口总额 4.1 万亿美元，中国已经连续四年成为世界贸易第一大国。1978 年 12 月 22 日，一个所有中国人必须铭记的日期，改革开放就从这一天起步；2018 年的 12 月 22 日，是改革开放的 40 周年。

（二）2001 年，中国加入世界贸易组织

2001 年，中国"入世"。这个历史时期特别关键，特别重要。也就是由于这个时间点，中国多了一个政治语汇叫"与国际接轨"，与国际接轨就是与国际规则融合、向国际惯例靠拢。中国是 1986 年 7 月 11 日提出"复关"申请的，从 1986 年 7 月 11 日努力到 1994 年 12 月 31 日，后来无法完成"复关"的使命，转而开始向"入世"进军。世界贸易组织成立于 1995 年 1 月 1 日。历经千辛万苦，中国终于在 2001 年 12 月 11 日完成"入世"的宏愿。从 1986 年 7 月 11 日到 2001 年 12 月 11 日，一共 15 年 5 个月的努力。2001 年，中国的贸易已经有了长足的进步和发展，从一个非常落后贫穷的国家，到 2001 年外汇储备达到 2 000 亿美元，2017 年 12 月 31 日外汇储备达到 3 万多亿美元。中国打开国门，成为世界利用外资的主要国家之一，中国是整个世界，包括发达国家在内利用外资第三的国家。2016 年中国成为世界对外投资的第二大国，这就是中国的地位。由此，必须把结论说得清清楚楚，一个国家 2001 年的经济总量是 10.9 万亿元人民币，2017 年是 82.7 万亿元人民币，靠的是什么？中国人以更大的开放来倒逼更深入的改革，国家有幸，民族有未来。

（三）2012 年，党的十八大

2012，十八大标志进入新时代。第三个是中共召开十八大的时间

节点，在这个时间节点，中国发生了很多事。2012 年成了大的转折，1978—2012 年，连续 35 年，中国年均 GDP 增长率是 9.9%，从 2012 年开始到 2017 年，中国经济年均增长率已经下行到 7.1%，而这五年中有一年已经跌入 7% 以下，那就是 2017 年的 6.9%，2018 年要保住 6.9% 是十分困难的，其中有重大的因素，那就是中美贸易摩擦。因而中国进入了新的常态，完全可以用一个"低"、三个"高"来形容。低的就是增长的速度。高的是，第一，劳动力成本极大提高。今天中国小时工资已经达到 5 美元了。而在中国的邻国印度尼西亚，今天的小时工资是 0.95 美元，这就是差异。劳动力成本的极大提高，是从 2012 年开始的，中国人口进入了刘易斯拐点的区间。从 2012 年到 2018 年，每年新增劳动力锐减 300 万—400 万。第二，环境成本极大提高。大气环境如此，水环境和土壤环境也是如此。第三，能源资源对世界的依赖度越来越高。2017 年只是"十三五"的第二年，中国对世界石油的依存度已经达到 69%，是相当令人震撼的。这就是 2012 年中国经济进入的新常态，在这样的新常态的影响下，一路走到了今天。

二、上海世博会对城市发展的五点启示

（一）以人为本

第一个启示就是以人为本。以人为本指什么呢？就是以人的基本需求为本，以人的尊严为本。基本需求和尊严，这两者不能偏废。由此，上海世博会是怎么做的呢？全世界国家不论大小，几乎齐聚上海参加世博会，这种盛会全球没有看到过，246 个官方参展者中，主权国家是 190 个，当年联合国成员国是 192 个，全世界都来到中国，再加上 56 个

国际组织，齐聚在 5.28 平方公里的土地上。当时拟定的世博园区是什么样的土地？这块土地上有 1.8 万户居民，家里全部是用煤球炉和马桶的。国际展览局考察团 2003 年 3 月 11 日考察，我们无法让他们踏入要准备办世博会的园区，因为走在小弄堂里，两边晾着马桶，人都过不去；生炉子又烟雾缭绕。最后我们找到一家小厂，在四层楼上，让国际展览局看现场。这就是当年，1.8 万户居民，5 万人全部动迁，274 家工厂（包括江南造船厂）全部搬迁，首先让这块土地的人民生活美好起来。184 天连续举办，从未间断。在这 184 天一共来了 7 308.44 万人，这个纪录不敢说永远，但可以说长远来看不会被打破。许多人是出于爱国心来到世博会：我是中国人，我得来一次，不是为别的，这就是中国的故事。

什么叫以人为本？我们建了一个面向残疾人的展馆，叫生命阳光馆。中国肢体残障者有 8 700 万人，超过法国的总人口，而全世界的残疾人共有 6.8 亿人。这个馆最后得到了上海世博会唯一的集体大奖，没有一个人不称赞。走进这个馆，可以看见没有双臂的人在用牙写毛笔字，称为书法大家。馆里还有好几个用脚弹钢琴的。这些都体现了人性、人格和人的尊严。

（二）文化多元

第二个重要的启示是文化多元。上海世博会的文化多元是怎么表现的？我们的文化多元，第一靠展示，第二靠活动，第三靠论坛。我们的展示就是我们的展馆。上海世博会把最美的展馆都放在一起了，放出来就像一张画。我们一共举办了 22 900 场文化活动。回顾梁晓声先生的伟大论述，文化是善良，文化是约束之后的自由，文化是直达心灵的力量，文化是一种自觉。所以，我们举办了许多论坛，把世博的理念尽可能推向世界。引用温家宝同志的一句话，"上海世博会犹如一部写在大地上的百科全书，构成了一幅多元文化和谐共融的美好画卷"[1]。

（三）科技创新

上海世博会的第三个启示是科技创新。科技创新是源泉，人才是财富。上海世博会力争做到将电子革命的成果推向世博会。世博会对太阳能的大面积使用，形成了对清洁能源非常重要的一种推动。当年有1 000余辆新能源车，日均行驶180公里，运送乘客超过1亿人次。当时太阳能的应用和垂直墙体的绿化在整个亚洲都是领先的，这是中国人的创造。城市最佳实践区是这届世博会留给世界最大的遗产。城市最佳实践区选了伦敦零碳、阿尔萨斯的绿墙体、马德里空气树和竹屋、汉堡"被动房"、瑞士三城水治理。他们把最好的案例送给我们，告诉我们应该怎么做、怎么学。后来又设计了网上世博会，让世博会永不落幕。

（四）合作共赢

第四个重要的启示就是合作共赢。全世界来到中国，就是希望合作的。把这么多的国际组织请到一起，就是求和谐共存的。为什么把这么多国际组织请来？因为上海现在国际组织太少了，只有1个，而日内瓦有400个，所以当时的一个目的就是把更多的国际组织留在上海。有一些参展国与中国没有建立外交关系，比如在大洋洲，借助了斐济这个国家的首都，才把未建交的六国请来，达成整个大洋洲参加上海世博会的协定。联合国前任秘书长加利做的最后一件事就是确认联合国参加上海

---

[1] 《温家宝总理在2010年上海世博会高峰论坛上的讲话》，中华人民共和国中央人民政府网站，www.gov.cn/ldhd.2010-10/31/content_1734483.htm。

世博会。美国馆的总代表是时任国务卿希拉里的密友，他说，世博会是个平台，让世界都知道中国的故事。哥伦比亚馆总代表把展馆中珍贵的哥伦比亚宝石作为礼物送给中国人民。年轻的法国馆总代表感到自豪的是，卢浮宫从来没有做过这么一桩事，将 12 幅国宝级的绘画同时拿到一个地方展出，在上海世博会实现了，这让世界都知道了上海世博会。大家都把世博会作为希望、友好的种子。

（五）面向未来

第五个启示是面向未来。世博会切中了世界脉搏，促进了城市未来的发展。现在是后世博会阶段，如何把上海建设成为更加国际化、更加美好的城市，一定要有新的作为。

三、进博会及其四大意义

进口博览会于 2018 年 11 月 5 日到 10 日在上海举办。进口博览会到底是什么样的构成？它是三合一。第一件事情就是形式的多样性。进博会的第一种参展形式叫国家参展，这一届进博会参展国家一共是 80 个。第二个是企业参展。参展企业主要是以买卖为主，企业来自 130 个国家和地区，企业数量总和是 2 800 个。第三个重要的构成就是虹桥贸易论坛。这次贸易论坛设一个主论坛，三个分论坛，主论坛定于 2018年 11 月 5 日，习近平主席将作重要的主旨演讲，在这一刻为重要的国家政策进行宣誓，这是一个重要时机。

世博会和进博会的异同，可以非常简单地进行四个比较：第一，主题不同。进博会的主题叫"新时代，共享未来"，而世博会的主题是

"城市，让世界更美好"。第二，性质不同。进博会是贸易，世博会是公益。第三，形式不同。进博会有一部分文化娱乐活动，包括批了42条游览线、50个主题等。而世博会一定是展示、论坛和文化活动并举。第四，两者的相同之处在于，同为国家行为，同为国际事件，既是国家行为，又是国际事件。

因此，进博会的意义有四个。

（一）2018年中国四个主场外交的收官之作

作为国家的主场外交，就必须有东道主竭尽全力的努力。四个主场外交，指的是海南博鳌亚洲论坛、上合组织峰会、中非合作高峰论坛、国际进口博览会。因此，这次会议很重要。就在刚刚结束的第三次主场外交上，习近平总书记非常明确地宣布：第一，中国决定扩大非洲商品，特别是非资源类产品的引进。有人认为，中国去非洲就是掠夺资源，这次中国要非常明白地告诉世界，本次进博会主要引进非洲的非资源类产品。第二，非洲大陆是世界难得的大陆，没有一个发达国家，相当数量是最不发达国家，所以中国免除非洲最不发达国家的参展费用。世博会的成功与这一条完全相关，很多人不知道，以为中国给人家的钱，就是一种浪费，其实世界的资源完全是多种形式的。中国2010年的世博会得到的国际支持，完全可以用"无与伦比"来形容。在准备进博会期间，我们在倒计时100天中开了四次大会，副总理胡春华同志、上海市委书记李强同志出席，特别讲到这次要形成广泛的影响力。倒计时80天召开了一次重要的决战会议，谈到的这句话很重要：这次举办进博会，代表中国从注重出口到注重进出口平衡，再到注重进口的导向。我们有了这样的国家导向变化。倒计时30天，坦率地说，这次的努力比起当年的世博会有过之而无不及。现在李强同志每天都在第一线。这次这么努力，就要让世人看到一个真实的中国，善良的中国，愿为世界作新的贡献的中国，这很重要。这是第一个意义，主场外交。

（二）落实国家战略

进博会不能办了就算，而是得与国家的四个战略和一个倡议有非常紧密的关联。这四个重要发展战略分别是：自由贸易试验区战略、京津冀协同发展战略、长江经济带发展战略、粤港澳大湾区发展战略。一个倡议，是指"一带一路"倡议。

当下中国这四个战略将引导国家走向未来。

第一个战略，自贸试验区战略。自贸区从上海起步，2013年到2015年增加了天津、广东和福建自由贸易试验区，到了2017年，增加了辽宁、陕西、四川、湖北、河南等11个自由贸易试验区。2018年4月13日，增加了海南自由贸易试验区，而且海南"学硕连读"到2025年要基本建成自由贸易港。这一战略的重要意义在于，它是中国进一步开放的压力测试场。自贸区到底该做什么？自贸区该测试压力。因此，这次的进博会和自贸区战略是紧密相连的。

第二个战略，京津冀协同发展战略。两个直辖市和一个省份，1.1亿人口，25万平方公里土地，是对北京非首都功能的疏解。北京直辖市功能在逐步向通州转移，而首都功能很大程度上在进行新的试验，那就是2017年4月1日成立的雄安新区。所以要关注这一重大战略。进博会与之完全可以有结合点。

第三个战略，长江经济带发展战略。长江经济带，九个省、两个市，人口是国家总人口的40%，经济总量是国家经济总量的40%。这样一个重大战略，今天核心的核心是长三角，长三角在朝着一体化更高质量发展。长三角 26 座城市的总面积接近 29 万平方公里，此时此刻的实住人口 2.2 亿，长三角 2017 年给国家创造的经济产值达 19.4 万亿元人民币，也就是接近国家 GDP 总量的 1/4。长三角在走的路叫一体化更高质量发展，而此次重要的进博会将为长三角带来许许多多的发展机遇。拥抱长三角，共筑一体化。这是未来发展的方向。

第四个战略，粤港澳大湾区战略。近 7 000 万人口的粤港澳，全力推动合作战略。要记住京津冀战略的重要词汇叫协同；要记住长江经济发展战略，其中有一部分叫长三角一体化。现在讲的粤港澳战略的关键词，叫作合作。

还有一个倡议，就是"一带一路"倡议。这一重要倡议在今天已经成为世界共识。这一重要倡议的"三共"原则，即共商、共建、共享，已经成为联合国四个文件的组成部分。这就是第二个意义。

（三）应对中美贸易摩擦

在这一关键时刻，中美两国关系从战略合作走向全面的战略竞争，中美两国的贸易摩擦已经全面升级。在这一当下，必须高举全球化的大旗，必须坚持贸易自由和投资便利的原则。因此，进博会不仅要做到第一个"三结合"，即国家展、企业展、论坛展的三结合，还要做到第二个"三结合"，进博会不要单单强调货物进口，还要强调技术进口，也要同时强调服务进口，这是应对当下贸易摩擦的重要手段。贸易摩擦的重要背景，第一，就是国家的价值取向，美国的国家价值取向已经回退到"美国第一"、让美国重新伟大的基础之上。因此，单边主义的手段和双边谈判不断地取代多边合作。中国于 2017 年 1 月 17 日在达沃斯世界经济论坛由习近平主席提出构建人类命运共同体，这是价值取向。第二，是两国 40 年的发展发生了质的变化，这个质的变化就是从战略竞合关系走到目前令人担忧的战略对抗关系。第三，贸易问题，这实质上是法律问题。比如，美国《1962 年贸易扩展法》第 232 条关于国家安全的表述、美国《1974 年贸易法》中关键的"301 条款"的"特别 301 条款"对知识产权的保护。还有几部法，非常重要的是美国《2019 财年国防授权法案》，尽管是国防预算，但其中有许多是关于贸易投资的内容。第四，中美现在在军事上有许多热点，核心在南海和台海，这是非常需要关注的。第五，在投资、金融、文化等领域，美国有许多新的做法。国庆长假的七天发生了四件关键的大事：第一件事是 10 月 4 日，美国副总统彭斯的讲话；第二件事，这一周内美国和加拿大贸易协定的通过，其中有一个条款，美国人称之为"毒丸条款"；第三件事是中美两艘驱逐舰在南海相差 45 米；第四件事是美国五角大楼在 10 月 7 日发布的关于美国制造业审查和评估报告，对中国进行了抨击。中国必须向世界表明我们站在道义上，这个道义就是全球化的道义，是秉持贸易自由投资便利的道义。

（四）国际社会的高度期待

世界给予了这一届进博会极高的期望。比如，白俄罗斯认为，这届进博会的意义超出了贸易的范畴。尼泊尔认为，要从进博会中获得很大的利益。赞比亚认为，要和中国协同发展。澳大利亚则希望助力澳大利亚对中国的出口。秘鲁表示一定要把最好的产品带到中国来。新西兰谈到进博会时认为这是大好的机会。意大利则表示中意两国要结出丰富的合作成果。

四、进博会的期盼

进博会要成为一面镜子，让中国人找到解决我们的社会主要矛盾的途径，中国社会的主要矛盾是人民日益增长的美好生活需要和不平衡不充分的发展之间的矛盾。这一届进博会就是要告诉人们，我们要追求的这十个字："高质量发展，高品位生活。"我们今天最大的问题是，国家全要素劳动生产率的低下。我们要看到这样的差异：我们的全要素劳动生产率是美国的 40%，是西方七国的 50%，但是占世界平均水平的60%。我们的核心是习近平同志所提出的供给侧结构性改革。供给侧结构性改革于 2015 年提出，就是为了总体推动我们国家的经济发展，讲到底，就是要"解决生产力，提升竞争力"。也就是要实现国家治理能力和治理体系的现代化，要把这样重要的努力落到实处。我们战略部署一路往下走，年年有深改组的会议来进行部署，核心还是一条，要通过"三去一降一补"，把责任落实，这些是我们必须要做的工作。

改革关头勇者胜，气可鼓而不可泄。中国人最要紧的是能够在这个基础上，想到把大齿轮动起来，把整个国家的改革齿轮按部就班地运作起来。什么是我们对进博会的期盼？对内而言，我们要在这个过程和进程中，满足人民日益增长的美好生活需要，解决社会主要矛盾；对外而言，要对世界的经济复苏和发展作出贡献。

五、结语

用三句话作为结语。

第一句话是 1944 年毛泽东同志所说的，我们的同志在困难的时候要看到成绩，要看到光明，要提高我们的勇气。第二句话是我们中国人朴实的表述：咬定青山不放松。什么是青山？青山就是改革开放。第三句话是重复 2016 年 9 月 3 日习近平同志在杭州二十国集团工商峰会讲话中的一句话：要把改革进行到底。

前言

陈东晓

进入 21 世纪，上海承办了两项中央政府交办的大型国际盛会：世博会、进博会。

习近平总书记说过，"办好一个会，搞活一座城"。上海能够在不到 10 年的时间里承办两个国际盛会，实在是难得的发展契机。至今，世博会的延伸效应仍在持续。进博会更将成为一年一度的盛会，而且要越办越好。这不是上海的侥幸，不是偶然，而是有其历史必然性。

一是中国从 20 世纪 70 年代末起，将对外开放作为国策已经几十年了。中国对外开放，不仅是民族心理的伟大解放，更是科学思考的重大结果，体现在无数个波澜壮阔的政策实践之中。中国打开了国门，扩大了与世界各国的物质、人员、信息交流。中国人渴望了解世界，也希望世界了解中国。

二是中国日益走进世界舞台的中央和前端。国际社会重视并期待中国扮演更加积极和重要的角色。世界各国或是欣赏中国文化，或是相信中国对外交往的诚意，或是希望搭上中国快速发展的顺风车，愿意和中国人民有更多的往来。不可否认的是，经过改革开放 40 年，中国在世界政治和经济发展领域所取得的卓越成就，正不断提升其国际影响力和感召力。

三是由于历史的原因，上海与全国其他省区市相比，无论是公共管理能力还是经济实力，无论是城市精神、市民素质还是国际形象，都更经得起大型国际活动的考验。因此，中央政府要求上海承办世博会、进博会，不仅是赋予上海新的历史责任，也是对上海这座城市的充分信任。

城市发展史告诉我们，每座城市从诞生到发展，都是受两大因素影响：一是当地的自然禀赋，包括独特的地理环境；二是人文景观，特别是围绕着这座城市发生的一些重大事件。如果说自然地理决定了某处是否可以出现城市，那么重大事件则加快或延缓了城市的发展速度。而"办好一个会，搞活一座城"，就是主观上认识到这个规律，有意识地去组织大型国际活动。为此，需要剖析大型国际活动究竟对上海有哪些要求、上海如何通过这些考验来发展自己。

首先，要分析举办大型国际活动的策划过程。组织者如何上接中央政府的总体要求，下接上海的具体情况，对外还要密切把握国际社会的期待，从某个理念出发（比如，上海世博会从主题出发，进博会从"进口"出发），层层展开，最终形成多层次多板块的工作体系和组织框架。这项工作考验着城市管理者的系统思维、创新能力和国际视野。

其次，要分析大型国际活动的社会资源组织管理过程。不管是世博会还是进博会，都需要大量的资金，需要足够的空间，需要大批高质量的人才，需要社会公众的热情支持。而这些资源，都需要在短期内集聚，并在项目结束后回归原位。这项工作考验城市的社会经济实力，考验着政府的组织动员能力，考验着民众对公共政策的拥护程度。

再次，要分析大型国际活动的运行过程。包括常规交通、安全、商业服务、外事、信息流动、能源保障等，以及对诸如大客流、不良天气、政治事件、暴恐活动甚至自然灾害等的应急管理。这项工作考验城市的综合管理系统。

最后，要分析大型国际活动的溢出效应。包括活动举办前的预评估，结束后的社会、经济、文化、管理、外交等方面的成果总结和继承。这项工作考验着城市管理者的远见。

以上几项考验，是上海面临的几座"龙门"，如果跳过去了，就得到进一步的发展。因此，当我们面临大型国际活动时，不能就事论事，满足于"成功举办为止"，而是要从如何通过大型国际活动来进一步"搞活"上海，增强内在实力，塑造外在形象，从而把每一个工作板块都看成撬动上海未来发展的杠杆。

要做到这一点，一方面要在大型国际活动举办之前认真策划，另一方面，非常重要的是在活动结束后，尽可能完整地记录历史，以科学的历史观来总结经验教训。这里，记录历史是前提，如果没有完整的记录和总结，今人便难以依此举一反三，后人更是无法对重大的历史事件进行系统研究。

记录历史有两大途径，一是官方组织的方志编纂，二是个人回忆，包括参与者的所作所为、所思所想。前者的优点是更系统、更权威、更可靠，但因为经过总纂整合，不够个性化，缺乏参与历史活动主体的鲜活感；后者的优点是更感性、更生动、更贴近实际，但由于每个人的视角不同，又受到回忆的局限性，难免有管中窥豹、盲人摸象的不足。因此，这两类记录都是必要的，而且相互补充，为我们展现出一幅更加完整和生动的历史画卷。

上海国际问题研究院有幸深度参与了世博会的申办、筹办和举办工作，也有幸参与了进博会中的"虹桥国际贸易论坛"的策划和筹备。基于上述认识，我们邀请相关人员回忆参与经历，还从其他书籍、期刊、网络上收集了参与过两大活动的个人回忆。我们相信，这些回忆，虽然不能反映这两大活动的全貌，但是一定能对今人如何搞活一座城、对后人开展历史研究提供可贵的资料。

当然，世博会和进博会有同有异。其中最明显的差异是，进博会不仅是上海举办的进口商品、服务、技术展览的年度盛会，也将成为世界瞩目的探讨全球经济发展问题的思想盛会。

因此，我们的个人回忆汇编也不限于一本书。在这本书中，世博会方面的回忆居多，而且比较集中在软件策划和公共外交方面。今后，我们将从实际出发，继续编辑第二册、第三册，除了继续回忆世博会的参与经历之外，还将更多地反映进博会方面的个人实践。

我相信，我们的工作是有意义的，但是究竟要怎样做得更好，我们希望得到公众的支持和指导，希望我们大家一起来记录对上海有重大影响的大型国际活动，引领当下，启迪未来。

目 录

认识世博会

筹备世博会

世博公共外交效应

从世博会到进博会

从世博会到进博会

认识世博会

上海世博会给我们带来了什么
——上海世博会后续利用研究

孟育建

原载中国社会科学网（2011 年 6 月 23 日）。

孟育建，原上海世博会组委会联络小组办公室高级主管，时任中国国际展览中心集团公司总裁办副主任。

一、上海世博会留下什么

上海世博会在园区面积、展示论坛活动规模、参展主体、参观人次、公共外交等方面，都创造了世博会历史上的多项纪录；也在硬件、科技、文化、人才等方面留下了丰富的成果。

从长远看，上海世博会有多方面的意义：一是展示国家整体形象，有力提升中国的国际地位和影响力；二是探讨人类发展面临的共同课题，促进各国间的交流合作；三是搭建了公共外交平台，促进各国间的沟通了解和友好情谊；四是展示新技术，促进了各国之间的经济技术合作和投资贸易；五是带动了上海和长三角基础设施建设，推动服务业转型升级；六是教育大众，拓宽人们的视野，提高国民整体素质。

更重要的是，世博会的无形遗产远远大于有形遗产。经济学家、意大利公共管理和革新部部长布鲁内塔认为："不可否认，世博会将为上海留下大量的基础设施，但是世博会的遗产不仅意味着上海世博会的举办是国际社会从量上对中国现代化的认可，而且代表着国际社会从质上对中国现代化的承认，因为上海世博会与创意和革新紧密相关。对于像世博会这种活动的巨大投资，其目的就在于生产一种'关系资产'或者称为'关系网络产品'。当我们把人、文化、企业融合在一起进行贸易、革新的时候，这种关系资产就变成了一种价值。"

二、上海世博会的长远意义

上海世博会之后，我们需要研究思考的是，如何总结、继承上述丰富遗产，实现上海世博会后续利用价值。世博后续效应，不仅指世博园区的后续利用开发，也包括对周边地区的带动和产业关联效应，这是一届世博会最终成功与否的标志之一。

（一）园区开发

关于园区的后续利用开发，历届世博会有许多经验和启示值得我们共同借鉴。就上海世博会而言，要考虑近期、中期和长期规划。

园区近期规划的定位是：延续会展功能；传承城市文化；创意产业孵化基地；建设城市理念公园；发展国际文化交流。

园区中期规划可以定位为：打造上海会展品牌；开发浦江景观旅游；建设商业文化中心。

园区长期规划可以定位为：形成国际会展旅游集聚区；形成浦江标志性城市文化产业集聚区；形成国际生态示范及高端国际组织集聚区；形成国际贸易服务业集聚区。

（二）对会展行业的推动

除了园区本身以外，世博会带来的对周边地区的带动和产业关联效应非常明显，特别是对会展行业的带动。

（1）发挥世博会大型会展活动"经济加油站"的作用。

首先，世博会能拉动旅游、餐饮、住宿、交通和购物的增长，将世博会和奥运会的一次性投资转化为长期的消费拉动。但从长远看，世博会、奥运会这类具有国际影响的大型活动，其经济效益不在于即时的消费，而在于间接效益，即旅游收入、国家品牌、软实力的提升。

（2）培育集聚国际级会展品牌，提升会展业服务水平。

上海世博会的成功让中国更深刻地认识到展览业在社会经济发展中的重要作用。值此世博盛事成功举办之际，中国各级地方政府相继推出了一系列扶持展览业发展的政策措施，主要用于培育和引进大型品牌展览会、推介会展活动、扶持展览企业、培育展览活动和展览业发展研究、展览信息平台建设、展览人才培养等。可以预见，展览在接下来的几年仍将是政府重点扶持的产业之一。

（3）利用大型展会的配套需求，推动服务经济发展。

在迎接2010年上海世博会的过程中，上海新建了地铁，扩大了机场，梳理了交通，整顿了市容，加强了管理，充分考虑了世博会园区的交通、餐饮、治安、医疗等各种硬件与软件。从某种程度上说，上海世博会已经成为上海服务经济的演练场。世博园区的服务功能包括为金融中心建设提供的金融相关专业服务、国际技术研发外包服务、航运产权交易服务、信息数据系统支持服务、物流服务、市场营销及交易代理服务、国际业务终端服务等，几乎覆盖了现代服务业的多数行业。

（4）继续完善绿色世博理念，大力发展低碳经济。

从内置"中国芯"的世博门票，到承担着园区交通运营的新能源公交；从装置太阳能光伏一体化设备的世博主题馆，到为世博夜景增添异彩的 LED 照明；从足不出户览遍世界的"网上世博会"，到为游客消暑降温的"人性化科技"——上海世博会呈现给世界的"科技盛宴"，将对今后全球的技术发展产生切实而深远的影响。

（5）延续世博合作联动机制，促进区域协调发展。

上海世博会促进了长三角区域产业发展的一体化，推进了区域产业结构的整合与分工，构造合理的产业链，避免产业结构趋同。

（6）扩大展览行业的国际交流和合作。

上海世博会为中外展览行业交流提供了绝佳的平台。国内众多会展企业直接参与了世博园的场馆设计、搭建和运营，与国际知名会展企业共同工作。这不仅提高了中国会展企业在国际上的知名度，而且有助于国内企业引进国际先进的经营管理理念，提高组展办展水平。

（7）通过世博会丰富城市内涵，实现生活更美好目标。

"城市，让生活更美好"的主题为包括中国在内的世界各国解决城市化问题递交了一份启蒙式答卷。上海世博会开幕前，日本产业馆代表兼总策划堺屋太一在日本《文艺春秋》撰文认为，上海世博会最大的影响是将改变中国人的生活方式和价值观，开启高质量旺盛消费时代。实际上，这也是判断上海世博会成功与否的标准。对中国来说，上海世博会是促进国民消费生活升级不容错过的机会。

三、克服瓶颈、实现价值

为了实现世博会的价值，我们应该对目前存在的瓶颈问题进行充分预估，并采取相应措施，予以解决。

瓶颈之一：创新氛围还有待进一步加强。构筑有利于自主创新的经济体制与社会环境的核心问题，是理顺市场经济体制与政府的职能。在营造良好的市场经济秩序和实施市场竞争机制过程中，政府始终承担着重要历史使命。必须有效改进政府职能和转变管理方式，提供优质服务和法治环境，切实推进制度创新。这是实现有利于自主创新的经济体制与社会环境的关键。

瓶颈之二：会展高级专业人才相对匮乏。上海世博会的筹备、举办过程，是会展高级专业人才培养的重要途径。但总的来说，我国会展高级专业人才依然相对匮乏，这可能成为上海世博会后续效应发挥的一个重要瓶颈。

瓶颈之三：城市发展的文化定位需要更加清晰。一个城市的文化定位必须是独特的、具有个性的，是难以被其他城市所模仿的。对于一个城市来说，明确文化发展的定位、促进城市文化转型非常重要。也就是说，文化是一个城市的DNA。那些在国际上有影响力的世界级城市纽约、伦敦、东京、巴黎等，几乎无一例外都是"文化创意城市"。

全国各个城市都应登高望远，积极作为，善于在危机中捕捉商机，在逆境中寻找市场，重视文化"软实力"对城市经济的促进作用，培育新的长期稳定的经济增长点，促进经济发展方式转变，提升自主创新能力和抵御外部风险能力，使文化创意产业成为未来推动各地产业升级和城市功能转型的"头脑加速器"，在更大程度上促进推动城市功能的更新，提升科技创新和生活品质，推动区域经济的发展。

上海世博会的最大影响是价值观

吴建中

原载上海市人民政府外事办公室、上海国际问题研究院世博工作总结《亲历世博外事》(2010 年 11 月)。

吴建中,时任上海图书馆馆长、上海世博会主题演绎顾问。

一、世博会凸显了价值观的巨大作用

上海世博会告诉我们:一个国家或一座城市,拥有怎样的文化和价值观是至关重要的。如果我们有一种好的文化、好的价值观,那么我们的发展就不会以牺牲环境和市民的利益为代价。面对同一问题,不同的国家会有不同的解决方案,这背后就是理念和价值观。我们应该奉行尊重自然、尊重传统和尊重人的价值观,用其指导我们探索新的发展方式。

不同时代背景的世博会展现的是不同的价值观。例如 1939 年纽约世博会就突出强调了汽车文化,因为当时美国是汽车时代最有代表性的国家。但后来各国城市的发展又回归了对人的注重。上海世博会的展示内容中出现了自行车,这实际上体现的是一种文化和理念。我认为本届世博会所产生的最大影响就在于价值观。在现实的国际关系中，各国之间往往很难形成共识。但在本届世博会上，《上海宣言》的通过却非常顺利，原因就在于各方在发展的指导思想上具有高度的一致，即今后的发展必须是尊重自然、尊重传统和尊重人。

上海世博给我们的启迪是，今后应更加重视价值观。《上海宣言》之所以顺利通过，就是因为我们在发展的理念上与世界的潮流是吻合的。当然就中国各地的发展情况而言，一些地方还在片面追求国内生产总值，这与这些地方领导人的思想认识也就是其价值观有很大关系。

二、世博会是一个重要的文化交流平台

有人认为上海世博会没有科技亮点，没有吸引眼球的高科技。这种看法仍停留在世博会是展示发明和创造成果的认识上。早期的世博会确实是展示科技成果的博览会，诸如蒸汽机、发电机等。但世博会已经走过了这样的展示模式。实际上，最近几届世博会已越来越突出文化和价值观，而不再像早期那样重点展示新发明。正如伊朗馆馆长穆罕默德所言："以前的世博会是看展品看技术，上海世博会是看文化看思想。全世界人民通过交流与合作，传递了永不停息的追求与探索的精神。"

如果仅是展示最先进的科技成果，那只有少数具有科技实力的发达国家才会参加世博会。但如今世博会突出的是文化、价值观和理念，而不同的国家会有不同的发展道路和发展模式，它们都竞相在世博会上亮相。这次，一些非洲国家就纷纷从农村切入，从文化多样性的角度来阐述其发展理念，这就是独特之处。它并不由于缺乏高科技亮点而逊色，

因为各种文化均有权对世博会主题作出诠释，都有其价值观的表达方式和表现手法，这是平等的。当今世博会的功能已转向文化的交流和共享。在这一背景下，文化交流的作用就更加突出了。现在我们开始重视软实力，而软实力主要就是文化。一座城市实力如何，很大程度上取决于其是否具有深厚的文化底蕴。

上海目前没有提建设文化中心，但实际上，上海正在向这个方向发展。因为一座城市的文化能否获得发展，与这座城市中的人是有密切关系的。文化是跟人走的。文化中心不能仅理解为场馆设施，还包括城市中的市民。例如国际金融中心必然会集聚大量金融人才，而这些金融人才的高密度集聚，本身就构成了一种文化。目前，构建文化中心的要素已多元化。随着更多的人才向上海集聚，上海就会更加具备建设文化中心的条件。金融家、经济学家和统计师等专业人才也都是文化人。"四个中心"的建设自然会带动文化中心的建设，这是同步的。

国际社会的大型活动都是重要的文化交流平台。奥运会是如此，世博会也是如此，亚运会同样如此。本次世博会让我们看到了它作为大型活动场所的功能。此前一度认为，在网络时代，这样的大型活动场所会失去其存在价值。但世博会的实践证明，人与人之间的直接交流作用是不可替代的。一座城市是否具有活力，取决于它是否具有这样的交流活动，取决于它是否能为人与人直接的交流提供平台。一座城市具有人气，并能使这样的人气上升为智慧或力量的话，它就会逐步形成文化中心。所以虽然上海目前不提建设文化中心，但通过"四个中心"的建设，上海在扎扎实实地向这一目标迈进。世博会使上海大大提高了自己的知名度，人们都将世博会作为开展跨文化交流的桥梁。她既是中国国内交流的枢纽，也是中国与外国进行交流的枢纽，成为两个扇面的结合点。通过世博会，上海已成为一个国际交流中心，这是毫无疑义的。

三、上海的文化环境有待改善

从跨文化交流的角度看，一个负责任的政府应该提供各种必要的公共服务，其对象包括这座城市的所有居民。目前上海的外籍居民人数不尽如人意，与我们尚未能提供足够的类似服务有关。上海图书馆已注意到了这一问题，目前已有十几个语种的简介，但要做到广覆盖，就需要二十几种语种，这样才能更便于世界各国的来访者，让他们了解上图提供哪些服务项目以及如何得到这些服务。如果公共文化设施不具备这样的服务能力，那就应通过外包方式来提供服务，这就是上海的软环境。我认为上海在这些方面还存在许多不足，需要改进。

另外，上海的文化基础设施虽然有了很大发展，但和发达国家相比仍有很大的差距。首先从每个图书馆服务的读者数来看，上海与发达国家还有不小的差距。上海是每8万人一个图书馆，而很多国家达到每2万人一个图书馆。国内其他地方的图书馆不足或缺位情况就更突出了。另外从博物馆的情况来看也是如此，上海至今还不到100家博物馆，国际上类似上海这样的特大城市，至少应有数百家乃至上千家博物馆。博物馆还涉及是否尊重传统的问题，我们现在强调的价值观就是尊重自然、尊重人和尊重传统。我们不能割裂传统。如果没有博物馆，那又何谈历史传承？人类社会的伟大智慧，往往就凝聚在博物馆的一件件展品中，这就是博物馆的意义所在。要加强这些文化基础设施的建设，首先需要把这些问题纳入议事日程，这样才能使这些问题逐步得以解决。

四、上海世博会是公共外交的伟大实践

公共外交的前提是平等交流。通过上海世博会，中国正在重新引起全世界的关注。中国政府在提升世博会公共外交的功能上作出了很大努力，由此为世界各国找到了一条走向世界大同的新路。世博会在某种程度上就是民间联合国，世界各国的人们来到世博会，忘记了战争，抛开了恩怨，在世博会上尽情欢乐。世博会为各国的人们增强交流与沟通消除误解与隔阂提供了一个硕大的平台。

另外一个问题是如何将交流成果沉淀下来，这也是很值得考虑的。不能交流完了就算了，什么也没有留下来。上海图书馆已注意到这一问题。目前上海图书馆在世界各国的公共图书馆或大学有 56 个"上海之窗"。每个这样的"上海之窗"至少有 500 本介绍中国的中英文图书，要求向公众开放，每年还会增加图书。今后打算将这样的点增加到 100 个。我希望上海今后在文化交流中能有更多的沉淀，包括文化人与外国的交流也是如此。

在参与起草《上海宣言》的过程中，我从包括联合国经济和社会理事会的莫汉先生和国际展览局的顾问博莎女士在内的各国专家那里学到很多东西，大家的敬业精神和精湛的专业知识，是确保该宣言顺利通过的一个重要保证。要找到一个与他们进行对话和交流的平台，需要自己具备相同的价值观，否则是无法开展对话和交流的。如果我们只会说上海有多少幢高楼大厦，人家就很难与你进行交流，因为人家对此不感兴趣。世博会给予我们的启迪是多方面的，世博会给我们带来的收获也是多方面的。

组织文化的力量

朱贤钢

原载青岛世园会《世园参考》杂志
（2013 年）。

朱贤钢，时任上海世博集团商业开发部总
经理、世博百联商业有限公司党委书记。

上海世博会的巨大成功，离不开渗透在全体办博人员日常行为中的世博精神。我认为，强大的世博精神，与世博局的组织文化密切相关。我作为长期在世博具体业务工作层面的一名老员工，愿以组织文化为题，谈一些感想。

一、确立组织使命

世博会是一个有生命周期的重大国际项目，它的性质决定了其组织主体是临时的。作为一个临时组织，同样需要有一句简练的文字来表述其组织使命。世博会第一次在发展中国家举办，上海应当充分展示中国改革开放的成果、城市发展新貌、中国人的精神文明。我们这个机构的使命是"办好世博，为国争光"。

我的一位同事在一次"使命宣讲会"时含泪述说："用老百姓的眼

光来看，为国争光，就是要在战场上立功，赛场上获金。我和大多数同事一样，有生年代已不可能赴战场、上赛场，但要在筹办、举办世博会中牢记使命，全力以赴，攻坚克难，为国争光。"组织使命激励了陆续加入筹办、举办世博会队伍的同事，产生了许多广为人知的奉献事例，留下了许多可歌可泣的故事。

二、小聪明和大智慧

随着筹办、举办世博会的人员队伍逐步壮大，来自中央（含央企）和地方的干部、老资格与小年轻、局级干部和小科员、"海龟"和"土鳖"，混杂在一起的团队成员必须非常团结，发挥各自的聪明才智。然而，举办世博会这样的大型国际活动，与世界各国各民族交流，光凭个人聪明还不够，我们更需要的是大智慧。

例如主题演绎的成果绝对是大智慧，既可用于指导参展方的展示策划，也有助于我们团队的精神文化层面提升。经过多轮研讨，中国国家馆的展示主题确定为"城市发展中的中华智慧"。其中的"中华智慧"，经专家团队反复讨论确定为"自强不息，厚德载物，师法自然，和而不同"。"自强不息，厚德载物"是对人的品性要求，概括了中华民族精神与命运的关系；"师法自然，和而不同"是对人处事的要求，要尊重不同的文化，善于学习，保持人与人之间的良好关系。

三、化复杂为简单

在建设、招展、运营、融资、管理、服务等办博工作上，我们面临比以往的日常工作更为复杂、更难以处理的事项。上海世博局提倡改变传统思路、开拓创新局面，任何事情尽可能化复杂运作为简单处理的方式，即以解决问题为导向，在确保安全、遵纪守法的前提下，一切以时间节点为要。时间是极其重要的资源，可以不举行的会议坚决不开，无关紧要的话省略不说。对外积极沟通，主动调整自己的建议，争取政府有关部门支持；对内拟定新规章制度，简化工作程序，加强沟通协调，提高工作效率。

四、红花、绿叶，皮划艇、赛龙舟

世博会举办前，我们曾组织团队赴某世界著名娱乐业企业考察实习。该公司高管询问我方团队人员：上海世博会筹备工作内容如此繁杂，如此众多的临时部门和人员汇集在一起，团队文化都不一样，在管理上有何问题？我方人员回答：确有管理问题，但如同贵公司一样，首先要目标明确、使命在心。除此之外，我们许多部门还甘当绿叶、陪衬红花，对于皮划艇和赛龙舟两项运动项目，我们大多更乐于后者。

办博过程中，各阶段有各自的重点和主线，需要不同的配合和协同，特别需要弘扬绿叶精神。在筹办进程中，前期设立的某些部门被撤除，部分干部转岗、调整。某邻国来世博局指导的运营咨询专家坦言，他们筹办的几届世博会中，每当组织架构有所调整时，很多人会因此而纠结。但他在上海世博局没有看到、听到我们运营团队忧心忡忡的现象和牢骚满腹的声音。

五、改进每一天

中国第一次举办世博会，没有任何经验可借鉴。几次试运营暴露出许多问题。经过对硬件和软件的大幅度完善，到开幕时，才得到参展方、参观者的基本认可。然而，各方面的改进没有停止。我们的团队在某国实习时学到一句该国世博会工作人员惯用语："改进每一天。"

他山之石，可以攻玉。"学以致用、为我所用"是上海世博局工作人员的信条。上海市领导要求我们"三找三定"，即世博局各部门每天找问题、找差距、找隐患，定整改、定时间、定人员。这并非说说而已，政府部门组织动员了媒体、信访单位、监察部门等资源，帮助世博局查找问题差距和隐患，市主要领导还以普通参观者身份进入世博园区微服私访，对于整改不力事项除严肃批评外，还在现场调研提出解决办法。"改进每一天"的行动坚持了184天。直到世博会闭幕的最后一天，园区好几个片区和部门报告现场仍有个别事项在改进之中。

六、园区内和园区外

上海世博局的主要工作和任务在世博会园区内。然而，上海世博会的成功离不开园区周边社区、全市各部门和全体市民、长三角区域乃至全国老百姓的支持。

世博会期间，每天至少举行一次以上国家馆日活动或国际组织荣誉日活动。这些活动的观众、交流均由上海各区县、社区负责组织参与。世博会主题论坛全部安排在长三角地区，当地政府担当后勤保障。各省区市四套领导班子分别带领市民代表团参加在园区举行省区市活动周。除此之外，我们还组织参展国家和国际组织赴周边和全国部分省区市举行国际文化商务交流，体现了世博会的理念——理解、沟通、欢聚、合作。

七、主场外交和公共外交

老百姓眼中的外交家，风度翩翩，满腹经纶，谈判老练沉稳，会讲多国语言。世博会举办期间我们接受了培训，大致了解了公共外交的定义、开拓公共外交的意义、公共外交的主体、中国公共外交的使命等知识。我们认识到，在世博会工作的每一天，都在进行公共外交，世博会是我们开展公共外交的重要场所。

2010年10月1日是中国国家馆日，当天的活动中，有一位来自中南美国家的代表告诉世博局一位工作人员，在他的国家有许多中国人，他们每年10月10日搞庆祝。这位工作人员很坦然地告诉他，这些中国人来自中国的宝岛台湾，现在上海和周边区域长期居住的来自台湾的中国人数，几百倍甚至近千倍于在你们国家的人数。他同时列举了两岸经济贸易增长的系列数据（巨额数值令其咋舌），最后还讲述了一个中国古老的故事：古代中国有一大户人家有两个儿子，两个儿子长大后产生分歧，分道扬镳，但最后离家出走的儿子终返家乡和家庭同聚。他由此总结：台湾海峡两岸中国人暂时有矛盾，但现已经走近，将来会成一家。这位中南美国家的代表第一次来到中国大陆，听后不禁大为惊叹并深有感触，认为大陆的中国人如此大气、开放，一个普通员工都是如此，今后中国大有希望。

八、履行国际承诺

中国在申办阶段已经向国际展览局和成员国作出了关于办好世博会

的庄严承诺。筹办期间，我们认真履行承诺。世博会开幕前，我们举办了四次正式的参展方会议，报告筹办进展，听取参展国家意见；开幕后每月至少举行一次参展国总代表联席会议，听取各方意见，采取国内通常使用的公开、公正、公平原则协调各方关系，听取意见、承诺改进，大到双边多边外交关系，小到排队饮食起居纠纷处理。联席会议能够解决则当场回应承诺，部分需要研究答复的即告知最后时间限期，事后我们件件落实。在世博会闭幕仪式那天，国际展览局主席和秘书长对我们说："你们的所有承诺都做到了。"

世博盛会，外交盛典
——参与中国 2010 年上海世博会抒怀

夏永芳

原载《上海外事》2011 年第 1 期。

夏永芳，原上海市人民对外友好协会副秘书长、上海市人民政府外事办公室主任助理。

世纪之初，我参与了申博，10 年之后又有机会参与办博。尽管是局部的、有限的，但令人心灵震撼，因为我见证了中国梦圆百年之时创造了历史。

见证之一：全球外交，史无前例

世博期间，各国政要蜂拥而至，与中国东道主开展官方外交、民间外交、公共外交、经济外交、人文外交……这些政要不管其背景如何不同，推介本国、了解中国、密切对华关系、发掘在华商机、拓展对华交流都成为他们表述的共同主题。

2010 年 5 月下旬，来沪参加国家馆日活动的黑山共和国总统菲利普·武亚诺维奇盛赞中国继 2008 年北京奥运会以后，再次作出"令世人惊叹的壮举"，称上海世博会已成为"世界交流的盛会""万国博览的平台""全球瞩目的焦点"。他说，黑山是地中海的小国，希望成为中国的战略合作伙伴；黑山地理位置重要，可视为进入巴尔干和通向欧洲的门户；黑山资源独特，中黑经济合作前景广阔，包括建造远洋船舶、发展电子商务、建筑高速公路、设立经济开发区、中国企业去黑山投资等。

6月底，正值中丹建交60周年之际，丹麦王子腓特烈来上海出席丹麦国家馆日活动。王子说，上海世博会规模空前，丹麦投资空前；小美人鱼诞辰近百年，第一次远离故土来到中国，成为丹中友好的大使、丹中合作的象征。丹麦国家馆馆长、前驻华大使白慕申说，1991年在上海的丹麦人仅2人，现在有1 000多人。2010年的主题是沟通与交流，小美人鱼不仅成为丹麦馆的镇馆之宝，也是向中国发出进一步沟通的邀约。

8月中旬，厄瓜多尔外交、贸易和一体化部部长阿洛卡率团来沪出席厄瓜多尔国家馆日活动。代表团阵容占了厄瓜多尔内阁成员的35%。他们说，厄瓜多尔虽然是仅有1 400万人口的小国，但地理位置特殊，资源丰富，其生物和文化的多样性无与伦比，可称为"南美的缩影""世界进入南美的门户"。厄希望得到中国的帮助，加强基础设施建设，希望有更多的产品进入中国市场，希望更多的中国人去厄旅游。厄瓜多尔外长情绪高昂，在庆祝晚会上放声高歌，说在他的职业生涯中，从来没有在一个国家受到过如此高规格的热情接待并取得重要成果，可称为是中厄关系史上历史性的一次访问。

见证之二：经贸互动，空前活跃

在经济全球化持续发展的今天，上海世博会搭建了中国与世界沟通、了解、合作、共赢的平台，深受世界各国的关注和重视。他们积极参与世博的一个重要考量是进军中国市场，吸引中国资本，以利于本国、本地区经济的发展。

6 月 20 日，比利时瓦隆大区副主席兼经济贸易科技及中小企业部部长让-克洛德·马尔古（Jean-Claude Marcourt）说，瓦隆是个仅有 340 万人的小地方，但从地理位置上来说，瓦隆处于欧洲的中心地带。一方面，瓦隆的经济政策倡导产业集群，技术创新及其先进的科技和高等教育都与中国的经济发展相契合，成为双方交流的主要内容。另一方面，中国资本的投入是瓦隆所期待的。目前，瓦隆有多家美国企业，相信未来的 20 年中，中国的企业将会大规模进军瓦隆。

10 月 24 日，赞比亚副总统孔达在其国家馆日的仪式上致辞，通篇谈的是经济：回顾过去中赞经济交流和成果；介绍赞铜矿的储量和出口；呼吁中国对赞的旅游业、采矿业、制造业和农业加大投资。9 月来访的法国前总理、波尔多市市长朱佩在上海亲自出席推销波尔多葡萄酒的新闻发布会和晚宴，还向市领导提出加快发展中法旅游业和航空业的合作，以进一步推动两地的经贸交流。

各国政要的共同特点是，不管访问日程如何繁忙，也不放过与中国企业和合作伙伴洽谈商务的机会。中外合作项目涉及电子、造船、基建、环保、能源、农业、渔业、科技、旅游等广泛的领域。华为集团、建工集团、上船集团、中冶集团等大型国企和民企成为最受外方欢迎的合作伙伴和活跃在世博舞台上的耀眼明星。上海建工集团在世博期间接待了 30 多位国家元首、政府总理和高官，落实了几十个海外建设项目，包括承建加蓬的体育场和机场、加纳的两所医院、利比里亚的五星级宾馆、伊朗的北方高速公路等。这些努力和成果不仅有利于企业"走出

去"，在国际上扩大影响，也为中国的总体外交，特别是对发展中国家
的工作发挥积极作用。

见证之三：公共外交，波澜壮阔

上海世博会在展示中国、了解世界、广交朋友、凝聚人心方面成
果辉煌，影响深远。246 个国家和国际组织汇聚申城，让国际社会亲眼
看到有 5 000 年历史的中国正在焕发青春，飞速崛起，惊叹不已；让中
国人不出国门，就能亲身感受到人类文明的多样和文化的多彩，大开
眼界。

当我接触到黑山、瓦努阿图、科摩罗、巴巴多斯、萨摩亚、厄瓜多
尔、安哥拉、利比里亚、哥斯达黎加、巴哈马、莱索托、密克罗尼西亚
等对我而言陌生而遥远的国家时；当我在有 400 余人出席的安哥拉国
家馆日招待会上获悉，安驻世界各国的外交使节也被召唤专程赶到上海
观摩世博，了解中国时；当我被南太平洋岛国萨摩亚人的阳光心态、绚
丽服饰、动人舞姿和真挚友情深深吸引，与其总理夫人牵手共舞时……
我真切地感受到世博让世界变小了，距离拉近了，让许多过去中国人交
往不多、知之甚少甚至一无所知的国家和人民有机会来到中国；让不同
文化背景的人面对面，手拉手，心连心，遥远、差异、陌生被相近、相
融、相亲所代替。人类的多样文明，多彩文化在世博舞台上得以展示、
交流和交融，向世人昭示世博，让城市更美好，让友谊更坚实，让世界
更和谐！

世博外交在我 40 余年的外事生涯中翻开了全新的一页。184 天里，
100 多位外国元首和政府首脑、800 多批政要团组、10 万多人次境外贵

宾到访中国上海，在世博舞台上，70 多场首脑外交、双边外交、多边外交密集开展，带动经济、文化、科技、环保、人文等方方面面的交流。其国别人数之多、规模声势之大、交流互动之活、影响内涵之深，前所未有。这一切体现了政府外交和公共外交、官方外交和民间外交、总体外交和地方外事完美的结合。

地方外事、人民外交在世博外交中发挥了重要的作用。上海的地方外事全程参与了申博和办博。世博会期间，300 多名外事干部、200 多名外事志愿者、3 万多名社区群众、数百万城市志愿人员在中央和市委领导下参与这场史无前例的国际交流活动的组织协调、礼宾接待、对外宣传、对外交流等工作，使各国贵宾在会见中国高层，进行官方外交的同时得以身临其境，耳闻目睹，领略世博风采，了解上海"传奇"，对话普通百姓，体验社情民意，面对中国企业，开展经贸互动。许多发展中国家的领导人深受感染，认真探索中国成功的秘诀，思考本国的发展之路。莱索托首相帕卡利塔·莫西西利会见上海市领导时激动地说，上海本身就是一座巨大的"中国馆"！

从世博会到"全球城市":迈向新时代的上海之路

苏 宁

本文写于 2018 年。

苏宁,时任上海社会科学院世界经济研究所国际政治学研究室主任。

　　白驹过隙,不经意间,来到上海工作已 13 年有余。在从青年科研人员向中年科研人员快速转化的时光中,我无数次在心中回想起 2005 年那场入院面试中,上海社科院世界经济研究所张幼文老师对我提出的问题:"世界城市、全球城市的发展特征是什么?"那天,我其实没能回答好这个问题。但在随后的岁月中,这个问题却不仅成为我研究中念兹在兹的追寻方向,而且成为参与世博会、参与上海"全球城市"愿景规划的目标指向。面对这样的偶然与必然,我或许完全不能仅以"幸运"和"幸福"来作自我评判,而更多地在心中油然而生出无限的感激,以及深深的敬畏。感谢上海的前辈、同仁们,为我指引出这条从世博会到"全球城市"的探寻之路,更要感叹上海这座充满神奇力量的城市,让我能够跟随着你的脉搏,去见证从世博会直至新时代中国全球城市的崛起历程。

一、从世博研究认识这座城

2010 年上海世博会是上海全球城市发展中的重要事件。作为上海社会科学院科研人员参与世博会的主题演绎，使我得以深深体会到上海知识界对这座新兴全球城市未来发展的激情和投入，也使我逐渐认识到这座城市的魅力所在。

与世博会结缘始于 2006 年 7 月，那年暑假中的一次上海市人大课题调研结束之后，张幼文老师在路上给了我一份通知，是世博局主题演绎部与上海社会科学院建立主题演绎协调机制的一次专家咨询会。张老师推荐我参加此次会议，并对我说，2010 年上海世博会的主题是城市，与我的研究方向有紧密的关系。而"城市，让生活更美好"这一主题的内涵，需要我们认真去理解、去领悟。他希望我能通过参与世博，更多地了解城市，更好地研究城市。那次会议，是我第一次走进世博局，当时我也没有想到，那座位于浦东南路上的白色建筑，成为之后几年中我最多次进出的"行政机构"。从那次会议开始，我开始了解世博会主题演绎的重要作用、2010 年上海世博会对上海的意义，以及上海社科工作者能够为这次盛会作出怎样的贡献。

很快，这样的机会就来了。2006 年 12 月底，世博局主题演绎部与上海社科院合作，对世博会"中国馆""主题馆""未来馆"进行主题演绎工作。我有幸参加此次主题演绎，参与城市未来馆的主题演绎研究。在 2006 年与 2007 年之交，我第一次感受到了之前所学、所研对现实需求的实际作用，同时也真正了解了世博会的筹办需要怎样的韧性与坚持。

对城市未来的分析，成为"未来馆"的核心任务。从柏拉图的《理想国》、圣·奥古斯丁的《上帝之城》、托马斯·莫尔的《乌托邦》、康帕内拉的《太阳城》，到埃比尼泽·霍华德的"田园城市"，乃至电脑游戏"SimCity"，我们穷极对城市未来的研究成果，研究方案在一天之中就需要多次修改。当时的方案 PPT 文件命名，已经无法仅以日期命名，而是以"日期＋时分"的形式出现。2007 年 1 月，我就在社科院的 115 会议室中，以世博会城市未来馆的方案讨论，度过了我的 30 岁生日。

2007 年 5 月 31 日，我收到了院里的通知，赴上海文广影视集团进行世博会主题演绎冲刺工作。北京东路 2 号，这座位于外滩北段的著名建筑，成为我全身心投入世博演绎的"主战场"。当年的 6—9 月，我有幸与上海社科院陆晓文、马学强、郁鸿胜老师，华东师范大学徐伟教授一起，专注世博会"三馆"的研究，也亲身感受到上海学者对于世博会及这座城市发展的执着探索精神。

这次研究距离世博核心三馆的完工日期已经不远，时间已经十分紧张。因此，上海社科院、世博局、文广影视集团共同组成课题组，进行主题演绎的最后冲刺。我作为青年科研人员，被分配负责主题馆的主题演绎，既感光荣，又感压力。经过不知多少个从午后到凌晨的讨论，最终我们确定了以"城市人—城市生命—城市星球"为核心的主题内容框架，从不同认识层次，对城市与人、与全球之间的关系进行系统的思考。在那段日子里，我终于知道了凌晨 4 点的外滩是怎样的样貌，看到了上海这座不夜城睡去的样子。城市生命（City Being）的内涵，或许只有在完整看过了这座城市 24 小时的生生不息，才有那份更为深入的理解。而从城市生命到城市星球的关系认定，也成为对于全球城市深入理解的重要视角。

二、从愿景谋划理解这座城

2011—2012 年，我承担了上海地方志办公室委托上海市人民政府发展研究中心发布的"世博会志·经济效应"课题的研究，对世博会产生的效应进行了回顾、梳理和分析。通过这次研究，我更为深入地了解了世博会对上海经济总量、经济结构、经济布局、功能联动、基础设施、城市更新等领域的全面作用。通过参与世博会主题演绎，以及对世博经济效应的研究，在我的理解中，世博会的举办与效应释放，对于上海作为崛起中全球城市的推动作用已逐渐清晰起来。

2013 年起，上海开始组织对未来中长期发展定位的战略谋划。应该说，这是上海在后危机时期，利用中国对外开放新阶段以及全球经济发展新格局，充分利用世博举行的"大事件"效应而进行的历史性发展道路定位。2013 年，上海市发改委委托的《上海未来发展的外部环境和长远目标研究》，成为我参与的第一项此类项目。2014 年，上海市委、市政府"面向未来 30 年的上海发展战略"研究工作全面启动，这是一次面向中长期发展的全面深入研究，其研究力量覆盖上海几乎所有社科领域见长的高校和科研院所。我有幸主持其中的"未来 30 年世界城市体系及全球城市发展趋势与上海的地位与作用"项目，对全球城市的中长期发展趋势以及上海的角色地位进行研究。这让我对全球城市自身转型升级的趋势，以及上海独特的全球城市发展特点有了更为清晰的认识。

在研究中我们考察了金融危机后国际城市发展的主要规律，提出了上海到 2030 年建成"创新型全球城市"的愿景目标，甚至思考了 2050年上海的远景发展方向——全球文明城市。研究过程中，全球城市作为上海的远期愿景，已经逐渐成为研究领域各界的共识。而在上海全球城市的建构过程中，世博会对于其国际影响力以及城市发展模式的推动作用，无疑具有重要的战略意义。

2018年1月，《上海城市总体规划（2017—2035年）》正式发布，上海在中国首次提出了"追求卓越的全球城市"的发展目标定位。这一学术概念历经20余年的争论与探索，终于成为上海发展的引领指针。这对于我们这些以之为研究方向的知识工作者而言，无疑是巨大的激励。在上海面向2035年全球城市的愿景规划中，我们看到，世博会筹办、举办过程中所着力探索的创新、包容、可持续的城市发展之路，成为这座中国新兴全球城市的发展路径指引。而世博会对上海经济结构转型、城市空间布局调整、基础设施升级、城市更新优化的重要推进，则成为上海全球城市建设的重要基础与支撑。从这个意义上看，世博会既是上海全球城市发展的思想检验与压力测试，也是卓越全球城市的经验积累与条件锻造。

从世博会到进博会

筹备世博会

关于中国首次宣布申博情况的回忆

郭启元

本文写于 2017 年 12 月。

郭启元，原上海市人民政府外事办公室综合处处长。

1999 年 11 月，上海市外经贸委的朱晓明、上海市政府发展研究中心的朱林楚、上海市外办的我等几人开会，计划尽快组团访问国际展览局，和对方就中国申博事宜进行沟通。市领导强调，到了巴黎，多听情况，少讲话，如果真的需要有什么表态，要请示中国驻法使馆党组。12月上旬，朱晓明率团出访巴黎，团员有胡仲华、景莹、陈静溪、周先强、解冬和我。

到了巴黎，在拜访了国际展览局主席、秘书长后不久，因市外经贸委系统有急事，根据市领导的要求，朱晓明和周先强提前回国。我们其余人留在巴黎继续出席国际展览局会议。

12 月 6 日，大约下午 5 点左右，国际展览局秘书长洛塞泰斯约见我们一行。洛塞泰斯说："据了解，阿根廷、韩国将在 12 月 8 日上午国际展览局第 126 次大会上提出申办 2010 年世博会。中国是否要发言表态，请你们决定，如果要发言，请告诉我，以便提前安排。"

　　洛塞泰斯离开后，我们立即赶赴驻法使馆。大约下午 6 点半左右，我们来到中国驻法国大使馆。此时使馆已闭门。在和中国籍门卫交涉时，使馆走出一人，恰好是我认识的外交部原新闻司干部马德云。我和她简单说了情况。马说，吴建民大使现在不在使馆，而且接下来还有几档活动，一时不会回使馆。你们或者向赵进军公使汇报吧。

　　我们向赵公使简单汇报了情况。我们说，关于申办 2010 年世博会，代表团如果要表态的话，恐怕要北京点头才行。而且在行前，上海市领导指示过我们，如有紧急情况要向使馆党组请示。赵公使当即要求我们起草发回国内的情况汇报。赵公使说，现在国内还是下午上班时间，这个情况汇报他请吴大使签发后马上发回国内，并请我们回去等消息。

　　我们离开使馆回到宾馆已经是晚上 8 点，大家都无心休息。第二天一早，吴建民大使的秘书来电，邀请我们去大使官邸共进早餐。见到吴大使后，大使拿出国内回电，一字一句读给我们听："中国政府支持上海申办 2010 年世博会。"

　　我们非常高兴，马上与中国贸促会驻巴黎办事处联系。于是，就有了 12 月 8 日中国驻国际展览局首席代表刘福贵宣布中国申博这样一个举动。

申博日记

张　帆

张帆，麦格纳中国高级销售经理。2002 年 7 月 2 日，她与同为复旦大学学生的蔡莹凌代表上海大学生，在国际展览局第 131 次大会上用法语陈述。以下是张帆当时的日记。

2002 年 5 月 22 日　星期三

　　昨天辅导员李焱老师找我，说有个关于世博会的面试想推荐我参加。她当时对具体情况也不是很了解，只是一再强调这是一项十分重要的活动。对于性格乐观、喜欢接受各种挑战的我来说，当然会紧紧把握这一难得的机会。

　　下午，带着满心的好奇和些许的忐忑，我来到了位于娄山关路的上海申博办。参加选拔的学生并不太多，大约六七个女生、两三个男生。大家显然对这次活动的目的还不太明确，在等待的时间里一边闲聊一边猜测着。

　　交谈中有人提到去年上海卫视主办的大学生歌唱比赛，问我认不认识当时参加比赛且和我同是复旦法语系的张帆。我听了直乐，虽然电视上化了妆，修饰过的我和平时素面朝天、简单自然的我给人的整体感觉会有所不同，但也不至于相差到面对面都认不出的地步吧？

我被安排在第四个面试。原以为只会有两三个考官，谁知一走进被临时用作考场的会议室，却发现七八个一字排开坐着的老师正冲着我笑。好吧，人多一点也热闹些。

面试的过程很简单。我首先要用法语作一个简单的自我介绍，并且谈谈对世博会的认识，大约两三分钟。然后就是各位老师用法语或者中文轮流提问，主要是关于兴趣爱好和表演经历方面的内容。整个面试只用了六七分钟，尽管时间很短，我觉得自己还是表现出了应有的大方和自信。

后来总算是弄明白了，原来他们想选两个女大学生随同申博代表团于今年 7 月前往巴黎，参加在当地举行的国际展览局 131 次会议，并在会上代表上海的高校学子们用法语发言，表达我们对在上海举办世博会的支持和渴望。

2002 年 6 月 5 日　星期三

下午又要去申博办了，但这次跟上一次不同，我们在经过了学校安排的法语演讲培训后，对自己更加充满信心。

这回参加选拔的是清一色的女生，大约有 15 个人，分别来自复旦、上外、二医大、华师大和外贸学院。面试的内容依然是自我介绍和自由问答。走进那间已经不陌生的会议室，还是有那么多的老师亲切、耐心地等待每一位面试者。

由于前一次老师们对我们的基本情况已经有所了解，他们决定跳过第一个环节，直接提问。法语方面照旧是无主题的自由对话，中文提问倒是增加了考验临场应变能力的内容。有老师为我假设了一个场景：我要去参加一个朗诵比赛，却在前往赛场的途中发现忘了带讲稿，时间紧迫，不允许我回家取稿子，我该怎么应付这一情况呢？是放弃比赛还是硬着头皮参赛？我的回答是：我会依旧自信地参加比赛，因为根据我参加同类比赛的经验，朗诵时选手应该早就能够脱稿背诵了，所以这个问题根本不是问题。我不知道他对我的回答是否满意。

2002 年 6 月 9 日　星期日

下午，申博办的汪均益主任带我们去了市委。他说市领导想见见我们，并且由他最后定夺我们是否随申博团去巴黎陈述。

我们到达市委的时候市领导正在开会，会议一结束他们便找了一间空会议室跟我们见面。市领导先让我们用中、英、法三种语言自我介绍，随后便简短地向我们讲述了这次去巴黎陈述的重要性。整个见面只有短短的十来分钟，因为紧接着市领导又要出席另一个会议了。

原本以为确定巴黎之行后会特别激动，可此刻心情多半是平静的。不仅身边的朋友觉得奇怪，我自己也有些意外，毕竟这是多么难能可贵的机会和荣耀啊！"也许是觉得重压在肩，还没到高兴的时候吧。在法国圆满完成任务后，才真正值得庆贺！"我总是这样向别人解释。

2002 年 6 月 18 日　星期二

昨天我们正式到申博办报到，开始接受将近半个月的集训。为此，我们所有的考试都不得不推迟到下学期开学进行，就连大学英语六级考试也只能放弃。老师们说，六级考试的机会以后有的是，但代表中国大学生到巴黎陈述的机会却极为难得，所以尽管有点可惜，但还是很值得的。

负责给我们培训的俞力老师是一位与世博会有着深厚渊源的人。早在 1997 年，他就参与了昆明世界园艺博览会的策划和组织，曾经在城市规划馆展出并取得成功的世博展览也是他的杰作。可以说，他称得上是一位老世博人了。有一句话他常常挂在嘴边：一切始于世博会。他坚信参与世博会的经历会对我们今后的人生有极大的影响，他不断用这句话勉励我们。

2002 年 6 月 23 日　星期日

一直都很想来北京看看，却没料到会是因为这样一个情况。上午在中国贸促会，我们进行了一次陈述彩排。国务委员吴仪、外长唐家璇、中国贸促会会长俞晓松和驻法大使吴建民等领导都聚齐在一起。

吴国委和唐外长虽然上了一定的年纪，可两人看起来都神采奕奕、精神矍铄。彩排十分紧凑，严格按照 7 月 2 日正式陈述的程序，进行得很顺利。结束后吴仪感谢所有工作人员的辛勤努力，并表达了她对上海申办世博会成功的坚定信心。士气高昂的我们也同样以热烈的掌声表达了我们激动的心情和对申博的执着信念。吴仪对我们的表现也给了很高的评价，她建议我们要表现得更活泼、更富有激情。

这次北京之行实在太匆忙，我们根本没有时间好好领略首都的风采，只有昨晚回饭店的途中，热心的司机载着我们绕着天安门逛了一圈。看来畅游北京的心愿只能等以后有机会才能圆了。

2002 年 6 月 26 日　星期三

下午去电视台作临行前的最后准备：试衣、定妆，还有……我得把好不容易留长的头发剪掉——考虑到两人的形象应该有所差别，老师们认为活泼的我应该剪短发（呵呵，如此彻底的形象改变，下学期开学肯定把我亲爱的同学们吓一跳）。

晚上回家，坐在出租车里，无意中听到电台里正在播刘若英的新歌。不知道那首歌叫什么名字，只听到她反反复复吟唱着："我们可不可以笑着说再见，我们可不可以好好说再见……"突然间，半个月来培训的奔忙与劳累似乎消失了，整个人松弛下来。歌声在耳边轻柔地飘着，我的心也好像柔软起来。明天，明天我就要暂时告别这座城市去一个遥远的国度，所以现在我要认真地整理好自己的心情：

Paris，j'arrive!（巴黎，我来了!）

回忆 2010 年世博会申办调研

周先强

时　　间：2009 年 9 月 4 日

地　　点：上海档案馆办公楼 2 楼贵宾厅

采访者：上海世博局研究中心　朱航（以下为"朱"）

受访者：周先强（以下为"周"）

朱：今天是 2009 年 9 月 4 日。我们请来上海世博局 AB 片区部长周先强。申博时周部长担任申博办联络部副部长，是最早参与上海世博会申办工作的老战士。我们请周部长为我们讲讲申博时的特别的经历。

周部长您什么时候开始参与申博？主要有哪些工作？

周：我参与这项工作应该追溯到 1998 年的 11 月。当时我在市外经贸委外事处。

根据市领导的指示，1998 年 11 月，市外经贸委开始对上海举办世博会做了调研和可行性分析。之后，在这个基础上，市政府决定立项，也为之成立了世博会申办工作办公室，就是后来说的申博办，办公室设在市外经贸委。我担任申博办联络部副部长，主要工作是和国际展览局各成员国的联络，组织开展游说工作，以取得这些成员国的支持。除此以外，申博办还要争取国家对上海申办工作的支持，我承担了和国务院各部委具体联络工作。

朱：1998 年是怎么开始就申办世博会进行调研的？

周：1998 年 11 月，市领导指示外经贸委主任朱晓明，要求了解世博会是怎样一个项目，申办城市需要什么样的条件，申办程序是什么。世博会项目是由中国贸促会主管的，我曾在上海贸促会工作，对世博会这个项目有所了解。在我的提议下，我们外事处组织了一个调查小组，我和同处的贾开京一起到北京，拜访中国贸促会展览部。展览部的徐晨滨部长接待了我们，他知道我们的来意后先是惊讶后是钦佩。他说："上海提出这样的想法非常了不起，但是你们知道这个项目的复杂程度吗？这不是一个城市的行为，这是国家行为，涉及外交活动。"我听了以后非常意外，我说："上海有这么个想法，你们能不能提供一些世博会的相关材料给我们参考？"徐部长就给了我们一份北京申办 1999 年世界园艺博览会的资料，说："这个博览会最终由云南举办，你们回去好好研究吧。这是非常庞大的系统工程，你们先了解一下，然后再讨论办还是不办。"

我们回到上海后，整理了一份报告，主要内容是举办世博会所需的软硬两方面条件、申办世博会的程序等，1999 年初由市外经贸委上报市政府。之后，我们继续就报告的内容进行更深入的了解。1999 年 5 月，德国汉诺威举办了一届工业博览会。此时离 2000 年汉诺威世博会还有一年，这届工博会对汉诺威世博会作了专门宣传。我到了汉诺威，看到这样一个宣传平台。我向当地的项目主管专门了解了汉诺威世博会的一些情况，包括规模、人次、参展国家、主题、理念、吉祥物等，又形成了一个报告。

1999 年 5 月初，市外经贸委邀请了中国贸促会副会长、中国常驻国际展览局首席代表刘福贵，市政府出面组织了一些关于世博会申办工作的交流。刘福贵全面介绍了世博会的背景以及中国参加世博会的历史和过程，谈了上海作为中国的大型城市，如果要申办世博会需要做些什么工作。

朱：市领导听取报告后，是不是外经贸委就开始落实相关的申博工作了？

周：对。当时外经贸委专门成立了一个小组，除了刚才我说的贾开金以外，还有现在担任主题演绎部部长的季路德，除此以外还有外经贸委的其他同志。大概有七八个人吧，开始了世博会前期的筹备工作。

7 月，市政府向国务院提出了申办请示。市领导要求外经贸委作为申办工作牵头部门，把各项工作抓紧落实。

朱：当时有哪些市领导听取了汇报？

周：因为世博会这个项目涉及上海的未来发展，黄菊和徐匡迪都非常关心，市长直接抓这个工作。

朱：市领导有什么具体的批示？

周：在循序渐进的过程中，市政府坚定了上海要申办世博会的想法，向国务院申请。据中国贸促会说，当时还有杭州、大连等也提出了要申办 2010 年世博会。从加快城市发展这个角度看，大连、杭州若举办世博会，可能效果会更好，但是从举办条件来说，上海更好一些。因此，国务院最终批复同意上海的申办请示。

朱：刚才您提到 1999 年去参加汉诺威工业博览会，了解了 2000 年汉诺威世博会，回来后有什么报告吗？

周：1999 年 4 月，我实地看到了 2000 年世博会的筹备工作。当时我专门向有关官员询问了世博会的规模、参展的数量、观众预测情况、主题、吉祥物等，使得我对世博会这个项目有了更系统的了解。回来后我写了个报告，这对领导了解世博会有很好的作用。

朱：作为联络部副部长，你负责申博办对内对外联络工作。中国贸促会作为主管部门，对上海世博会申办工作有很大的支撑作用。在你的工作中有哪些比较深刻的印象？

周：中国贸促会是中国参与世博会事务的主管部门。在上海申办世博会的全过程中，中国贸促会给了我们很多指导、支持、协助。最初是对上海申办世博会需要哪些条件进行工作指导。国际展览局每年举办两次代表大会。作为申办城市，每次大会都必须出席，进行大会陈述。我们每次到国际展览局所在的法国巴黎开会，中国贸促会都给了很大的支持，首席代表刘福贵对我们每次开会的议程都给予指导。

中国贸促会还帮助上海协调其他事务。因为虽然上海提出申办，但在国际上是以国家名义来申请的，这就需要得到外交部、外经贸部、国家发改委等国务院各部委的支持。中国贸促会在这个过程中，很好地发挥了协调、联络、沟通作用。比如申办国家要向国际展览局提交申办报告，这个报告里有中央政府各部门的承诺书，以表达国家对这个项目的支撑。这些承诺书都是在中国贸促会协调下进行的。

朱：感谢周部长的回忆。

行到水穷处，坐看云起时
——申博片拍摄回忆

王光建

本文写于 2017 年 12 月 15 日。

王光建，原上海电视台导演。

开始申博时，我刚刚从东方电视台调入上海电视台纪实频道《纪录片编辑室》栏目工作，没几天便被叫去参加申博片拍摄小组，一起的还有赵建华、王小龙。按照惯例，决定之后留给操作的时间永远是不够的。从发布任务到要求完成，印象里只有 4 个月左右的时间。但还是比了创意稿，几轮下来最后是李奥贝纳广告公司的《蒲公英》胜出。

创意通过之后是选导演，因为北京奥运会是张艺谋做导演，有人就提议是不是请陈凯歌来当世博会申办片的导演。这个建议被采纳了。陈凯歌专门来了一次上海，在 SMG 九楼的会议室里开了一次会。陈凯歌既没有表现出太多的热情，对这一类的影视表达也没有提出真知灼见。于是，李奥贝纳广告公司提出了和张艺谋导演合作的方案。市领导在请示了北京之后，决定选用张艺谋班子来执行申博片。

和张艺谋团队的第一次创意讨论会是在北京，会上赵小丁提了个意见："为什么不把《蒲公英》改成《茉莉花》呢？全世界都知道歌剧《茉莉花》的旋律。"这是个极好的主意，张艺谋旋即跟进，建议把创意改成《茉莉花》。对于这个建议，全场一边倒地投了赞同票。

因为时间非常少，张艺谋组成了六个摄制组同时开拍，这些组的导演基本上都是成熟的广告导演，画面控制力很强。记得新疆、陕西、西南都有一组，上海是两组，其中有一位导演是陆宇清，另外一位名字忘了。《茉莉花》音乐小样也很快出来了，作曲家张磊用交响乐对民间小调《茉莉花》的处理，赢得了一片喝彩。

第一次审片是在上海电视台九楼的会议室里，张艺谋亲临现场。片子放完，全场默然，无人喝彩。音乐很棒，画面很漂亮，但同时夹带着的那股西北味儿很浓。似乎申办城市是西北的某座城市，而不是上海。因为张艺谋在场，大家评论比较客气，但结论当然还是改。

改了两稿以后，好了许多，但还是未脱西北之气。国务院约定审片的时间到了。这个时候离国际展览局投票大会好像只有半个多月的时间（具体天数记不清了，反正是短得让人不安）。

会议是在中南海国务院的一个会议室里召开的。当天的议程除了审这个 4 分钟的申办片之外，还要审上海美术电影制片厂制作的 3 分钟水墨动画片。李岚清、吴仪两位副总理到场，上海市时任市委书记亲自带队。我代表申博片的制作方出席会议，美影厂的一位副厂长代表水墨动画片出席会议。

会议推进很快，节奏干净利落。吴仪和李岚清对这一版的申博片都表示出了不满，认为这是一个城市在申办世博会，不是一个国家在申办世博会；而且西北风太浓了，完全感受不到江南的清丽娟秀，要大改。原版申博片的最后一个镜头，是一个国字脸的胖小男孩半生不熟地唱着《茉莉花》，然后说："8 年后，我再唱给你们听！"李副总理认为这个男孩太虎头虎脑，完全没有上海江南孩子的灵秀之气，说把他换掉吧。那个小男孩尽管长得不像江南孩子，但那个稚气、那个味道表达得非常好，我忍不住为他叫屈。我说："领导，像这样表演分寸的孩子换掉太可惜了，很难找到比他更好的。况且，老外哪里知道江南孩子和北方孩子的区别。"李副总理听了不再吭声。

当看到那个水墨动画片时，吴仪说了一句令我印象深刻的话："我提一个颠覆性的意见，这个片不要了。"老太太完全不能接受用代表中国传统农业文明精髓的水墨动画来表达刚性工业建材为主体的后现代世博会。这是这个动画片的必然命运，水墨动画无力表达现代建筑的质感与锐气，它"死"得理所当然。

全场哑然。

市委书记脸色铁青，平日里只有他意见纷飞地评论别人的作品，今天却被吴仪和李岚清批评得一愣一愣。

吴仪并没有摆出要听取别人意见的姿态，她接着说，取消水墨动画片的3分钟，申博片加2分钟，她的陈述加1分钟。我的天！我还没有从第一个雷击中清醒过来，第二个炸雷又在耳边轰响。4分钟的片子要在不到半个月的时间内修改完毕，而且还要增长50%！这是申博片，代表一个国家荣誉的片子，不是新闻片！

会议决定：修改交给电视台全权负责，原来的导演组协助。我知道，我由客户代表改做导演了。出了会议室的第一件事情就是和作曲张磊打了一个电话，要求描写增加城市的段落之外，在5天之内完成一个6分钟的版本。张磊是个了不起的作曲家，真的在答应的时间之内拿出了一个漂亮的6分钟版本。

印象中第二个电话是打给王小龙的，请他立即安排上海的拍摄队伍和演员选角事宜。那个时候我完全没有想到还需要重新拍摄最后的那个小男孩，我认为我已经成功地说服了李岚清副总理。但是，当我从北京到上海的飞机上下来，刚刚打开手机的那一瞬间，就接到了上海市委宣传部打来的电话说："那个男孩必须换掉，换成江南清秀的孩子！"县官不如现管，我如果再和市委宣传部去纠缠，他们就一定会让台长朱咏雷来和我讲的。算了，换吧。

我记得是在上海电视台2号楼的摄影棚里挑选的小演员，感觉全上海会唱"茉莉花"的清秀小孩差不多都被叫了来。整整一天，筋疲力尽。最后我看中了小荧星艺术团的一个小姑娘，好像是姓傅，也无惊喜也无愁。

我们一边找上海的素材资料，一面安排江南水乡的补拍。幸好2000年刚刚为上海APEC会议拍了一条宣传片，有不少上海的胶片素材（当时还没有数字化，申博片使用35毫米电影机拍摄）。老天也是帮忙，一路晴天。

负责后期粗剪的是一家台湾公司，剪辑师是一个澳大利亚人。这个神一样的澳大利亚剪辑师下了飞机之后，先去宾馆洗了一个澡，然后就在剪辑机前坐了整整两天两夜。

澳大利亚剪辑师坐在剪辑台前剪片，我坐在后面的沙发上梳理和搜索素材。这个澳大利亚剪辑师在最后两天剪辑中，没有合过一次眼却依然精神抖擞。我就没有那么强大了，尽管我也没有合过眼，但是胃出血了。国家任务，又事关我居住的这座城市的荣誉，我决定坚守岗位。我在我太太的医院开了药，电视台医务室的医生为我现场输液，最后乌云散去，阳光灿烂。

幻维数码负责精剪，剪辑师叫明伟，胶片配光师是李加林。后期制片是个极可爱的胖姑娘熊珏。

中南海会议之后，叶志康局长要求做两个申博片版本以确保万无一失。一个就是我和王小龙负责的版本，另一个版本的导演是赵建华，剪辑师是陈坚（他俩后来都英年早逝了），艺术指导是朱弘强。后来因为我们这个版本在审片中被市领导肯定，另外那个版本也就此完成了历史使命。

申博成功消息传来的时候，我不记得自己是不是激动过。申博的成功其实是改革开放后国家形象的凯旋，是国家间力量对比的胜利，也是外交的成功。申博片只不过是一个小小的载体，犹如占领高地之后插在山顶的一面旗帜，仅此而已。

后来世博会召开，我去过两次。除了一些新鲜的展览展示手段之外，并没有特别多的东西能勾起我的兴趣。汽车馆不错，船舶馆的影像盒子有点小惊喜，惊诧于沙特馆投影衔接得天衣无缝，欣赏法国馆的从容、淡定，还有意大利馆随意之中的才华……上海世博会太大了，大到你没有勇气去看完它。这也就是上海世博会，无与伦比又庞大纷杂。你第一句话会说："哦，我的天哪！"第二句话你还会说："哦，我的天哪！！"第三句话依然是："哦，我的天哪！！！"

我的世博缘

杨伟皓

原载《难忘申博征文集》，上海人民出版社 2003 年版。

杨伟皓，时任上海市人民政府外事办公室综合处主任科员。

"五星红旗迎风飘扬，胜利歌声多么响亮……"当中国申博成功的一刹那，会场内外顿时欢腾在一片红色的海洋中。任那喜悦的泪水流淌，任那自豪的歌声飞扬。

为了这一时刻，我们已期待很久；为了这一时刻，我们已努力多年。现在，我们终于把世博会带回了家！

2002 年 12 月 3 日，在蒙特卡洛的庆祝晚宴上，当我们相拥欢庆的时候，当无数外国朋友向我们举杯祝贺的时候，我的思绪情不自禁地飞回到四年前，一幕幕难忘的情景在眼前浮现。

一

其实，上海早已于 1998 年就与世博会结缘。当时，作为 2000 年汉诺威世博会赞助商的德国西门子公司选择上海为合作伙伴，在该届世博会上推出了"21世纪上海的展望"专题展。1999年6月，以上海市政府副秘书长朱晓明为团长、市外办副主任陈仁凤为副团长的上海代表团出席了在德国汉诺威举行的2000年世博会筹备会。此行，我们急切想寻机与国际展览局有关人士接触，但会议主办方却再三推辞。想到我团千里迢迢来到汉诺威，而世博会的高官就在眼前却不能相见，这是何等的无奈。作为代表团工作人员，虽然踏上工作岗位才几个月，但外办同志对我的培养和教育时刻激励我牢记一个外事干部的高度责任感。于是，在筹备会全体大会结束时的一瞬间，我拨开人群，奔向主席台，大声地对国展局主席菲利浦森先生说："我从遥远的东方来，您若能给我两分钟，我将让您了解一个东方大都市。"菲利浦森先生微笑着说："为什么才两分钟？"于是，他邀国展局秘书长洛塞泰斯一同来到了我们团中，在愉快的气氛中与朱晓明副秘书长进行了长时间的交流并合影。那次会面使我们和国展局建立了友好的关系，这种关系也使上海走近了世博会。2002年3月，国展局考察团访沪时，国展局秘书长洛塞泰斯一见到我就高兴地说："又见到你了，一个介绍我们认识上海的东方女孩。"而这次在蒙特卡洛，当我再次见到菲利浦森先生时，他又高兴地提起了几年前的那次筹备会，并真诚地祝福上海。

二

2000年汉诺威世博会是上海参与综合性世博会的开始。自1998年起，我直接参与了该届世博会"21世纪上海的展望"专题展的筹备工作。西门子公司派出了强大的专家阵容投入专题展的制作。为了协助他们尽可能全面地向世界展示中国的形象，我和我的同事们带着他们在上海四处寻找历史的踪迹，采撷上海现代化建设的美丽图卷。在和德国专家孜孜不倦的共事过程中，我渐渐了解到世博会对中国、对世界的重大意义；同时也深深地感到由于文化的差异，要让这些老外准确地把上海、把有着上下五千年的文化底蕴又有日新月异的建设成果的中国介绍给世界实在是件勉为其难的事。我多么希望中国能自己主办一届世博会，搭起一个大舞台向世人充分展现自己的风采。

1999 年 12 月 8 日，中国政府驻国际展览局代表在国展局第 126 次会上宣布中国政府申办 2010 年世博会，我由衷地感到高兴。为了让市民更多地了解世博会，我将平时积累的有关资料撰写成文，以整版篇幅发表在《新民晚报》上。现在，世博会已家喻户晓、深入人心，得到了全国人民的支持。我深信，我们一定能办出一届精彩的世博会，让世人真正地了解中国，喜欢上海。

三

在蒙特卡洛的庆祝酒会上，国展局副主席兼执委会主席塞雯女士笑容满面地向我举起酒杯说："你还记得我离开上海时对你说的话吗？此时我真的为上海感到高兴。"此话让我想起 2002 年 3 月她率国展局考察团来沪访问的情景。在上海的最后一天，我受外办领导嘱托，陪同她游览市容，与中国百姓进行零距离接触。当我们漫步南京路时，几个巨大电子屏幕正不断地播出国展局考察团来华访问的消息；大街小巷的海报上处处透出中国人民对世博会的渴望。走进豫园，人们在熙熙攘攘的人群中一眼就认出塞雯女士，纷纷用微笑和掌声向她表达由衷的欢迎之情。其中，很多游客和商店营业员要我告诉塞雯女士他们对世博会的期盼。我告诉塞雯女士，他们中很多人并不生活在上海，而是来自中国其他省市，世博会不仅属于上海，更属于全中国。或许塞雯女士在其他国家从未有过这样的体验，竟然有这么多普通百姓对申博倾注了满腔的热情。她被深深地打动了。临行前，她对我说："如果中国申博失利，我将如何面对这里的人民？"如今中国成功了，难怪塞雯女士脸上露出了会心的笑容。

世博会终于向我们走来。申博的成功已属于昨天。今天，我们要用我们的热情、智慧和汗水谱写世博会历史上最精彩的篇章。获得了幸运的中国将还世界一份异彩！

"今天，世界诞生了一个伟大的希望"
——回眸 2002 年 12 月 3 日

杨庆红

原载《上海画报》2003 年第 1 期。

杨庆红，原上海世博会申办工作领导小组办公室新闻宣传部副部长。

一、黎明前的等待

2002 年 12 月 2 日晚上，记者集聚在上海电视台新闻频道现场直播室——蒙特卡洛大酒店一间最佳海景房内等候每天必开的情况通气会。一等再等，时针指向 12 点，市政府新闻办焦扬副主任还没有到来，每个记者心里都非常明白，都清楚这个会议有多么重要，无论多晚都必须等。这时，焦扬副主任跨进了直播室，她带有歉意地对大家说："领导们还在工作，我是先赶来和大家通气的。""明天我们的记者团要全力以赴，以最快的速度做好投票结果的新闻报道。""投票现场每个申办国家只能进去 20 个人，由于国际展览局规定投票现场不许电视直播，因此投票消息传递的每一个环节都必须衔接好。"焦扬一一交代我们几个负责人届时的工作岗位，特别强调要做到最快将投票结果通知有关方面，电视要在投票出来的第一时间内开通新闻直播。简短、明确地下达完任务后，已近凌晨 1 点，法国司机已下班，我们一行只能步行返回酒店。此时，暴风雨已经过去，清新的空气中夹带淅沥的雨滴，我感到头脑格外清醒。

一进房间，同屋的上视英语节目主持人崔文告诉我，袁鸣让我回电。接通袁鸣的电话，她问我此刻有无睡意？心情如何？投票结果出来时会怎样？一连串的问题已让我体会到袁鸣此时的心情。作为世博会有史以来第一位市民代表的袁鸣，自 2001 年 6 月参加申博工作以来，一直积极发挥自己的影响和作用，每次从英国回国，她都会主动找我询问申博进程、自己能为申博做些什么。今天在格林马迪会议宫的中国展台前，身着华丽中国旗袍的袁鸣，用纯正而熟练的英语向来宾介绍上海。走近中国展台的来宾们都情不自禁驻足欣赏着这位美丽可人而又非常国际化的中国女青年。"我想，中国成功了，我一定会激动得失声大哭。""为什么？""只有亲历申博全过程的人，才知道走完这一切需要付出多少的心血啊。"我心里在想，三年的时间不算长，可我们申博办的工作人员在这 1 000 多天中又睡过几个好觉呢？

为了保证白天的工作精力，我和袁鸣相互在为祖国的祝福中道了晚安。

二、又打胜了一仗

格林马迪会议宫经过一夜的"洗刷"，显得特别清新和透亮，好像神话世界中的一座海上水晶宫殿，可望而不可即。直到 8 点左右，各竞争国的工作人员陆续到场，打破了寂寥的空间。我兴奋地想着：神话将在这里变为现实。

9 点 30 分，盼望已久的国际展览局 132 次成员国代表大会正式在摩纳哥蒙特卡洛的格林马迪会议宫一楼大会堂举行。89 个成员国代表，5 个竞争国的官员、观察员及记者各 90 人参加大会，这样算来估计有 700 多人出席了这次大会。大会堂门口今天可是铁将军把门严格检查进入的证件。会议是在一个梯形的大会堂举行，舞台的左侧是演讲台，国际展览局主席诺盖斯和秘书长洛塞泰斯坐在右侧斜放着的一张长型的会议桌前。

每个申办国都非常珍惜这半个小时的陈述。中国的陈述时间原定是 12 点 05 分到 12 点 35 分，因其他国家都略有超时，因此，中国的陈述的开始时间比原定晚了近 10 分钟。

经过两个多小时的会议，代表们已略显倦意。吴建民大使以轻松幽默的开场白，一下子将代表们的精神振奋了起来。他首先介绍李岚清副总理。李岚清副总理在热烈的掌声中走上讲台，他以沉稳、自信的口吻和娴熟流畅的英语向国际展览局代表许下了中国政府庄严的承诺。随即播放了张艺谋拍摄的影片《茉丽花》，一曲悠扬委婉的吴侬软语《茉丽花》歌声，将所有的代表带入了中国江南水乡。接着，上海市委书记走上讲台，他代表上海市政府郑重保证，上海世博会将为各参展国提供 1 亿美元的援助资金；将保证为 7 000 万游客提供舒适、方便和安全的服务。他说："此刻，在我的脑海里浮现出孩子们渴望世博会的画面，他们企盼的眼神告诉了我一个最真切的希望：把世博会带回家！请不要让他们失望。选择上海就是选择'城市，让生活更美好'；选择上海就是选择未来。"最后，吴建民大使隆重介绍了吴仪国务委员。吴仪走上讲台那一刻，全场报以充满敬意的掌声，向这位立足于中国政坛且活跃于国际经济舞台的女强者致敬。吴仪告诉大家："越来越多的投资者看重中国巨大的市场；越来越多的旅游者为了悠久而灿烂的文化来到中国；越来越多的外国人成了中国人民真诚的朋友。"她重申："中国不会使你们失望，上海已准备好将给你们一个愉快的惊喜。投中国一票，就是投向我们共同的未来！"吴仪在全场爆发的长久而热烈的掌声中走下了舞台，三位领导人的手紧紧地握在一起。

三、中国成功了！

下午 1 点整，格林马迪会议宫开始清场。午餐后我回到会议宫，看到摩纳哥的警察已到岗把守着几处主要的通道。会议宫门口已安置了安检设备，进去时除了严格地检查不同颜色的工作证外，还要进行安检。我的工作证让我进入了大厅。投票在二楼半深处的一个会议厅，我们个别工作人员设法进入了二楼半休闲区——一个靠近投票会场最近的公共区域，他们负责传递、通报每轮投票的结果。我们与他们相隔一个自动扶梯，提高嗓门就可以听见彼此说话。

14 点，代表们陆续进场。我方领导再三叮嘱我们，千万记住投票结果一出来，一定要在第一时间内通报有关各方。为了保证不延误传递消息的时间，我赶快把要在第一时间拨出的电话号码显示在两个手机上，只要一按 OK 键，即可拨通。14 点 30 分投票准时开始。二楼大厅里，在我们的左侧是韩国的代表团的工作人员，他们身着统一深藏青色的西装，紧凑地围在一起。

过了一会儿，楼上一声叫喊，所有的人都从座位上站了起来，第一轮的投票结果出来了：中国 36 票，韩国 28 票，俄罗斯 12 票，墨西哥 6 票，波兰 2 票，弃权 2 票，波兰出局。我们喜上眉梢。不多会儿，一声轰叫，只见左边韩国代表团人员兴奋地又跳又叫，原来，第二轮的结果是：中国 38 票，韩国 34 票，俄罗斯 10 票，墨西哥 5 票，墨西哥出局，韩国比上一轮多了 6 票。又等了一会儿，第三轮结果出来了：中国 44 票，韩国 32 票，俄罗斯 12 票，俄罗斯出局。大厅里，左边安静了，右边兴奋了。我们这里，所有的工作人员昂着头，向二楼半通报消息的伙伴们又跳又叫，喊声响遍了大厅。

15 点 17 分，一个伟大的历史时刻终于到来了：中国 54 票，韩国 34 票。"中国成功了！中国又赢了！"场内场外沸腾了，所有在场的中国人全身心地欢呼了起来，不顾一切地高呼着，我已记不得儿时有没有过这样的激动，反正平时的矜持、沉稳、镇定此刻已荡然无存。我的同伴俞力从怀里抽出了一面叠得非常整齐的五星红旗，冲上了自动扶梯，只见红旗呼啦地飘扬起来，刹那间，多少人的泪水夺眶而出。红旗啊，红旗，今天我们能特别感受您的意义，这是祖国的象征，这是崇高的荣誉，这是胜利的标志，这是未来的动力。同伴们振臂呼喊着，紧紧拥抱着，奔跑跳跃着。中国赢了！上海赢了！祖国万岁！中国成功了！电话在我手中颤抖着，我用力按下了第一个号码，这是法国企业支持中国申博俱乐部的成员，他们正在巴黎等待着中国的消息，这些企业要为中国成功集会庆贺。我已顾不了太多的描述，用哽咽的声音喊道："中国成功了！"当我拨第二个电话时，上海已无论如何也打不进了，这时摩纳哥至上海的电话恐怕是全世界最繁忙的线路。

会场外的中国人都汇聚在格林马迪宫外的平台上。从门口开始自动排成了两排队伍，有人手举着小五星红旗，有人手拉着大五星红旗。人们在持续的欢呼声中等待着，都想亲眼看一看王者的风范，想亲口向各国代表们真诚地道上一声谢谢。代表们一一出来了，大家不约而同地向他们喊道："Thank you. Thank you. Thank you very much." 中国人民发自内心感谢他们选择了中国，选择了上海，申博办的同志纷纷伸出友谊之手向他们道谢，看到一些熟悉的朋友时主动上前去和他们热烈地拥抱，以表示我们真诚的谢意。

整个晚上，中国代表团沉浸在热烈的欢庆中，庆祝会一场接一场。17 点，中国政府举行庆祝大会，地点：蒙特卡洛大酒店一楼宴会厅；出席对象：中国代表团全体人员。李岚清副总理高兴地登台为大家演唱了一首意大利歌曲《我的太阳》；吴仪国务委员激动地说，申博成功是中央高度重视、各部门辛勤工作、共同努力的成果。市委书记说，我们没有辜负祖国重托、上海人民的期望，我们把世博会带回家了。吴建民大使感慨地说，申博的胜利是中国国际地位提高、进一步得到国际社会承认的象征。

20 点钟，由国际展览局安排，胜出国举行大型招待会，地点：蒙特卡洛体育场星光厅；出席对象：国际展览局各成员国代表。各国代表纷纷前来祝贺，据国际展览局官员称，出席的人数可谓历次胜出国招待会之最。国际展览局秘书长洛塞泰斯在吴建民大使的请柬上写下内心的真情："今天，世界诞生了一个伟大的希望。"

一如既往支持世博
——访部分"白玉兰荣誉奖"获得者

胡志刚

原载《解放日报》2003 年 1 月 31 日。

胡志刚，原《解放日报》高级记者、上海世博会事务协调局新闻宣传部高级主管。

2002 年度上海市"白玉兰荣誉奖"昨天揭晓。与往年不同的是，这次的"白玉兰荣誉奖"是专门为支持中国申博的境外友好人士颁发的。颁奖仪式结束后，记者采访了几位刚刚获奖的跨国公司老总。

法国索德尚金融公司董事长彭天驰告诉记者，在中国申办世博会的过程中，索德尚一直坚定不移地支持中国，并参与了很多文化活动的组织和推广。比如去年 6 月，他们就参与组织了一场以展示中国丰富多彩的服饰为主题的申博专场演出——《金舞银饰》。在巴黎演出后，取得了轰动效应。由于巴黎是国际展览局所在地，不少国家驻国际展览局的代表都在巴黎，这样推广中国博大精深文化的演出，为申博起到了十分理想的效果。

永裕医药咨询公司总经理冯伟立能说一口流利的汉语。他说，来上海 10 多年间，深切体会到上海"一年一个样，三年大变样"的发展，亲眼见证了上海在城建、环境和居民生活水平等方面的进步。作为在上海工作的外国人,他十分感谢上海市政府为提高市民生活所作的贡献。随着上海的发展,越来越多的国际企业落户上海,再一次证明了上海国际地位的不断提高,我们坚信在上海市政府的领导下,2010年上海世博会的主题"城市,让生活更美好"一定能够实现。

世茂集团董事长许荣茂则表示,上海承办世博会会给所有的外商带来巨大商机。上海发展了,大家都会有机会。2002年12月3日晚,当中国申博成功的消息传来,一向不善于激动的他竟然流泪了。是呀,为支持中国申博这件大事,身为企业家的许荣茂也倾注了自己的大量精力。他说,企业家的命脉是与经济息息相关的,而申博的成功将直接推动中国经济,尤其是上海经济的发展。他认为,伴随世博会的举行,未来上海经济发展潜力巨大;而像他这样的企业家,将是申博成功后的最大受益者之一。

德国西门子(中国)有限公司总裁兼首席执行官贝殷思说,非常荣幸能够获得"白玉兰荣誉奖"。西门子在办世博会上有很多经验。2000年德国汉诺威世博会,西门子就是中国馆的主要赞助商。对于西门子业务的发展来说,上海是个很重要的城市,西门子愿意将自己丰富的经验带到上海,为上海举办一届成功、精彩、难忘的世博会服务。

上海世博会主题诞生回眸

朱林楚

原载《上海世博会主题演绎你我他》，
东方出版中心 2011 年版。

朱林楚，原上海市人民政府发展研究中
心副主任、上海世博会申办工作领导小
组办公室副主任。

一、世纪之交，接受使命

"哪里出现经济繁荣，文化就向哪里转移"，美国未来学家约翰·奈斯比特的这个观点在世纪之交的上海得到了印证。20 世纪末，正当上海人民满怀激情迎接新世纪到来之时，我们高兴地听到了上海决定申办 2010 年中国世博会的消息。

1999 年 5 月，上海市政府第 34 次常务会议作出决策：成立申博工作筹备小组，办公室设在市对外经济贸易委员会；成立世博主题研究小组，由市政府发展研究中心承担世博主题研究任务。

主题是一届世博会的灵魂和主旨，因为不管申博还是办博工作都是围绕主题展开的。毫不夸张地说，世博会能否申办成功、能否成功举办，主题起着至关重要的作用。

接到任务后，发展研究中心做了三件事。第一，调集人员，搭建一个精干的研究班子，由研究中心主任王战任课题领导小组组长，我任课题组组长。第二，成立了三个专家小组。我清醒地知道，对"世博会"我们知之甚少，要选好主题必须汇聚智慧，凝聚力量。专家组成员中包括了经济学家、社会学家、未来学家、城市学家、语言学家、民族学家、环境专家、电影导演、广告公司创意人员等，另外还包括了上海市政府与世博会工作直接相关的各级领导。第三，收集了历届世博会的主题及有关世博会的信息资料。

经过认真全面的资料收集与深入调研之后，课题组分析了历届世博会主题选择的特点与共性，总结出了主题选择的九大原则：体现时代特征、展现举办国特色、展现举办地区特点、可参与度大、可展示性强、具有可塑性、能够融入主办国家和地区的意图、通俗易懂、具有比较优势等。

按照选题原则，经过一轮轮观点的碰撞，主题选择的范围逐步缩小，逐步聚焦在八个字上，即"城市、环境、生活质量"。经过半年的研究，虽然主题还没有确定，但已经有了基本范围，围绕城市展开主题的理念已在课题组逐步形成。

二、三轮比选，确定主题

进入 21 世纪，联合国相关报告显示，全世界城市人口中超过 1/5 的人居住在城市，而且"城市化"速度还在加快。高速发展的城市化进程不可避免地带来新的问题。课题组认为，关注和探讨城市主题，既有价值，也体现了一个发展中大国的责任。在"城市、环境、生活质量"这一主题三元素的定位下，经过专家和课题组的"头脑风暴"，初步征求到 35 个题目。这 35 个备选主题可归纳为六条主线：第一条以城市为主线，包括"已知与未知——信息时代的大都市圈"等；第二条以文明与文化为主线，包括"沟通与跨越——科技与文化"等；第三条以发散性思维为主线，包括"多元的世界，沟通与跨越——为了共同的未来"等；第四条以探索与创新为主线，包括"新世纪的探索，已知与未知——探索与创新"等；第五条以环境为主线，包括"资源与环境——人类只有一个地球"等；第六条以信息为主线，包括"面向信息时代，信息时代——城市与发展"等。

课题组邀请相关专家和领导，进行了两轮比选，筛选出三个主题："新世纪的探索"、"新城市、新生活"（New City，New Life）、"资源与环境——人类只有一个地球"。

经过国内外专家、课题组人员第三轮研究，认为："新世纪的探索"比较抽象，"资源与环境——人类只有一个地球"有些老套；"新城市、新生活"的表达上"新"和"旧"的界限容易模糊，也没有办法界定和区分。但是专家们认为"新城市、新生活"中的"城市"与"生活"元素经过进一步发掘与演绎，可以成为最终的主题选择。因为新城市、新生活中城市是人类文明的结晶，也是人类文明的象征，城市及其发展是人类永恒的主题；而近年来，城市化的高度发展带来的难题和困惑是全人类面临的共同课题；"新城市、新生活"可展示的内容很广，基本上可以涵盖第一轮和第二轮所有备选主题的可展示内容；上海以城市作为申办主题，容易得到国际展览局的认同，对世界各国都有新意，可以得到世界各国的普遍关注，吸引世界各国广泛参与。

第三轮研究保留了"新城市、新生活"，并在此主题基础上演绎出两个新的备选主题："更美的城市，更好的生活"（ Better City, Better Life ）和"大都市的高质量生活"（ Better life in Metropolis ）。

随后，课题组进行了综合分析，认为将第二轮备选主题"New City, New Life"演绎成"Better City, Better Life"更能体现动态和进步，更体现了人们对美好生活的永恒追求。而如以"Metropolis"替代"City"的话，可能会排斥那些没有大都市的中小国家和地区。因为历届参展的国家和地区中，有些小国甚至连现代意义上的城市都没有。

此时，主题已经被高度聚焦，"Better City, Better Life"已赢得了普遍的赞同，可谓顺理成章。我们将"Better City, Better Life"直译为"更美的城市，更好的生活"。

2000 年九十月间（确切日期想不起来了），我代表上海市政府发展研究中心主题研究课题组向市长办公会进行了汇报。"Better City, Better Life"获得一致通过，而中文表示"更美的城市，更好的生活"却被"亮红灯"，一位副市长直言不讳地指出，中文表述太平淡，缺乏激情，不够响亮。市领导要求课题组在年内提交新的中文表述。

中文主题被"退回"后，课题组又开始了苦思冥想。就是这么一句话的主题，我们已经经历了无数次"头脑风暴"，而这一段日子在我的记忆里却是主题研究中最艰辛的。我仔仔细细回忆了主题研究的全过程，想起为了确定将城市概念纳入申博主题，我们曾经阅读过的大量相关资料。这时候，亚里士多德的一句经典的话突然浮现在脑海中："人们来到城市是为了生活，人们居住在城市是为了生活得更好。"此时，一句话几乎是脱口而出："城市，让生活更美好。"这是对主题英文表达的一种意译，从某种程度上看来，既表达了英文主题的内容，又体现了中华文化的内涵与创意。

主题的中文表述通过申博办上报市府领导，很快得到市领导的认可。

2001年初，课题组奉命又在申博办领导下负责世博申办报告的撰写，根据国际展览局的要求，在原有主题的基础上又拓展了五个副主题：（1）城市多元文化的融合；（2）城市经济的繁荣；（3）城市科技的创新；（4）城市社区的重塑；（5）城市与乡村的互动。

这五个副主题也得到了国际展览局的高度评价。

三、海纳百川，兼容并蓄

世博主题从无到有，从确定到精炼升华，一直到唱响全球。我深深地感觉到，这是一次集体智慧的结晶。上海市政府、各级相关领导、申博办的领导，国内外专家、课题组成员都为此凝聚了自己的心血，付出了辛勤的劳动。

上海市委、市政府领导没有给课题组定下条条框框，而是鼓励课题组大胆探索勇于创新。许多领导也积极献计献策，为我们的工作创造了良好的环境和氛围。有几次，主要领导还提出了具体的备选主题供课题组参考。

课题组工作人员都参加了一场场紧锣密鼓地进行的"头脑风暴"。每次会议结束后，课题组人员马上将会议记录加工整理，去芜取精，提炼出真知灼见。那些日子，工作到深夜都是家常便饭，也不记得有多少个节假日没有休息。

我们远赴欧美听取各方面专家的意见。在英国，我的母校伦敦大学学院城市发展规划系专门为我们邀请了伦敦大学、城市大学、格林尼治大学的六位教授，举行了一次小型研讨座谈会，为我们的备选主题提出了很有见地的意见。

课题组还特别到复旦大学英语系，上门请教《英汉大辞典》的编辑、研究莎士比亚的专家学者，向他们请教英语主题表述在语法、语感等方面的问题。专家们也认为"Better"这个词感情色彩强烈，且两个"Better"的排比句有感染力，有动态感，表达了人类追求城市文明、美好生活的不竭动力。虽然在英语语法上不够规范，但作为广告用语却更具感召力，朗朗上口。

2000年7月，课题组还召开了复旦大学、上海交大通大学、上海财经大学、华东师范大学研究生咨询会，发放了2 000份问卷，开通了网上咨询，获得了众多创意和闪光的思想，对以城市与生活元素作为主题的支持率高达84%。所有这些都给我们以巨大的支持和动力，使我们能海纳百川，兼容并蓄，推动主题一步步走向诞生。

世博会主题展的理念选择、拓展和推介

徐　泓

原载《上海世博会主题演绎你我他》，东方出版中心 2011 年版。

徐泓，原北京大学新闻与传播学院常务副院长、上海世博会主题演绎顾问。

　　2006 年 7 月，我被聘为上海世博会主题演绎顾问。当时，大多数人对世博会并不熟悉，而世博会的主题演绎更是一个完全陌生的概念。上海世博会的主题演绎工作，是一个把抽象理念普及到社会大众的宏大实践；总结上海世博会的主题演绎，对于中国今后举办大型会展活动，特别是主题展，对于发展创意产业，大有益处。作为新闻传播学的学者，我认为这个实践极有价值。我从新闻传播学角度谈三点体会。

一、全球知识的交流人类智慧的碰撞

　　一开始我就注意到，世博会的主题演绎是与"事件经济"这个新概念分不开的。它的特征是通过举办大型公共事件与大众传媒发生联动，用"创意"来整合开发传统市场，形成一系列后工业化时代新的产业链。主题就是一种重要的创意，它是世博会的灵魂，理解"什么是主题演绎"，在某种程度上，就是理解"什么是世博会"；参与主题演绎实践，在某种程度上，就是对事件经济、创意产业以及媒介事件传播的认识过程。

由于世博会已从早期对技术和产品的崇拜和热情，发展到对文化与理念层面的思考和追求，从早期的面向市场的竞争精神到现在面向未来的发现精神，因此它的展示模式也发生了很大的变化，原来布展设计的分类体系逐渐淡出，取而代之的是突出人类文明成果的主题体系。1994年6月8日国际展览局第115次大会上通过的《1号决议》对主题体系作了明确规定，世博会的主题演绎体系才真正确立起来。在上海世博会各馆展示方案招标过程中，一个不争的事实是国内的展览策划公司的竞争力明显不如欧美国家的一些企业，我以为这与中国还处于经济与社会转型期，我们的企业还没有破茧而出，还是擅长商品展、成就展，却不擅长主题展有关。我们的大众传播媒介也习惯于单向的概念灌输，而不擅长娓娓道来的互动感染。

我很赞成这样一个提法：世博会就是提出人类共同关注的一个主题，大家来讲故事，贡献出解决问题的智慧。在展览形式上它更像一个鲜明的主题公园，综合了电影院、科技馆、游乐园等多种功能。也就是说世博展览的理念已经发生了根本性的变革，文化性、教育性、娱乐性、趣味性、参与性成为今天世博会存在的主体。我越来越感到世博会应该是一个平台，通过展品、影像、装置、音乐、建筑、科技等多种表现手段，来传播理念、智慧。这个过程的效果取决于"创意"。例如城市足迹馆里体现的人类祖先的智慧，城市最佳实践区里的伦敦案例馆所表现出来的精道和扎实，美国馆里那令人难忘的电影，比如智利馆、德国馆，还有企业馆里的万科馆……很多展示都体现出创意行业的国际水平。

应该说奥运会在某种意义上也是事件经济，而世博会比它的难度更大。有一个比喻很贴切：奥运会好比是一场隆重盛大的婚礼，犹如舞台秀。而世博会是漫长的蜜月期，需要细致、深入的体验，需要更加平和与自然的心态。另一方面，奥运会的比赛是动态的，观众是静态的，而世博会展馆是固定的，观众是流动的。当多个国家在一个园区同时展现时，一览无余、尽收眼底的对比性，使得世博会的各参展方之间产生激烈的智力竞争，这要比奥运会的体力竞争更加激烈和复杂。中国的会展经济、中国的创意产业，一定要真正懂得这场竞争，受益于这场竞争，从中学习与成长。

二、对本土创新能力最大的考验

2010 年上海世博会是我们发展创意产业的难得机遇，但也是一个很大的挑战。长期以来，我们的传播由于擅长采用宏大历史叙事的框架，偏重于要求政绩化、宣传效应而显得沉重；由于需要表达的理念过多、过于复杂而沉重。我们的电视节目在克隆，电影业走不出模仿好莱坞大片的怪圈。文化创意产业喊了多年，圈了不少地，建了不少楼，但实际成果不大。真正的创新之作，尤其是文化创新寥寥，反而成全了房地产业。

上海世博会的主题演绎，从一个抽象的主题开始，到中国国家馆、五大主题馆的主线选择和展示策划，到各省市自治区馆的主线选择和展示策划，整个过程非常复杂又很艰难，特别是在完成由抽象到具体、由复杂到简单、由深奥到通俗的提炼与升华过程，需要寻找一个故事线、一个叙述线。实现对主题演绎的"深入浅出、举重若轻"的时候，更加感到创意的重要性。为了达到传播与沟通的效果，大家都作了很多努力。我参与各省市自治区展馆方案评审时，看到了不少的亮点。但我个人觉得，在"深入浅出、举重若轻"上还很值得研究。

比如有的展馆在主题演绎时能够巧妙地选择地方亚文化在城市发展中的指导作用和影响力，但在具体设计展示时，过于追求面面俱到地介绍本地历史文化，反而淡化了这个亮点。可以说，不少展馆都缺少能帮助参观者连接思维断片的逻辑线，把很丰富的内容掩埋在无所不包的介绍中。也有的展馆失分于过度的意图表达，成为本省各地区经济发展成就的轮番演出。

当然，总的来说，上海世博会的展示，是我们中国自己的展示，能在世博会历史上留下美好的记忆。但我们真的有必要好好总结这个演绎过程，乏味或精彩，背后是什么原因。比如说，一些企业馆的展览内容就很好看，思路开阔，妙趣横生。这是否意味着创意水平与创作环境有关？与创作机制有关？这能否进一步启发我们，发展创意产业，需要在文化管理体制上有大的改革，在用人机制上要有大的创新？

三、善于总结，勇于自省与反思

回顾我参与主题演绎的过程，除了艺术创意方面的体会之外，也使我对中国城市化道路、中国经济发展模式有了更深刻的反思。"城市，让生活更美好"，这个主题，如果从理论上讨论，没有问题，但在世博会上，中国究竟展示什么？中国在城市化的道路上究竟表现什么智慧与理念？

作为一个曾经是极大规模农业社会的国家，中国在向工业社会转变的过程中所引起的国际波澜，对世界各国有重大影响，中国城市化中发生的事是很多国家既期盼又担忧的。因此，上海世博会中国馆的主题演绎有着非常重要的意义，一定意义上是世界关注中国发展模式的窗口。这次世博会给我们提供了一个机会：要破解中国经济与社会发展的奇迹，贡献出中华民族对城市文明的智慧，要有一种国际化的眼光、国际化的视野看待、解读和领悟中国城市建设与城市发展，要找到一种新的形式激活中华文明与文化的智慧。

在主题演绎的讨论过程中，我也一直处于一种矛盾的心态。因为中国的城市发展存在不少问题，尤其是西方发达国家已经得过的大城市病，如高楼大厦、大马路、小汽车、高能耗高污染、交通拥堵等，我们并未幸免，还在走着同样一条路，甚至大拆大建，把这样的一种城市建设模式作为政绩工程，扩展到中小城市去。城市文明的核心是以人为本，首先要让人住得舒服，住得方便，让人的心情愉悦。在评审各省市自治区展馆方案的时候，我曾多次提醒，展示方案普遍缺少人气，缺少生命的活力，缺少生动活泼多样化的市民文化；而且不少城市的人居环境也缺少虫鸣鸟啼、花草清香，缺少多样性的生物群落。

余秋雨先生在谈到世博会如何采用中国元素的时候说，我们现在活着的每个人都是中国元素的当代的生命载体，我们每个人的高贵、自信、欢乐就是中国元素的最佳体现。历史、图像、语言，这些元素不是非常重要，真正的中国元素是生命，是群体生命，我们活得快乐，我们活得健康，我们过得善良，这才是最好的中国元素。我非常赞成他的这个观点。

在世博会闭幕之后，我希望我们的会展创意行业在类似的城市化理念演绎中，能更充分地解读中国古代城市文化的价值，能更直面今日中国城市建设中的问题，尤其是自省与反思城市建设与管理是否落实"以人为本"思想。上海世博会既然有勇气有自信选择"城市，让生活更美好"的主题，那么也意味着在世博会后，我们能接受"城市与生活"的国际标准的检验，能敞开胸怀吸纳全球的知识与智慧，能顺利经受高速城市化带来的挑战，向世界交上一份中国答卷。

世博留言

夏 骏

原载《上海世博会主题演绎你我他》，东方出版中心 2011 年版。

夏骏，时任华人文化集团董事局执行主席，上海世博会主题演绎顾问。

2006 年秋天，我开始参与上海世博会主题演绎。关于中国国家馆的城市智慧内涵与表现的探讨，当时已经有一个十六字方针："厚德载物，自强不息，师法自然，和而不同"。好像是上海某个策划团队提炼出并被采用的。在中国国家馆的竞标过程中，这十六字主题的实现让来自世界各地的团队煞费苦心。我个人长期从事电视片导演工作，把一段理念性很强的文字变成电视的表现段落与展览中把主题变成展示内容很有几分相像之处。这十六个字要找到对应的形象主体并且在一个全世界竞争的空间里让人竖起大拇指，这就是高难度。

问题在于，这十六个字，是中华文化的理想主张，是抽象化的哲学表达，内涵浩大而深重，某个或某几个形象的堆积，便极容易显出要么看上去似乎是那个意思，一旦展现出来，便又让人产生难以承重的勉强；要么显得牵强附会，浅薄表面，不足以承载如此宏大深厚的主题。

"厚德载物"这四个字需要怎样的形象信息能够表达出来，而且要让世界各地的游客心领神会，印象深刻？太难了。

难是一回事，在国际化话语平台上，合适与否是需要追问的另一个不能不考虑的逻辑层面，我们展示给世界的实物、形象，确实是当下中国的真实意象？在与世界的比较中，我们的自我定位是否符合世界对于中国现状的基本认同？比如，我们正处在人类历史上规模罕见的城市化转型期，古老的价值体系正在坍塌，所谓现代价值体系并未有效建立，毒奶粉、地沟油等不断出现的负面事件屡见不鲜。这个时候，我们过于标榜"厚德"，世界舆论就不见得认同；再有，即使从离今天不远的历史来看，我们也很难说，韩国人、日本人、美国人、德国人在自强不息方面逊色于我们，如果我们过于突出地把哲学精神意义上的理想放在一个很具体的现实展示平台上，同时又有全世界目光在打量，就可能达不到我们希望的效果，搞不好还会适得其反。相关的讨论甚至争论，在后来的参与过程中陆续展开，当然即便后来有意无意地对于某些方面进行淡化与回避，也难免留下一些遗憾。

总结这个过程是很有价值的。首先，参与类似世博会这样国际性的平台，需要策划者国际化的视野高度，需要我们的判别能力超越我们在国内习惯了的意识形态话语风格，需要我们作出的观点判断经得起国际意义上的对比挑剔。其次，我们长期以来习惯了只要政府出面，就希望做到面面俱到、宏观全面的思维。而为了适应类似世博会的平台规律，就要有敢于作出重大调整的决心和勇气，因为这样的平台和传播方式需要特殊的话语风格与展示逻辑，如果我们仍然沿用政府工作报告式的内在目标，就必然会走到驴头不对马嘴的尴尬境地。形象的展示还需要取舍的魄力，与其一地鸡毛，不如突出一点，才可能感动甚至震撼全场，敢于从细节出发，小故事大蕴涵，小人物大精神，比如美国馆一个小女孩改变社区的坚韧故事电影就很适应这种展会的内在规律。

此次世博会期间，我参加了近 10 个省世博馆的评审或研讨，值得小结的是，行政主管领导如何管理类似的业务。以中国目前的体制特点，行政领导具有最终的责任和决策的权力，这其中就发生了不少错位和浪费的现象，问题出在何处？领导的参与常常比较晚，领导的参与又常常比较少，晚与少的结果是，作为中国首次办世博，大多数参展人员是在启蒙、补课的同时形成阶段性方案，而这些具体参展人员补课的流程，决策领导们不大有时间参加，就导致启蒙成果二次损耗。而且由于领导的决策性参与比较晚，就出现不少忙乎了一两年的方案基本被否定的局面，浪费大量人力物力。

其实一个国际性的参展活动类似一部大片的制作流程，从剧本故事的选取开始，经过剧本写作、风格确认、团队组合、电影开拍、前期摄制、后期制作、合成送审各个阶段，作为出品人决策的参与，必须在每一个流程阶段上进行发布决策，如果到电影开拍时再否定基本故事、剧本风格，那前期的流程几乎全部失效，代价很大，如果到后期制作阶段再否定剧本，那就意味着这部电影的投资打水漂了，损失惨重。世博参展的相似之处在于，由于展览手段的现代化和多元化，参与团队的技术及成本越来越高，同时各制作项目的周期需求越来越长，国外有的世博特技电影拍摄需要几年的制作周期，如果这样的决策流程不是根据参展项目内在的规律分阶段一步一步来做，而是把它当作政府文件审查那样，两天之内也可以加班重来，如此不专业的处置方式是很难拿出震撼人心的展品展项的。而这一次在不少省馆的建馆过程中，决策机制与策展业务的部分脱节仍然存在着很大的改进空间。

上海城市的现代化历史与当今发展的成就，以及更为重要的主办执行人的素质是这次世博顺利安全举办的基本因素。我们在与世博局合作的几年内，充分感受到上海各级人才的操作性精干。世博局的陈先进副局长算是打交道比较多的一位领导，他自始至终的危机感与坚定性给我留下了深刻的印象，有几次工作餐的时候，他一再感慨高级人才的不足，期望人才参与的开放性，这是后来上海之外的各方面人才参与得比较多的推动力。主题演绎部部长季路德是位责任心极强的兄长，在他的身上看不到某些政府官员不经意间会流露出来的某种应付做派，而是具有一种手里始终拿着一把扳手，发现某个螺丝有松动的迹象就要在第一时间上去拧一把的责任状态。有时我们在研讨会场，他作为业主方或者作为下级不太适合表达意见，就会在会场与我短信沟通，希望我来出面及时提出某些问题，正是这些以事业为己任的高度责任心才奠定了世博浩大工程的有效基础。再比如毛竹晨、朱航等年轻的主管领导，他们在主持和配合的场合总是高效而精干地完成自己的岗位责任，在影响事业进展的原则问题上，能够以责任心为单一选择，哪怕有可能得罪某个权威也不"和稀泥"，这都是上海人职业精神给我留下的深刻印象。

浩大工程的背后是千丝万缕的精确校对，是大量以人的素质和责任心所织就的天罗地网，如此工程的举办真的远不仅仅关乎钱的多少，人的素质才是第一支撑力。

在演绎世博理念的日子里

陆晓文

原载《上海世博会主题演绎你我他》，东方出版中心 2011 年版。

陆晓文，时任上海社科院社会学研究所副所长。

世博会过去了，熙熙攘攘的人群像聚集飘动的彩云，在世博园区内集中，而后各自飘向了远方；各种不同风格的建筑大多数依然矗立，门外长长的排队人流除了中国馆之外，都已经消失；展馆内琳琅满目的展品、令人深思的案例，也已经撤离。但是，世博会展示的理念却铭刻在很多人的脑海中，世博会的主题"城市，让生活更美好"和中国馆主题"城市发展中的中华智慧"显示的诸多城市发展的理念和对人类发展的长远思虑，却成为永远的话题和思考。

面对像潮水一般涌来的关于城市和人类未来的思考与实践，众多的参观者更多像饕餮享用一顿知识大餐，往往不会思考和试图了解引起这个大潮的复杂引力和这顿大餐烹调的漫长艰辛。在向全世界公开展示世博主题和中国馆主题之前，近四年的演绎设计成为我和担负主题演绎团队成员的主要生活和工作内容。

第一次接触世博会的工作是在 2005 年初秋，上海社会科学院科研处接到上海世博局主题演绎部的请求，请上海社科院的研究人员对世博会最佳实践区的可行性和具体构成提出看法和建议。在世博局位于上海展览中心的办公室里，我第一次遇见了整日整夜为了一个概念或设想苦苦煎熬的主题演绎部负责人，第一次看到了世博会各个场馆的空间分布图案，第一次知道世博会主题需要演绎才能展示，那时没有场馆样式，没有展项内容，没有展示文本，甚至世博场地的动拆迁也刚刚开始。为了让我们更好地了解世博会筹备的现状与进展，社科院一行参加了世博局组织的中国馆主题演绎文本的评审会议。复旦大学、上海交通大学、上海大学等由社会科学和专业设计人员组成的团队展示了他们的中国馆展示主题文稿，如上海大学团队以中国文化传统中的"五行"，即以金、木、水、火、土颜色基调组成的场馆及内容设计在当时显得颇有新意。但当时的市领导和有关专家比较集中的一个意见就是，相关设计都缺乏将诸多事件罗列联系起来的中心思路与概念。而且相比较世博主题馆已有了五个副主题而言，"城市发展中的中华智慧"这样一个主题还没有确定，因此中国馆展示的关键是，先确定展示主线。

在做完关于最佳实践区的可行性研究后，院部通知我马上到华东师大参加世博主题演绎的工作会议，世博局主题演绎部、上海文广集团、华东师范大学和上海社科院等领导和专业人员到会。会议的主题就是如何演绎世博会主题馆主题和中国馆主题。从此，我开始了为时四年的世博主题演绎和主题馆展示设计的审核工作。如今在自己的电子储存器中依然可以看到这段时间工作积累下来的种种痕迹，为此本人进行了一次数字统计，各种文本材料的总字数高达 300 多万字，其中本人收集和撰写的内容总字数达 150 万字左右，各种完整的主题设计文稿多达 20 多部。回忆起当时的工作情景，大家真可谓呕心沥血、废寝忘食、通宵达旦、心无旁骛。

起始，进入这一领域的许多人都不知道"城市"这个概念涉及的领域有多大、水有多深、历史有多长、包含的差异有多复杂。包括我自己在内的很多人都觉得可以在一段时间内将世博会的主题"城市，让生活更美好"演绎出来，把"城市发展中的中华智慧"体现出来。虽然我和其他一些人由于专业的关系不熟悉展示方式的采用与效果，但总以为概念体系的建立和构架应该是可以实现的。为此，当初有众多团队，包括世界著名的设计公司都跃跃欲试，因为如果设计成功并被采纳，对于他们而言具有相当大的现实意义。

为此，当时社科院及一些专业人员同时肩负两个任务：一个是作为专家对来自不同设计单位或部门的设计进行评审，另一个就是直接进行有关的主题演绎与展示设计。当时真可谓"一周一方案、十天一设计"，各种思路和想法可谓百花齐放，有的设计以城市建筑为主，有的以功能为主，有的以日常生活为主，有的以环境保护为主，如何抓人眼球、引人入胜、深入浅出、寓教于乐，并用最新的展示方式表现，成为各路人马竞争的手段与方式。如今在我的有关工作档案中发现了一份名为"天马版"主题馆设计稿件，这是我当时"天马行空"的思考结果。在几十个方案你方唱罢我登场的状况下，大家逐渐发现，没有一个人、一个团队和一个方案堪称十全十美，并达到将城市问题概况表述无遗、展示完美的地步。更多的设计带来的是更多的否定。

这揭示出设计过程中的一个重要问题，就是主题馆的主题演绎必须是"有主题的演绎"，而不是关于城市漫无边际的思索，是一个如何体现中国人在城市发展中"智慧"的展示，而不是一个个中国城市实体的展现。从此，主题演绎工作的钟摆又回到起点，即确定必要的概念框架。由此，世博局在大量前期设计和演绎工作中将中国馆展示的中国智慧归结为"自强不息""厚德载物""师法自然""和而不同"四项；同时将主题馆按照时间和空间的轴线确定城市足迹、城市机体、城市未来、城市人和城市星球五个部分，把以往工作中得到的海量资料与信息，总结归纳编制成有关主题馆和中国馆展示内容演绎的引导概要，以此作为进行展示设计的必要内容和基础。与此同时，世博局将这些确定的框架和概念对外公布，进行"天下招标"，意欲集天下之智慧完成这个任务。在后来参观世博会的过程中，我时时可以看到当初各种方案中的有关提议和意见在具体展项中的表现，但又不是当初的设计，真有"似曾相识"的味道。关键是这些提议和设计归纳在一个必要的框架之内，更凝练、更集中、更人性和更加艺术化。

2007年初春，鉴于本人参加了主题演绎的大量前期工作，世博会有关部门聘请我参加主题馆海外设计部分的审核工作，并与世博局有关人员和其他专家一起到荷兰、德国和西班牙进行中期审核，这些国家分别承担了城市人、城市未来和城市星球馆的设计与制作。在这个过程中，我更深切地感到中国选择将城市主题作为世博会主题的意义和重要性，因为全世界都在关注城市的未来和发展，城市的未来实际上就是人类的未来，城市形态是未来人类生存的形态，城市生活方式就是未来人类的生存方式，城市应该也必须让人们的生活更美好，否则，人类就不会选择城市作为自己的主要生存场所，城市的未来不仅考验中国的智慧，同时也在考验全人类的智慧。

我参加的工作是一项伟大而具有意义的工作，我非常庆幸身在其中。

记忆主题演绎路

朱 航

原载《上海世博会主题演绎你我他》，
东方出版中心 2011 年版。

朱航，原上海世博会事务协调局主题演
绎部助理部长。

一位为 1992 年塞维利亚世博会上的中国馆做展览的专家曾经跟我
说："2010 年 11 月 1 日那天，如果你回到世博园区，会感觉到荒凉和
悲伤，甚至忍不住你的眼泪。因为之前的午夜 12 点，这片园区还是那
么热火朝天，人声鼎沸，而今天，一切突然就静止了，人群消失了，仿
佛谁也没来过一般。"奇怪的是，当这个时刻真到来时，我并没有那么
强烈的失落感，寻其原因，可能是"主题演绎"这项从头至尾持续的软
性工作，让我能够在这么长久、激烈的筹办过程中，始终保持着有张有
弛、比较平稳的状态。反倒是时隔五个月之后，坐在车上，望着街边还
残存着的世博会招贴画，生出了一点怀念和不舍。

2005 年春节之前，当时兼任世博局局长的周禹鹏副市长召开会议，
布置东道国展馆，以及文化活动、论坛的策划征集。上海世博局和世博
集团抽调出十多个人组成工作小组立即行动起来了，我有幸成为其中一

员（不知道算不算是"有幸"），参与了展示、活动、论坛等各小组的工作。这是上海世博会最早启动的大型征集活动（2004 年曾征集了世博会会徽），吸引了不少有知名度的国际公司。后来担任上海世博会城市未来馆的设计方，西班牙 IngeniaQED 公司也是第一次征集中的应征方。2005 年 4 月 27 日发布征集公告，从应征截止日 2005 年 9 月 30 日到 2006 年 1 月的四个月间，评审出前三名，其间经历了修改、汇报、再修改、再汇报的多次反复，经常临时召集入围公司开会。我和入围公司的参与人员磨合交流到最后都成了朋友。

2006 年 1 月 26 日，周禹鹏副市长提出第二天要听入围企业对中国馆、主题馆的修改结果。这个"第二天"是小年夜，这些人都还在上海吗？他们会来吗？不得而知。但我还是抱着希望同几家单位联系了。大家得知世博局的最高领导在那么特殊的时间听汇报，猜想着是不是要给出点最终结果，都满怀欣喜地答应了。当时世博局的办公室地点还在上海展览中心，没有这么大的会议室，我们定了上海世博集团里最大的、有点气派且很庄重的一间会议室。当然，这种日子，也没什么人来跟我们抢。"盛装"出席的展览设计圈业内人士济济一堂（记忆中，那时我们穿正装的日子比较多，动不动就集体筹备座谈会、论坛，见外国专家，不像世博会的后期，大家都成了艺术家的状态，轻松、方便最重要，正装真的是在非常正式的场合才会出现），认真而又严谨地把最新的修改稿一一演示了一遍。汇报结束后，我们充满激情地满心期待周禹鹏副市长给出细致的"重要指示"，可是，没有出现我们希望的"结果"。会议还在进行中，我在门外跟陪同周禹鹏副市长来的人聊天，他告诉我"这是周市长最后一次'指示'了，过完年，他就离任世博局局长的职务"。我愣在了原地……

对于世博会组织方而言，这是第一次做东道主的展馆展示，没有经验，没有范例，没有展馆建筑方案，没有展示主题范围或者指向，没有内容，甚至连主题馆的数量也没个定论。这大概是最终也没能选定任何一个方案的原因，但如今中国馆和主题馆，有些展示形式和内容还能从当时的方案中找到影子。

2006 年 6 月，世博局搬到位于浦东南路上的上海世博会行政中心。在这里的第一年，我们经历了中国馆、主题馆第三阶段（第二阶段时间比较短）的展示策划比选。

2006 年 5 月 6 日，上海市委、市政府决定由市委宣传部牵头中国馆、主题馆的展示策划工作，并明确组成政府组和企业组并行策划两套中国馆、主题馆方案。9 月下旬，由上海文化广播影视集团总裁薛沛建牵头的企业组正式负责中国馆、主题馆的展示策划。薛总以上海文广团队为背景，邀请了上海社科院、华东师范大学等研究机构的专家进行策划，并向日本 ADK 等原来参与投标的几家公司再次发出策划邀请函。这一年的国庆节，我们基本没有休息。11 月到年底，我们往返于市郊的东方绿洲、浦东的国际会议中心、浦西的上海影城等会议中心、酒店，无数次地讨论、修改中国馆、主题馆的策划方案。薛总的职务很多，要操心的事情也数不胜数。经常，他邀我们去某个地方开会，到了那里才发现，左右的几个房间都是薛总主持的会。他从这个房间窜到那个房间，听一会儿，布置一下任务，就消失了，过了一会儿，又突然出现。有时候，又会把我们的会定在晚上 8 点或者 10 点。经过知情人的点拨才了解内幕：薛总的精力极好，一个晚上会安排三档会，6 点、8 点、10 点，如果有机会一定要选 6 点，那样你才能早散早休息，如果不幸被放在了最后，只好对不起了，今晚就未必能够回去。

　　这次中国馆策划的主线调整为"华夏文明、文化交融、城市缤纷、和谐未来"，同时也明确了做五个主题馆的想法。随着主题内容研究的深入，到 2007 年下半年，中国馆的主线最终被确定为"城市发展中的中华智慧"，主题馆则化为"城市人馆"、"城市生命馆"、"城市星球馆"（后改为"城市地球馆"）、"城市文明馆"（后改为"城市足迹馆"）和"城市未来馆"。期间有国内外十余家展览策划公司先后提出了好几十套方案，呈现出今天大家看到的中国馆、主题馆的轮廓。

　　2007 年 12 月，由中国贸促会领导、上海市领导担任领导的中国馆筹备领导小组成立，标志着中国馆最后一轮策划工作开始了。世博局向全社会公开征集中国馆展示方案，这也是 2005 年春以来的第二次公开征集。2008 年 4 月 15 日，我们从 40 家应征公司中评审选出了 10 家，10 家公司又组成 4 个联合团队继续竞争。8 月上旬，两个较好的方案胜出。之后，以这两个方案的策划团队为基础，形成了世博局、策划团队、专家三结合的工作体制。8 月 24 日，"无与伦比"的北京奥运会顺利闭幕。8 月 25 日，上海中心城区出现了一场百年未遇的大暴雨，中环西区被淹，很多道路积水。也就是这一天，中国馆的内容策划迎来了规模最大的一次工作会议。

　　许江，中国美术学院院长；范迪安，中国美术馆馆长；赵广超，香港理工大学设计学院客座老师，研究《清明上河图》的艺术家；朱光亚，东南大学资深教授，中国建筑设计和中国建筑研究方面的专家；王军，新华社高级记者，著有多部与城市有关的书；夏骏，上海世博会主题演绎的顾问；邱志杰，北京二万五千里文化传播中心艺术总监；贺寿昌，上海戏剧学院书记，上海世博会主题演绎顾问；吴建中，上海图书馆馆长，上海世博会主题演绎顾问；朱良志，北京大学哲学系美学教研室教授；徐泓，北京大学新闻与传播学院院长，上海世博会主题演绎顾问；陆川，知名导演；顾骏，上海大学文艺学院社会学系教授，出镜率最高的社会学者之一；张永和，美国麻省理工学院（MIT）建筑系主任，著名建筑设计师。这些知名学者和官员都冒着大雨基本准时来到了西郊宾馆参加座谈。大家都湿漉漉地坐在了会场，等待会议开始。

让上海交通陷入瘫痪的暴雨见证了中国馆策划转折点的一幕，也给"城市，让生活更美好"的主题以尴尬的一击。城市生命确实很脆弱，一点自然灾害，如大雨、大雪，城市运行就会出现问题，这是城市的问题，还是人类的问题？我们如何做到城市让生活更美好？这些问题很现实。

中国馆、主题馆的策划到此为止经历了三年零四个月，这一阶段之后，便取得了实质性突破，同建筑形态结合，向着正确的方向走去。虽然最后的结果还有遗憾，但至少，我们通过自己的努力和摸索，找到了主题展的路径和关键点。今天，呈现在大家面前的中国馆和主题馆，有着我们对主题的理解，也融合着这个庞大的工作团队无数个不眠夜和心血，感谢他们的坚持。

我的主题演绎之路

俞康乃

原载《上海世博会主题演绎你我他》，
东方出版中心 2011 年版。

俞康乃，原上海世博会事务协调局主题
演绎部主管。

我于 2007 年进入上海世博会事务协调局主题演绎部工作，四年的时间，快如白驹过隙。刚来的时候，一切都是未知和陌生的。主题演绎是什么？世博会中的主题演绎又当如何？各路专家都说不清道不明，只能苦苦"摸着石头过河"，何况大学刚毕业不久的菜鸟如我。不过，从一双无知却好奇、把所有的新鲜当有趣的眼睛看出去的世界倒也格外有意思。

2007 年 5 月，来到主题演绎部的第二天，我就被告知要负责一位西班牙籍专家为期五天的来沪接待和陪同工作。这位风风火火、直来直去、浑身仿佛永远充满着干劲、拥有一双富有穿透力的眼睛的矮个西班牙女士就是后来让我又敬又爱又怕的卡门·布宜诺。看到她的第一眼起，我就能感受到她和蔼可亲的表情背后蕴藏着专业和智慧以及火爆的脾气。没错，我猜到了开头，但我没猜到结局。我从未想到，这位女士将深深影响我的后半生⋯⋯

卡门是上海世博会主题演绎唯一的外籍顾问，她拥有非常丰富的主题展策划和设计经验，尤其是世博会的展览设计，因为她是1992年西班牙塞维利亚世博会的主题演绎和展览板块的总负责人。而她最初的职业是记者！很难想象一个做着采访和文稿撰写工作、没有任何展览或设计经验的人竟能调动一届世博会展览设计、施工和运营的千军万马。后来通过慢慢接触，我深深明白一个道理：小看谁都不能小看记者。他们敏锐的观察力和嗅觉、敏捷富有逻辑的思路、广泛的社会渠道和人脉、超强的沟通能力、搜集梳理分析总结信息的能力、渊博的知识和宽广的眼界，最重要的一点——超强的学习消化吸收并马上将之融会贯通到相关工作中的能力，让人不禁感到，他们简直可以承担他们想做的任何工作！

短短五天，卡门要出席一系列会议，时间从上午到下午有时到晚上，议题从总体规划到主题演绎到展览到活动到论坛到宣传推广到门票销售到市场赞助⋯⋯她简直就像百科全书，无论什么都可以说出个子丑寅卯。不过，在最专长的主题演绎和展览展示领域，她做了最系统全面和细致入微的点评和建议。在当时的我看来，设计师们提供的那厚厚一沓设计精美、主题深刻无比的中国馆和主题馆方案（我依稀记得方案中含有中国古老的九个智慧符号和"上善若水"云云）已如天旋地转、天书一般，可是卡门却毫不留情地批评了这些方案，她认为在花哨的展览形式背后，失掉了主题的魂，理念、内容没有真正意义上的扩充和深化，形式兀自前进而理念却原地踏步。"Concept（理念）是最重要的"，她反复强调。

"主题理念是最重要的。"那几天她反反复复、不厌其烦地向参与者灌输着这一思想。有时，她也会失去耐心，向部门的负责人和我强烈表达她的不理解。几天后，她留下一长篇详尽的建议书和这句闪着金光的"理念是最重要的"，回国了。

这句话就像一句口号，听着很容易理解。但是真正做起来不容易。随着展览技术的不断出新，设计出有趣好玩的形式相对容易，但是要先提炼出深刻的思想内容，把主题内容和展示形式完美结合起来，并将它们排布在富有节奏的故事情节上，让观众不仅能够看懂，还能有戏剧性的体验，是非常考验设计师的功力的。这不仅需要技术技能，还要求其有相当的知识、涵养、情趣，以及对于展览整体的综合把握能力。当然，这是我后来的领悟，当时我还不懂为何这简简单单几个字竟然难倒了这么多优秀的设计人员。

不过，好在卡门走后，上海世博会的主题演绎概念框架（即"城市人""城市生命""城市星球""城市足迹""城市未来"等五个概念）得到了国际展览局方面的确认。于是我们以此为基础，向全球发出主题馆展示设计和展示工程总承包商的征集，从主题定位、理念深化扩充到展示形式设计。在初选中，我们评出来自中、德、荷、西、日等国共 15 家设计团队。2007 年 11 月，卡门又一次飞到中国，在这个至关重要的入围团队交流会上助我们一臂之力。

那两天，卡门参与了我们与入围团队交流的所有会议。她协助我们做主题内容和提案要求的讲解，并对国际团队的个别提问进行释疑——她更能了解国际团队的需求和疑惑。她帮助我们对整个征集目标、总承包商业务范围和后期对总承包商管理进行分析和定位，分析总承包的任务要求、各工作阶段和时间进度安排。那几天魔鬼训练营般的会议上，新概念、新名词铺天盖地、狂轰滥炸。卡门回国后的第二天，我就病倒了，纯粹是因为用脑过度！但是我的收获却是巨大的，我觉得我好像站在一个全新领域的门槛上，面前是一条长长的大道，而我是那么渴望了解它。

又过了两个月，各入围团队提交了他们的展示设计和运营方案服务书。我们邀请国际国内的专家担任这次重要会议的评审，当然，也包括卡门。那几天，卡门废寝忘食地对所有方案进行了极为细致的阅读，密密麻麻地做着笔记和摘录，不仅关于展示设计质量、设计和技术可行性、联合团队实力，甚至还细到成本估算。她短短两三天就写出了长达28页的报告，对一共14家团队（有一家团队后来因故退出）的策划书表现——从设计方案到团队实力到团队的项目管理水平——进行了全面的总结和分析。我在翻译她如同教科书一般条理清晰、举证有力的报告时，感觉就像上了一堂大师级的案例分析讲解课，从开始的"哦，原来是这样的"，到后来渐渐学会用她的思路去分析这些方案，越是深感理应如此。

在你还懵懂未知的时候，有高手能够教你用正确的思路和方式去观察、分析眼前的世界，用心中的杠杆来试着透过万物的表象去衡量它们之间的联系和价值，这是多么幸运的事！真是与高人一面，胜十年修炼。不仅是这一份报告，在之前和后来与卡门闲谈时我总能收获良多。她虽然有时在会议上比较坚持己见，但是私下里平易近人，与我平等交流，坦诚地告诉我她的想法和感受，也积极鼓励我提出自己的想法。

等到2008年5月，各个总承包商提交了深化设计的方案，当时由于各方案起步大多对路，所以即使深化设计程度有深浅，也不是伤筋动骨的大改，而是局部修改和细化。做了有针对性的建议后，卡门的任务也就完成了大半。后来，机缘巧合，我负责城市人馆——这个我最喜爱的主题馆的主题内容沟通。卡门思路对我潜移默化的熏陶加上平时参观各类展览的经验积累，让我逐渐有底气，敢于向展览设计师提出我对于内容和创意设计的建议和要求，也渐渐懂得衡量，哪些可以折中变通，哪些需要坚持。这个过程给我上了最重要的一课——内容和形式是不可割裂的二元一体，两者互相影响和激发对方，撇开内容谈形式或者撇开形式谈内容，都只会让方案走向虚无。

上海世博会是很多人心血的结晶，也许少掉任何一人，都不可能是现在的样子。卡门虽然结束了她的顾问工作，但是她的出现和参与确实让上海世博会丰富了很多。

她也让我"多"了很多，在做世博会相关项目的时候，我发现自己在变得越来越像"卡门"了：细于观察、积极思考和总结、快速学习、积累各方面的更多知识、努力在不同事物之间构建或找出联系。做主题演绎，让我如同焕然新生，看世界的角度都不同了，感觉自己从未和世界这样紧密地联系在一起。主题演绎，不只存在于世博会，其实存在于各行各业里。它是理念的高度提炼，是各种形式的幻化和演变，是积极的跨界和组合，是传播于众、妙然于心的灵机一动。

主题演绎，是一切有趣的开始。

"制高点"与"突破口"
——中国国家馆展示主线的确定

陈先进

原载《上海世博会主题演绎你我他》,
东方出版中心 2011 年版。

陈先进,原上海世博会事务协调局副
局长。

一、临时受命,知难而上

2007 年 8 月的一个周日,家里电话铃响,是我尊敬的一位上海市领导的来电,告诉我中国国家馆展示设计和策划工作要作大的调整,原来代世博局承担此项工作的团队将转换角色,从代甲方改为乙方。世博局作为甲方,将直接负责国家馆的展示策划、设计、施工和运营,而不是像以前那样,把这项工作整体委托。同时领导也告诉我,此项工作由我负责分管。

放下电话后,我脑子一片空白,愣了十多分钟,仍未缓过劲来。我明白,负责一个国家馆的展示策划意味着什么。我也明白,从中央到上海,从领导、专家到广大群众对国家馆的期望是什么。我更明白,世博会上东道国的国家展馆代表着什么。从 2005 年到 2007 年,世博局和委托的团队已经先后进行了若干次较大规模的策划设计和主题演绎,已经凝练了全国和上海许许多多专家的智慧和心血,也包含了一部分外国团队的贡献和支持。现在,已经到了要把这些主题和理念落地落实,转为展示主线、展示内容和展示形式的关键时刻,突然重新调整队伍和组织架构,还让我这个虽从事多年展览,但主要是熟悉商业经贸展览的人来牵头和指挥,我确实毫无思想准备,顿时感到了前所未有的压力和挑战。

但在那个时候,作为个人还能说些什么呢?办博人不是一直强调"责任重大、任务艰巨、使命光荣"这十二个字吗?我这时才深深体会到其中的深刻含义。后来,当国际展览局秘书长洛塞泰斯知道了我的新任务时,半认真半开玩笑地说:"如果这件事你做成功了,你将成为你们国家的英雄。但是如果你失败了,最好去加拿大移民吧。"这虽是一句笑话,但也折射了东道国国家馆展示工作的重要意义和分量。

二、寻寻觅觅,柳暗花明

在中国国家馆展示理念基本确定的前提下,最大的难题和挑战就是展示突破口的选择。"自强不息,厚德载物,师法自然,和而不同"这十六个字高度概括和浓缩了5 000年中华文明历史进程及其大智慧,也涵盖了中国城市发展历史的大智慧。但要把它落地,使之成为生动的、可体验的而不是标签式的展示内容,显然不是一件容易的事情。

前期征集到的几十个方案中,大致分为几种类型。第一种是机械地图解这十六个字。说"师法自然",就是中国园林和山水;说"厚德载物",就出现孔子和革命伟人;说"和而不同",就是中国56个民族服装和风俗;说"中国元素",就罗列中国24个节气等。第二种是历史痕迹太沉重，现代感太单薄，未来元素太抽象，把城市发展的中华智慧与中国古代城市的发展过程划上等号：厚重的皇城，雄伟的宫殿；大红灯笼高挂；龙飞凤舞共欢；等等。第三种就是形而上，大而虚，缺乏细节。有的从海拔线的高度来赞美城市，有的从经纬度的不同来描绘城市，虽然具备了空间感和立体感，但与中华智慧的关系又难以说清。一轮又一轮的方案征集使团队难以走出新的路子，难以摆脱思维定势。

在寻寻觅觅、反反复复的过程中，我们决心重新思考中国国家馆的定位。中国国家馆作为东道国的国家形象，举足轻重，要树立三个标准。一是要有全球的广度，中国国家馆是每一个参展国领导人的必到之处，我们要用世界的语言来说事。二是要有国家的高度，中国国家馆要切实把中国城市化的伟大成就展示出来，要反映中国政府和人民运用智慧，应对挑战，探索和实践有中国特色城市化发展道路的经验和实践。三是要有专业的深度。理论上要专业，国家馆的所有观点要以科学理论为依据，要站得住脚，不引起或少引起争议；展示方式上要专业，要以小见大，由浅入深，不枯燥，不说教，给每个参观者以快乐的体验。

定位明确后，团队又进行了下一轮的攻关。既然原来的方案还未找到一个合适的切入点和突破口，我们就大胆改变工作程序，不是主题先行和概念先行，而是从中国城市化进程的现状出发，从老百姓日常生活的亲身体会出发，再一次重找智慧和突破口。

在领导"松绑"的支持下，我们和来自北京、广州、南京、上海的诸多"大家"回顾了中国城市化所走过的道路。让我们震撼的是，新中国成立后的中国城市化60年可以分为两个阶段，即前30年和后30年。1949年中国人口的90%居住在农村，其中大约10%的人口居住在城市。到改革开放开始的1978年，城市人口比例增值至18%。而到了

2008 年，改革开放 30 年后，中国城镇人口已达到 5.9 亿，占全国人数的 46%。也就是说，30 年改革开放，中国的城镇人口增加了 3 亿多人。这是人类历史上从未有过的大体量、高速度、高密度的城市化运动。这样的城市化进程，既造就了中国城乡的繁荣，人民生活的普遍小康，也带来了社会结构，生存环境的巨大挑战。在解决这些矛盾中，我们党和政府始终坚持以人为本的执政理念，始终不渝地推进人与人的和谐、人与自然的和谐，这就是中国独有的智慧。这种智慧来自中华民族的传统和经验，也给世界普遍进行的城市化带来借鉴。2001 年诺贝尔经济奖获得者、世界银行前副行长、美国经济学家斯蒂格利茨把中国的城市化和美国的信息技术革命并列为"21 世纪初影响世界经济的两大事件"。

"30 年改革开放，近 3 万座新城镇，3 亿多新城市人……"，这就是中国国家馆展示主线的突破口，通过这个突破口，我们可以充分展示中华人民共和国成立以来，特别是改革开放以来中国共产党和中国人民取得的伟大成就；通过这个突破口，我们也可以把"和谐"的执政理念与中华民族逐步凝练出来的十六字智慧结合起来，融会贯通，一脉相承；通过这个突破口，我们更可以把中国城镇化的发展战略和前景告诉世界，中国未来走的是一条可持续发展的道路。当我们把重新形成的观点向组委会和执委会领导汇报后，得到了充分的支持和肯定。

三、高屋建瓴，渐臻佳境

随着国家馆展示主线的基本确定，具体的策划设计工作便全面推进。中国馆分三层，主要展示"五个一"。"一个影院"是带领观众领略改革开放 30 年以来城市和生活的巨大变化，直面城市化的现实和取得的成果；"一幅画卷"以宏大的现代多媒体手段展示中国古典名画《清明上河图》，以此回溯中国城市的传统智慧；"一片绿色"以水稻、竹林等符号传达"城乡一体化"的发展理念和"同一屋檐下"的和谐思想；"一次骑乘"以充满互动和对比的方式，体会中国古代和现代城市在规划、建设和管理中的智慧；"一个广场"则以城市生活更为便利为主线，让参观者感受可持续发展的生活方式。

到了2009年5月，团队同志对"一个广场"内是否反映由碳排放而造成的全球气候变暖问题争论不休。作为世界上经济增长速度最快的发展中国家，"碳排放"总量必定在增长，我们要不要主动说这件事，如果要说又该怎么说。这时，市委主要领导语重心长地告诉我们，现在全世界许多国家都在着力于环境保护，我们国家馆不讲环境保护就不符合世界的潮流，我们的展示一定要讲未来，要讲环保。领导的要求为我们排除了顾虑。我们决定将"一个广场"改为"一个低碳未来"，分成"取之有道——新能源利用""用之有节——节能环保"和"回归自然——碳汇聚"等几大部分，这样整个国家馆的展示主线就更有高度和深度，展示内容也更为丰满和完整，展示逻辑也更加清楚和合理。

中国国家馆在世博会上人潮如涌，盛况空前，受到了海内外参观者、各国领导人和世界媒体几乎一致的高度赞扬，为国家和人民争了光。这是组委会、执委会领导直接指挥和关心的结果，也是举全国之力、集世界之智的结果，更是设计、施工和管理团队的每个同志不懈努力的成果。作为团队的一名牵头人，我从心底里感到自豪和骄傲。为了国家的承诺，我们应该也完全有能力达到世界一流的展示水平。

参与中国馆展陈策划经过

王　军

原载《上海世博会主题演绎你我他》，
东方出版中心 2011 年版。

王军，时为新华社高级记者，《瞭望》
新闻周刊编委。

2008 年 8 月中旬，我接到上海世博会主题演绎顾问夏骏先生的电话，他说，中国馆的展陈概念方案正在进行紧张的设计和论证，他已向世博局有关方面推荐我参加即将于 8 月 25 日至 26 日召开的"中国国家馆展示概念方案再优化研讨会"，希望我能够出席。

我如约于 8 月 24 日抵达上海，入住虹桥迎宾馆。这一天，正是北京奥运会闭幕的日子。北京奥运会召开的这一年，中国的经济总量超过了德国，跃居世界第三。中国的城市化，是人类有史以来最大规模的城市化，它将怎样在中国馆呈现呢？

8 月 25 日上午 9 时，研讨会在虹桥迎宾馆召开。当天清晨的一场大雨，导致上海交通大拥堵，使得当地与会人员纷纷迟到，也引来大家对"城市，让生活更美好"的唏嘘感慨。

世博局陈先进副局长主持会议，同济、文联、集美、跃狮联合团队，水晶石、日林、麟德联合团队，分别介绍了各自的方案。我手中拿到的《中国国家馆展示概念框架内容深化研究》显示："中国馆已经确定展示主题为'城市发展中的中华智慧'，这'中华智慧'又概括提炼为'自强不息''师法自然''和而不同''厚德载物'十六个字。"

对两家联合团队汇报的方案，与会专家不甚满意，均感到它们受这十六个字的束缚过深，几乎是一种生硬图解，与世博会的展览风格没什么关联。我印象很深的是，夏骏在发言中说，这十六个字过于抽象、笼统，在这个世界，有哪个国家是跟这十六个字反着来的呢？

我在发言中，也表示"中华智慧"不是高度抽象的，它们在中国的城市里是可读的。比如，唐长安城的前身——隋大兴城，占地80多平方公里，一年就基本建成了，其中就体现了中国古人在城市规划中善用模数法的智慧。还有，中国古代造城，以院落布局，与绿化高度融合，在紧凑与舒适度之间获得最佳平衡。改革开放30年来，中国掀起人类历史上最大规模的城市化，也应该在中国馆得到反映。此外，还应该有一个单元来展示中国作为一个崛起中的大国，是如何致力于打造低碳环保的城市，承担自己在21世纪的责任。至于"自强不息、师法自然、和而不同、厚德载物"这十六个字，我认为可以作为"暗流"，蕴藏在对故事的讲述中，而不必直接宣讲出来。我还建议，应该先有一个权威的学术团队或学术委员会，确定"中华智慧"的学术文本，在此基础上再进行展陈招标，而不应该在没有学术文本的情况下展陈招标，当务之急，是尽快确定一个学术文本。

在座谈中我得知，按照工作计划，中国馆的展陈概念方案于2008年9月中旬就要向上海市政府汇报，紧接着向组委会汇报，王岐山副总理亲抓此事。确定一个满意的方案已事不宜迟。

8月26日下午，研讨会闭幕前，参与研讨的陆川导演说："你们让王军写一个本子吧！"中国美术学院院长许江教授表示支持，陈先进副局长随后向我发出邀请，同时邀请与会的东南大学教授朱光亚先生也写一个本子，并希望一周之内完成。见我面有难色，陈副局长大声说道："小王，张艺谋的奥运会开幕式团队，在办公室的墙上写着：国家利益高于一切！"我遂向单位请假一周待在上海。我向陈先进副局长表示，我写的将是一个学术文本，而非演绎文本，建议他组织一个学术委员会，在学术文本确定之后，再请一位导演——比如，像北京奥组委请张艺谋那样——进行展陈演绎。

8月30日我完成了文本的初稿，并向世博局作了陈述，许江等专家也到会。文稿约6 000字，题为《寻找城市发展中的中华智慧》，分四个部分：（1）中国城市化：影响世界的力量；（2）老城市的启示；（3）汽车改变城市；（4）如何建设21世纪的城市。其中，第一、二、四部分是主干，分别表述中国的改革开放、中国的古代城市、中国的未来城市，第三部分作为过渡，显示功能主义城市弊端，以承上启下，引出绿色、环保等话题。

我力求对每一个单元都作出实实在在的表述，比如，在"老城市的启示"单元中，我列出的内容包括："快速制造的城市""木结构之巅""园林城市之妙""统一规划的城市""巧用公共空间""一法得道、变法万千"。我尽量编织一个叙事结构以贯穿中国城市的历史、现状与未来。我说明，我所表述的内容虽不是必须贴到中国馆的墙上去的，却是演绎人员应该充分理解的，这些中华智慧必须充盈在他们心中，才能产生最高的艺术表现。我也尽可能地提出了一些展陈建议，比如，中国的改革开放单元，可以考虑用进城务工人员的纪录片来展示；中国的古代城市单元，可以考虑将明代家具作为镇馆之宝；中国的未来城市单元，可以考虑置一长卷，让每一位参观者写下其对 21 世纪城市的企盼，并彰显公众参与精神；"汽车改变城市"单元，将北京或上海某一条环路的行车录像不间断重复即可。

向世博局作出陈述之后，我当天收到世博局主题演绎部毛竹晨发来的电子邮件，她向我通报了世博局领导、专家对文本提出的意见，并希望我在修改完善时参考。主要反馈意见是：目前的稿子作为一个分门别类的素材稿已经初具规模；下一步要和设计配合，要对该素材稿进行深化，要提炼出创意概念框架，含主线、主符号、故事；此外，目前素材稿中的条目多集中在城市规划、布局、营造和建筑，对于社会政策、文化传承、能源和生态等中国城市面临的其他问题和相应的智慧、举措涉及相对较少。建议在突出重点内容的同时适当兼顾。

我在复信中表示："坦率地说，我感到我的工作已经完成。大家提的意见，我感到应由两个程序完成，一是继续完善脚本，二是进行展陈。我能够帮忙的是前者，而后者应该由一个核心人物来完成。我实无意成为此人。""下一步还是需要完善程序，遵循'学术文本——展示文本——展陈实施'三个阶段来做。我感到，世博局现在是希望三个一起都做，这个很要命。"我同时表示，愿意对文本再行完善。

根据世博局的要求，我略加修改，形成了最后的文本。2008 年 9 月 8 日，陈先进副局长带队到北京，向中国国际贸易促进委员会汇报中国馆展陈概念方案进展。我应邀在会上将新修订的文本作了陈述，贸促会官员表示世博会的展览不是学术展览，我解释说这只是提供给演绎人员的学术文本，并非最后的演绎文本。这次会上，朱光亚教授宣讲了他的方案，同济联合团队也陈述了他们的优化方案。

以后，我又应邀在北京、上海参加了中国馆电影方案的几次策划咨询活动。印象颇深的是，2009年8月29日、9月18日，我两次应世博局之邀在上海参加关于中国馆电影方案的讨论，当时电影方案面临的问题，与2008年8月中国馆展陈概念方案面临的问题，惊人地相似。陈先进副局长希望我和夏骏为中国馆速拟一个电影脚本，我深感力不从心，未能从命。

世博会开幕后，我以记者的身份，写了9篇关于世博会的文章，在其中的《创意的发生》一文中写道："尽管世博会不是学术展，也不是成就展，但主题演绎者只有对'中华智慧'有了真实而全面的理解，才可能在这个基础上创造最伟大的艺术，这才是一个正确的创意过程。真正的艺术应该像贝多芬的《田园交响曲》那样，不是拉着二胡学鸟叫，而是透过流淌自心灵的旋律，让大自然的气息扑面而来。谁又能否认，如此境界的抵达，不是基于对大自然最深刻的理解呢？'只有理解了的东西才能更深刻地感觉它'——这样的创意流程是不应该被忽视的啊。"这段话是我参与世博会中国馆的展陈策划刻骨铭心的一个体会。

中华智慧的演绎

钱之广

原载《上海世博会主题演绎你我他》，
东方出版中心 2011 年版。

钱之广，原上海世博会事务协调局中国
馆部部长。

　　近几十年来，世博会的展示越来越强调主题性，其目的在于传播理念，以达成教育大众的目的。作为人口最多的国家，近 30 年来中国正处于城市化高速发展的时期，中国 2010 年上海世博会在申办之日即确定主题——"城市，让生活更美好"。作为承办本届世博会的东道主，如何演绎这一主题将备受关注。中华智慧源远流长，5 000 年的文明灿烂辉煌，30 年改革开放的成果有目共睹，面向未来机遇与挑战并存。经过反复讨论研究，最终确定了中国馆的展示主题——"城市发展中的中华智慧"，以更好地向世界展示中国的城市发展理念。

一、展示主线的形成

　　自世博会申办成功之后，在各界专家的支持下，积累了大量文字、图片资料，信息纵贯古今；自 2007 年 12 月开始，面向全球华人征集中国馆展示设计方案，先后形成了数十个展示方案。然而，这些工作的完成绝不意味着主题演绎工作的结束，而是标志着新阶段的开始。而这一阶段的工作重点将从抽象的内容和理念出发，着重于展示内容的整合、拓展、落地，选择重点亮点内容并将它们连贯成一个跌宕起伏的故事线索，且以最好的形式、最合理的技术加以表现。

（一）从金钉子到展示主线

中国馆建筑较为特殊，其主要展示空间为自上而下的三个楼层。尽管中国馆的展示内容可简单地划分为过去、现在、未来三个板块，但以此作为中国馆的三个展示层的主题内容很可能会归于平淡，且可能会影响一些极富创意和特色展品展项的实现。为此，我们开始转换思路，首先确定展示中的"金钉子"——重点亮点内容及由其发展而成的核心展项，从而勾勒出展示故事线的轮廓，并以此为基础丰富展示内容，拓展主题内涵。

在实际工作中，我们对不同板块的内容进行对比，选取了一些重点、亮点内容并创意为核心展项：现代部分以"30 年来中国城市化成就"为重点，确定了核心展项"春天的故事"；古代部分则以张择端版《清明上河图》为蓝本，创作出"动态版清明上河图"；未来部分以未来城市社区邻里关系为切入点，提出大型多媒体表演"同一屋檐下"的设想……

确定核心展项后，下一步工作需要以核心展项为中心进一步拓展，使整个展示区域的展示内容更丰满。比如在"智慧的长河"区，如只有"动态版《清明上河图》"一个展品，在内容的丰富度上不免失于单薄，大多数观众难以通过这样一幅多媒体画卷深入了解中国古代文明智慧及其现代传承。经过多方咨询专家，我们以原作中的一些情景或细节（如"诊所""铁匠铺""驼队"等）为基础进行演绎，以文物陈列结合多媒体等手段，表现中国中医、金属冶铸、丝绸之路等中国古代文明及其现代的传承，逐步演绎出本区域的又一重要展项"文明的传承"。

最终，我们根据一系列的核心展项，确定了中国馆的以"寻觅"为主线，让观众在"寻觅"中发现并感悟城市发展中的中华智慧：49米层"东方足迹"展区表现中国城市发展的足迹，回眸改革开放以来城市化的巨变，回溯中华城市文明的源流与传承，畅想未来和谐共生的城市愿景；41米层"寻觅之旅"采取"以小见大、以点带面"思路，通过中国城市建筑智慧中的斗拱等元素，展现中华智慧的博大精深；33米层"低碳行动"将聚焦于碳排放这一核心主题，诠释中华传统理念及其对未来生活方式和城市发展模式的启示。

除此之外，为了使展示脉络更富内涵，我们还设计了一条隐含的线索，就是"水"：发源于第一个展示层的虚拟水系，流经第二展区的桥区，汇聚于第三展区的感悟之泉。

（二）展层内故事线

在重点表现中华城市发展轨迹的"东方足迹"，最常规、稳妥的内容脉络就是按照时间的线索，从古到今依次表现中华智慧的源头、发展及现代借鉴。而这样做，整体展示故事线就会显得非常平淡，也会因展示空间的限制，导致"动态版《清明上河图》"和"春天的故事"产生冲突。为此我们设计了"现在—过去—未来"这样一条打破时间顺序的故事线索。

首先，展现观众最熟悉的中国近 30 年来城市化进展的成就，展现这些成就背后所蕴含的中华精神——"自强不息、和而不同、兼容并蓄"等，而它们也恰恰是中华数千年文化的精髓，是古代智慧的现代表现，这样也为观众进入下一个展示区域了解中华传统智慧完成了铺垫；在以"动态版《清明上河图》"为核心展现中国古代智慧的区域，观众追根溯源，深入了解中华智慧；再深入领会传统中华智慧精髓，如人与人、人与自然以及城市与乡村的和谐（分别对应"动态版《清明上河图》"的城内、乡村以及近郊），观众带着思考进入最后一个区域"希望的大地"，展望中国城市发展的远景。

二、形神兼备

展示主线的确定绝不标志着主题内容演绎的结束。观众感受到的是展示的形式，看到的是展品的外观，体验到的是展示环境氛围。展示设计元素、展示技术也承担着诠释主题内涵的功能，形神合一，这也是我们在进行中国馆主题演绎中遵循的基本原则之一。

（一）设计元素

在现代展示设计中，外观、造型设计成为表现主题内容的又一重要渠道。为了突出中国传统文化，展现中国文化艺术的魅力，中国馆的展示中选取了大量富于中国文化气息的设计元素。在动态版《清明上河图》投影幕的设计中，我们先后尝试了平面、卷轴、曲面等形式，最终确定以中国传统手工折纸艺术为设计元素。这不仅确保了画面层次的丰富，还使之营造出山体的效果，这样结合下面的虚拟水系，更表现出中华传统智慧中"仁者乐山，智者乐水"的山水情怀。同时，这一折纸设计元素在中国馆"童心畅想""寻觅之旅"中也随处可见。

在展示标牌的设计过程中，中国文化元素也得以彰显，比如"东方足迹"的展区标牌以汉字笔画为底纹设计要素，"智慧的长河"则借鉴了中国建筑中的榫卯结构。

（二）展示技术

很多观众在参观的时候，非常关注展示技术的使用，因此作为实现展示基础的展示技术、设备等也可成为展示主题的载体，传播展示理念。

在"低碳行动"展区的"返璞归真"区域，我们以 12 000 个内置 LED 灯的回收啤酒瓶搭建成一面巨大的显示墙，用以展现现代中国在"森林碳汇"方面的成就。这一技术手段所体现的废弃物回收利用理念有力支撑了"低碳行动"的展示主题。

三、结语

随着现代展示的发展，展示主题演绎的时空范围在不断地扩大：在时间上，展示工程的最初阶段就是主题确定与演绎，直至展示正式开展方可告一段落；在空间上，主题演绎不再局限于内容选择、内容框架搭建、展品展项创意以及故事线编写等方面，已拓展至展示形式设计、展示技术选取等领域。

世博四忆

胡学增

原载《上海世博会主题演绎你我他》，
东方出版中心 2011 年版。

胡学增，时任复旦上科多媒体公司
总裁。

从 2005 年到 2010 年，我曾经很深入地介入 2010 年上海世博会中国馆、主题馆的展示内容与展示方案的策划、设计与实施。在这篇短短的回忆文章中，我将回顾本人直接组织、指导和策划的不同时期的一些展示方案，为这个过程留下一个历史记录。

一、第一个中国馆、主题馆展示方案

2006 年，我担任复旦上科多媒体公司总裁，这是一家从事展示场馆策划设计和工程管理的公司。5 月 2 日，文广集团总裁、上海市政府原副秘书长薛沛建来电说，世博会中国馆和主题馆展示由主办方投资，市政府要求文广集团参与策划中国馆和主题馆的展示方案。因为世博会的主题是"城市，让生活更美好"，他想组织华东师范大学城市研究中心和复旦上科公司一起策划。我和公司的方虹以及两位年轻设计师余莉莉、张云蕾代表公司正式参与了这项工作。华东师范大学方面也派出了优秀学者许纪霖、宁越敏、林拓教授等。华东师范大学十分重视这次策划工作，俞立中校长和几位副校长、书记也多次亲自召集各方面的专家、艺术家参与研究讨论。由于大家白天很忙，研讨活动通常都放在晚上，隔天一次，在华东师范大学文科大楼一间中型的会议室进行。各方面的学者分别从自身专业的角度，提出对中国馆和主题馆的展示构想。我的责任是听取整合各方面学者对内容框架和具体内容的建议，创意展示空间和形式，并在两次会议之间组织文案和草图。薛总十分重视这项工作，每次会议他都亲自参加，提出了不少重要的建议和创意。这次策划延续了整整五个月。9月20日，我们在上视大厦九楼大会议室向市领导汇报中国馆和主题馆展示方案。

2006年9月20日下午2点，市委常委、市委宣传部长王仲伟，副市长杨雄，世博组委会副主任钟燕群等开始听汇报。我汇报了企业组的方案，薛总补充说明。

中国馆的主题是"和谐、智慧"。整个展示由三部分组成：千年文明、文化交融、盛世都会。采用的形式基本上都是大型艺术空间和多媒体秀，有《清明上河图》、琉璃艺术展、大型复原场景搭建、高科技剧场等。主题馆的主题是"创新、成长、挑战"。整个展示也由三部分组成；宜居典范、创新成长、发展挑战。采用的形式有大型全景画、轨道车跨越时空之旅、巨型的机器模型剧场、大型仿真空间临场体验等。

我们的方案得到了领导的好评。在这次汇报会上，王仲伟部长提出了中国馆的主题应该是："城市发展中的中华智慧。"杨雄副市长提出要研究中华智慧。周汉民副局长提出要采用大型的先进的展示技术，要有激动人心的大型演示，等等。会议之后，杨雄、钟燕群找我和薛总谈话，要求我们挑起中国馆和主题馆展示策划的重任。

二、松江会议——中外优秀设计师的一次难忘的聚会

2007 年 1 月 21 日，我们在松江新晖豪生宾馆邀请一些优秀的中外展示设计公司开会，共同策划设计中国馆和主题馆的展示方案。我们邀请的国内公司有：清华大学背景的"清华工美"（后改名为"清尚"，承担了未来馆总包建设）、原上海文化局和上海电影集团背景的"上海美术设计"（后来担任了城市生命馆总包）、南京师大艺术系背景的"南京百会"、无锡轻工（现江南大学）背景的"杭州正野"、鲁迅美术学院背景的"鲁美艺术"、"中国美院"（原浙江美院，后来担任了城市生命馆设计）、文广集团和上海科技馆背景的"复旦上科"（后来担任了城市地球馆和汽车馆总包），以及广州美院背景的"广东集美"（后来担任了城市人馆总包）。另外还邀请了复旦视觉艺术学院、同济大学、上海大学、华东师范大学、上海师范大学的艺术家和设计师。国外方面邀请了日本两家最著名的设计公司，即爱知世博会的主要策划公司日本 ADK 和电通公司，美国最著名的展示设计公司、萨拉戈萨世博会和美国犹太人博物馆的设计公司——RAA（后来担任了船舶馆设计），韩国最主要的设计公司密立修公司，加拿大著名的设计公司佛瑞克公司（曾承担迪拜世界第一高楼的内装设计），德国著名的博物馆设计路德公司。国内几位很有名的设计师如田奎玉、徐征野、胡晓云、胡朋、井士剑、张同也到会。这次会议是第一次把中外展示设计师邀请在一起，以后这些设计公司策划设计了很多风格各异、各有特色的展示方案，其中不少公司和设

计师或者设计了上海世博会的展示场馆，或者成为世博会展示的评审专家，为世博展示发挥了各自的作用。

三、文广三楼的 300 个日日夜夜

2007 年几乎一年的时间中，我们一直在薛总的领导下，在文广集团三楼会议室讨论、修改、审查、制作各种各样的中国馆、主题馆的展示方案。每过几个月，市领导都要召集我们开会，听取汇报并提出一些新的要求。我记忆所及直接向殷一璀副书记、王仲伟部长、杨雄副市长、钟燕群副主任汇报不下十次。汇报地点分别在康平路、上视九楼、市政府会议室、世博局会议室、市委宣传部会议室，平均一个月汇报一次新的方案。因为薛总白天很忙，展示方案讨论会大多放在晚上。尽管一次次的方案不能做到尽善尽美，但是我们复旦上科的团队都信心十足。

我们邀请了越来越多的学者、设计师、世博局相关部门成员参与讨论，他们带来新的思路、新的形式。参加讨论的有：上海戏剧学院党委书记、上海创意学会会长贺寿昌，副院长韩生，上海社科院常务副院长左学金，上海市政府参事原科委副主任张鳌等；世博局主题演绎部部长季路德、助理部长朱航，中国馆部副部长毛竹晨等；上海社科院历史所和社会研究所陆晓文研究员、马学强研究员，华东师范大学紫江学者徐伟教授，上海大学社会学系顾骏教授，复旦大学历史系顾晓鸣教授，复旦大学著名历史学者葛剑雄教授、著名哲学家葛兆光教授、文博系朱顺龙教授，同济大学建筑学院常务副院长周俭教授，上海图书馆馆长吴建中，上海科技馆党委书记（后来担任中国馆部部长和中国馆常务副馆长）钱之广等。

设计师们则从形式角度进行了许许多多创新的思考。印象较深的有张江超艺的胡俊、著名电影导演江海洋，还有焦点广告几位学哲学的广告人徐丽、焦兵等。由于各自背景的差异，我们虽然经常在会议上发生争论和冲突，却也加深了对展示的理解。有时他们也一起参加向市领导的汇报，得到很多好评。

难能可贵的是一些境外公司的设计人员，也常常在晚上和双休日将他们的方案拿来讨论。

四、两年建了两个馆

2008 年以后，世博局展示管理的格局发生了很大的变化。文广集团不再担任世博展示的甲方主导单位，由世博局陈先进副局长直接负责中国馆和主题馆的展示设计。我一方面作为陈局长的顾问，陪同陈局长考察了一些中外展示公司，推荐一些展示管理的人才，另一方面作为复旦上科公司的总裁，积极组织主题馆和中国馆展示方案的投标。

我们和加拿大佛瑞克公司联合投标的城市星球馆方案和德国得力策划公司的城市星球馆方案在比分上几乎不相上下。最后世博局决定由复旦上科和德国得力策划共同承担这个大馆的建设，明确复旦上科为总包单位。这个馆的展示获得一致好评，成为世博展示的亮点之一。

由于复旦上科在业内的影响力，上汽通用几经反复，最后也将这个展示交给复旦上科总包管理。这个馆后来被评为最有价值的企业馆。

在世博展示进入的最后两年中，我们还陆续参与了山东馆的建设，山东馆最后被评为最优秀省市馆。还参加了城市人馆和非洲馆的局部工作。应该说复旦上科公司在这五年中，为世博展示作出了一定的贡献。

主题馆你我他

章克勤

原载《上海世博会主题演绎你我他》，
东方出版中心 2011 年版。

章克勤，原上海世博会事务协调局主题
馆部部长。

2009 年 2 月，我从世博局法律事务部调任到主题馆部担任部长，主要任务有两个：一是布展施工，即带领团队深化主题馆的展示设计方案，将其转化为生动形象的展示内容；二是场馆运行，即在世博会开幕后维持会期 184 天主题馆的正常运行。回顾主题馆整个布展过程，当时主要有三个问题摆在我们面前：资金、安全、进度。这三个问题互有牵扯，只要其中一个处理不好，主题馆的顺利开幕就会受到极大影响。

一、资金

世博会是重大的国际盛会，国家在资金投入上有一定保障，但也正因为如此，一些设计团队、建设团队和供应商团队往往会不计成本，把自己负责的这一块做得很大。但世博会是临时性展会，不可能为了追求精彩而无限制投入资金。为此，我们把这一道理反复向各个参与团队讲清楚。虽然大多数团队都明白这层意思，但真正实施起来往往很难把控。

为了解决这一问题，我们采取了一些措施。一是成本控制，我们与各个团队进行了几百次合同谈判，底线是确保不超出预算，有时为了降低总包费用，甚至直接与分包进行谈判。二是变通采购方式，把一部分设备由直接采购变为临时租赁，不仅节约布展成本，而且方便了后期撤展。比如，如果购买高流明投影机，一台需要 100 万元左右，如果改为租赁，一台在 30 万元左右。主题馆共需要三四十台这样的设备，一下子可以节约很大费用，而且使用统一品牌，运行维护也方便。三是确保重点展项，几个主题馆的大型投影、环幕影院、LED 巨型屏幕等，体现了主题馆的展示精髓，是布展的重中之重。而有些展项并不需要做到极致。比如，关于音响效果，原来的方案是要做到连一根针掉在地上的声音也听得到。但在大量参观者涌入场馆的情景下，这种音响效果毫无必要。总之，主题馆的布展费用虽然在原来预算基础上有所追加，但始终处于可控范围。

二、安全

我对主题馆安全的基本要求是"结构不坍塌，场馆不冒烟，人流不踩踏"，即结构安全、消防安全、客流安全。主题馆的几个展馆都很庞大，比如城市地球馆的高架回环，其体量相当于上海内环线鲁班路立交回环；城市人馆五个核心展区，就是五个封闭建筑，面积都有几百平方米，最高的有十几米。这些展区都需要有牢固的结构加以支撑。我们遇到的主要问题如下。

布展之前，主题馆的建筑已经竣工，布展工作相当于"馆中建馆""房中建房"，既要考虑展区本身的结构安全，又要顾及水、电、风等系统与主题馆建筑的衔接，布展施工既不能在地面挖洞打坑基，又不能上挂悬索，左右还不能靠墙依托。这样的工程究竟属于布展范畴还是建筑范畴？如果是前者，中国目前法律框架下没有行业标准可以依照；如果归入后者，则需要一系列政府审批程序。我们提出了一个折中意见，即布展施工本质上属于布展范畴，其开工立项无需经过政府审批，但考虑到其结构复杂性，在实际操作中应当参照建筑标准实施，设计方、施工方、监理方、验收方都必须具有相应的建筑资质。

更大的问题是消防。布展期间，有位领导亲临主题馆视察，看到馆内焊花飞溅，焊烟四起，回头就对着我说，这里是你负责吧，你们一定要确保安全，出了事可要抓人的。这句话在场的很多人都听到了，我们顿时感觉责任很大。

有些设计师特别是国外的设计团队，在选择展示材料时往往从艺术效果出发，虽然设计出来的东西很精彩，但很多与消防规范不一致。我们的原则是：凡是明显不符合消防规范的，必须舍弃效果；凡是可以变通处理的，尽可能满足精彩要求。

布展施工中，为了抢进度，有些作业确实与消防要求有不相一致的地方。比如，有时会在一个不大的区域内同时有很多电焊作业，如果停下来，工期节点就无法完成。此时，我只能派更多人在现场拿着灭火器监管，现场消防人员也全部到位。尽管如此，布展过程中也出过一次不大不小的消防事故。城市生命馆影院在一次高空焊接时，火星溅到下面的油漆桶里，点燃了油漆残料，幸亏发现及时。事后，消防部门分析认为，监管人员在动用明火前对现场环境清理不到位。我由此联想到另外一个问题，为什么现场发生火情，监控室没有立即上报，这说明监控重点有问题。为此，我专门要求监控人员今后将馆内所有监控探头全部对准明火点，只要有电焊作业，监控室内一定要有现场的画面。

三、进度

我到主题馆后一再强调，什么事都可以拖一拖，2010 年 5 月 1 日世博会必须开幕，这不能拖。2009 年 10 月 1 日正式进场施工，2010 年 4 月初完成，布展时间五个月多一点。为了抓进度，全体人员加班加点，双休日不休息是常有的事。所有办公室都放着床和躺椅，白天忙于工作，晚上将就着躺一宿。

为了确保按时完工，我们一是要求施工单位增加施工人员，将两班制改为三班制，管理人员则延长在岗时间；二是交叉施工：结构还没有完全竣工，就开始展项安装，这边在电焊，那边在安装展项，另一边又在进行媒体调试；三是不断调整计划，赶前不赶后，部领导全体在会议室里，最多的时候一天要开十几个会。正是采用了这种超常的工作方式，我们最终确保了工程进度。

2010 年 3 月初，主题馆发生了一件意想不到事，差点把我们的工作给毁掉。城市人馆顶部有一根排水管出了问题，有水渗下来，于是就请主题馆建筑施工方来检修。由于检修人员没有经验，管子里的积水都洒到了城市人馆的强电机房。这是一个非常严重的事故，惊动了市领导和世博局。很多专家都赶来会诊，结论是很多损坏设备无法修，只能重新采购，完全修复需要一个月到一个半月，然后还要调试，最起码也是一个月。那个时候我们非常着急，甚至已经做好了城市人馆开不了馆的思想准备。有专家提出，有些设备可以买现成的，有些设备则用土办法，拉到厂里去烘干，但烘干有风险，一旦烘干没有彻底，就会发生短路，整个馆就废掉了。我们分两步走，一方面赶快去修复，另一方面就去烘干。3月底，东西都来了，也很快装了上去。但是很多人还是担心，如果不行，电闸推上去，整个馆的线路都会烧掉，后果不堪设想。经过咨询，我当时签了这个字。万幸的是闸门推上去以后没有发生情况，整个设备运行完好。事后有人对我说，你这叫无知者无畏啊。

为了按时完成布展工作，我曾经说过三次很重的话。第一次在我们团队进场时，我把所有工作人员召集在一起，站在空荡荡的展馆里，用几乎吼出来的声音向大家作了一次不到五分钟的动员。大致意思是，接下来的布展工作将十分辛苦，谁如果不愿意干，可以马上提出来，我一定放你走，但如果要干下去，绝不能中途退缩，要走也不行。第二次是在城市足迹馆的工程协调会上，屋子里坐着100多个人，我说如果你们不能按时完成布展，那么只有两条路，要么和我一去跳黄浦江，要么和我一起蹲班房。第三次是在2009年春节世博局举办的年夜饭上，我对领导立下军令状，如果主题馆不能按时开馆，我就从主题馆楼上跳下来。现在回想起来，我的这些话真是有些幼稚可笑，但在当时那样的环境和氛围下确实是真情流露。

以上是我在主题馆布展施工期间的片段回忆，还有很多很多事情，包括运行期间的难忘回忆。世博会结束后，与我一起共事的许多朋友相继奔赴新的工作岗位，临行前向我告别时都激动万分，有的甚至热泪盈眶、依依不舍。我对他们说，使命已达，行者无疆，世博虽是一场百年之梦，但总有梦醒时分，愿我们在今后的路上能够互相牵挂，为各自人生再添精彩的瞬间。

主题馆的主题演绎

许润禾

原载《上海世博会主题演绎你我他》，
东方出版中心 2011 年版。

许润禾，原上海世博会事务协调局主题
馆部副部长。

2007 年 9 月，我进入世博局，主要负责主题馆展示内容的开发、展示设计的管理、布展施工的管理、运营规划执行以及拆展等方面的工作。我之前对世博会类型的特殊展示工作没有经验，如此大规模的主题馆建设工程，对我来说，工作繁杂、困难重重，能否承担这样责任是未知数。世博会工作对我来说，是一个不断探索、不断学习、不断创新的过程。

一、对世博会的理解

我依然清楚地记得，在 2008 年 4 月跟随世博局陈先进副局长专程奔赴欧洲，与荷兰、德国、西班牙的外方团队交流。我们白天是满满当当的会议，晚上还要写会议纪要，为第二天的会议做准备。经过此次考察交流，我逐渐对世博会有了清晰的理解，理解"世博会是一种以大人流量、快速参观方式为特征，在传达展示内容的同时，引起观众一定反思的展示活动"，这个定义非常重要。主题馆的展示内容上不宜过于复杂，个别展项的"大秀"也不能过于深奥，展示内容要深入浅出，让观众在行走间就能理解，并带来一定的反思。世博会的展示区别于传统的陈列展示，不需要像博物馆那么静态地让观众去专注于某一个展项，应该采用一种寓教于乐的展示方式。

欧洲之行，使我对世博会的定义、工作的实施路径、整个规划的时间节点、每个工作阶段的内容以及我们要达到的工作成果和目标都有了较为清晰的认识。

二、实施团队的选择

参与主题馆的外方团队比较多。我认为，这些外方团队在内容、设计方面领先于我们，但这个项目毕竟是在中国落地，他们可能不熟悉中国行业标准。因此，在深化设计阶段，我特意安排了中外方团队共同推进，以确保方案的顺利实施。2008年6月，我们开始在全国范围组织比选，最终确定五个主题馆的中方总承建方。在设计阶段，我们把握"设计为先"的原则，项目主体为设计团队，也就是外方，承建方团队是承担配合。进入施工阶段后，我将两者的位置进行调换，让施工方作为主体，设计方作为艺术监控，进行配合。

三、时间紧、任务重、管理难

从2007年8月开始概念设计方案征集，至2009年5月深化设计方案最终确定，整整经历了一年零九个月。也就是说，从 2009 年 10 月，主题馆才正式进入场馆布展施工阶段。截至 2010 年 3 月底，我们用了短短六个月的时间就全面完成场馆的各项布展工作。4 月 20 日，参加园区全部六场的试运行演练；5 月 1 日，迎来世博会的正式开园并顺利运转。可以说，我们是在被外国人认为不可能的情况下，创造了一个中国奇迹。

展示项目是多学科、多专业的集成类工程，并不是简单的纯艺术创作或是装饰装修工程。展示项目涵盖了三个方面：一是结构基础，包括建筑结构、机电、暖通、综合布线、安防消防系统等；二是展品展项，包括实物展示、图文、影片的脚本编制等；三是技术设备，包括音视灯光设备、多媒体集成、联动调试等。如果某个阶段工作把握不好，就会给下一项工作造成障碍。各个方面需在不同的工作阶段得到有机、有序的协调，而这些是极为复杂的系统工作，仅仅依靠一个团队是无法支撑这些工作同时开展的。因此，整个主题馆的设计工作就由来自荷兰、德国、西班牙以及国内各省市的专业团队分工配合，共同完成。这样的工作方式，也带来了如何协调外方设计团队与中方设计团队之间文化差异的问题，这也是我们的管理团队所面对的一项艰巨任务。

2009 年 10 月 1 日，我们正式进场施工布展。整个施工阶段分为三个部分：第一部分是基础结构的施工安装；第二部分是装饰装修和展品展项；第三部分是设备安装以及联动调试。时间紧、任务重、协调工作量大而难，各方面均是极大的挑战。到 2010 年 3 月底，主题馆四个馆的展示工程全部完成。

当时，每周每馆要安排一次工程例会，一周要花四个半天开工程例会，还不包括每个馆所发生问题的专题会议，以及商务和管理层面的各种会议。记得那时每周平均的工作会议达 20 个左右，我晚上住在办公室，签发会议纪要。我深刻体验到什么是"五加二、白加黑"的工作状态，用举步维艰、如履薄冰来描述一点也不为过。

四、全球案例的采集

主题馆的内容要反映国际共识，采用国际性的素材和国际化的语言进行策划和设计。在具体实施过程中，五个主题馆的展示内容，要分别采用全球性的事例来支撑各自展示主题内容的表达，有些是城市人文纪实方面的，有些是表现城市精神特征的，有些是城市环保案例方面的，有些是对城市未来提出的思考与畅想，还有是对能够体现城市发展轨迹的全球性文物的征集。如此众多的全球化案例汇聚于五个主题馆，我们充分考虑了各个案例文化背景的差异性，以及在具体运用展示载体的表现力，以多元化的角度和互动的协调心态，扬长避短、尊重彼此，共同演绎好上海世博会的"城市"主题，最大程度地满足国际展览局和参观者对主题馆的期待。例如，为了使观众更好理解人们进入城市追求美好生活的目的，了解城市人的真实生活，我们在全球六大洲六个城市选择了六个真实的家庭作为拍摄对象，通过跟踪采集这些家庭的影像，将这些影像故事嵌入和贯穿在城市人馆中，借此讲述城市中"人的故事"。

五、试制确保效果

城市地球馆的蓝色星球展项，最初的方案中有一座桥，叫作"意识之桥"。我在 2008 年去柏林的时候，就跟承担这个馆策划设计任务的德国团队提出，这个方案不妥。一是安全有问题。整个桥的设置会成为城市地球馆的瓶颈，很多观众会站在这里往下看蓝色星球影像，整个馆的参观模式成为批处理而非流处理，这对参观者组织是一个很大的挑战。二是从技术角度来看，桥从蓝色星球顶部穿过去，投影机成像的距离、流明度以及整体拼接都存在技术难点，还会导致预算增加。但是外方设计团队非常坚持。后来，我们进行试制，以效果来说话。我们用1∶2的比例搭了脚手架，进行模拟搭建。通过试制，我拿到了一手资料，桥一定要取消。这个例子足以说明试制在决策上提供了非常现实的依据。

六、设备的采购方式

在工程实施阶段面临的又一大难题就是在设备方面，当时主题馆资金的实际使用量已经突破了预算，考虑到这些设备只使用184天，没有必要作为固定资产买下来。当时我们在选择高流明的投影机时，找了巴可（Barco）和科视两家供应商。由于Barco提出了很苛刻的合作要求，不提供租赁，因此，我们转向科视，考虑租用科视的设备，一台满足主题馆展示使用要求的投影机70万元左右，而租用价格仅32万元一台，这其中还包括了运营费用。世博局监察审计部认同了我们的方案，一致选择了科视。整个主题馆的投影设备均采用租赁的形式，音响由音王免费赞助，经估算，仅设备采用租赁、赞助、打折处理，为主题馆整体预算省下5 000多万元。

七、结束语

当我看到主题馆从图纸变为现实，看到主题馆从空旷漆黑到缤纷炫彩，看到我的团队成员从工作时的满脸疲惫到开馆那天的灿烂笑容，看到世博会从开园第一个观众走进主题馆到落幕那天最后一个观众依依不舍的背影。这一切，都使我感受颇多。我会铭记这日夜奋战的日子，充满了艰辛却又饱含着兴奋，是刻骨铭心的。

2010 年 12 月 27 日，我光荣地参加了在首都人民大会堂举行的"中国 2010 年上海世博会表彰大会"，并获得"世博会个人先进称号"。这是国家对我在上海世博会工作的肯定。那时，我的内心无比激动、感慨万千，回想起近四年在上海世博会工作过程中的一幕幕。从四年前，自己对世博会的懵懂到如今的体会良多，世博的工作经历使我成长。

文创街区
——城市最佳实践区的新探索

方　颖

原载《上海会展业发展报告（2018）》，
上海科学技术文献出版社 2018 年版。

方颖，时任上海世博城市最佳实践区商
务有限公司副总经理。

城市最佳实践区（UBPA）是 2010 年上海世博会的一大创举。世博会虽已降下帷幕，实践区继续演绎"城市，让生活更美好"世博主题的使命尚未完全实现。作为为数不多基本建筑格局得到保留的片区之一，实践区不仅要传承世博文化遗产，同时承载着人们对世博地块后续利用的期盼。如何从"世博亮点展区"向"文化创意街区"转型发展，是 UBPA 在世博会后的新实践。

一、文创转型是发展必然

影响文创园区的成功因素有很多，我认为"吸引人气"是最重要的因素。文创园区要成功，首先必须聚集人气，而各类特展、节庆、活动是聚集人气最好的方式。对台湾文创园区的考察发现：做得越好的园区，举办的活动也越多。一个文创园区就是一种生活样式。不管文创转型也好，文创开发、文创经营也罢，其实走到最后还是回到生活，回到人，因为文创本质就是要让人们的生活更加美好，这正是世博会"城市，让生活更美好"主题最好的延续。

实践区作为世博会期间的创新亮点，曾经为各国际城市提供了交流城市文化生活和建设创新的平台；现如今地处浦江文化创意集群带中心位置的城市最佳实践区，有责任有义务成为上海文化创意产业发展和成果交流展示的平台。上海设计之都的建设催生出各类文创园区，如何面对如林的强者站稳脚跟，独树一帜，创出自己的品牌和特色，必须找准最适合自己发展的路径，这是关系到城市最佳实践区持续、稳健、健康发展的关键命题。

二、文创探索初显成果

秉持"一业为主、多业融合、魅力元素嵌入"的发展理念，实践区拉开了文化创意产业集聚区的转型规划序幕，除了保留原 B3—2 联合馆并更名为"世博创意秀场"自营，对世博会遗留展馆进行加层改造，增加园区可租赁面积，大幅提升盈利空间，也赋予原有的会展场馆新的使用功能，在保留世博记忆的同时，逐步汇聚展览展示、创意创新、特色商业、文化体验等多功能形态。在业态布局上，实践区对各业态的规模配比进行总量控制，其中规划商务办公建筑面积占 40%—50%，商业服务建筑面积占 25%—30%，文化娱乐建筑面积占 25%—30%。从空间上划分，以半淞园路为界，北区以商务办公为主；南区以商业和文化休闲为主，形成协同互补、动静相宜的布局。

实践区着力构建"两个中心"——"设计创意中心"与"文化时尚中心",使区域创意产业聚集的能级得到加倍提升。"设计创意中心"涵盖城市规划、建筑设计、文化咨询和创意设计等领域,世博创意秀场是"文化时尚中心"的重要载体。围绕"两个中心"的建设,一批著名城市规划设计、建筑设计及文化时尚创意企业相继落户,出租率已超过95%。自2011年起,秀场以其2 000平方米无柱设计的灵活空间和简洁现代、富于表现力的膜结构外观造型,成功举办了一系列国际品牌发布、汽车新品上市、时尚产品展示、文化演艺等活动,形成实践区面向全球、能产生重大影响力的文化活动和高端社交场地品牌。

一个成功的文化创意园区不应是一个孤傲的文化创意堡垒,而应成为与城市生活融为一体的复合功能街区,为来自世界各地的文化创意人才提供生活、工作、休闲的美好环境。实践区在后续开发中更突出公共特性。15公顷的街区范围内形成完整的步行网络,北端对接轨交站点,南端连接滨江绿带,东西两侧设置自行车停放点。一条南北向步行轴线贯通整个区域,串联开放空间和各个建筑组团,如主题广场、街区绿地、林荫步道、建筑院落、街角空间、步行巷道等,构成规模不等、形态各异、错落有致的开放空间体系。

尽管地理位置已通过举办世博获得广泛认知度,但城市最佳实践区在交通可达性等方面存在先天不足:(1)轨道交通出站需步行5分钟以上,且南面被黄浦江水面隔断,北部被内环高架阻挡;(2)不处于成熟商圈,缺乏有影响力的大型商业项目辐射,人流不足;(3)辐射区域居住人口密集,物业目前市价不菲,但是较为陈旧,居民收入和消费能力有限;(4)周边商业形态单一,分布零散,以沿街商铺、社区生活小店面等低端配套服务为主,档次不高。

根据区位分析，实践区地理条件和人口资源情况尚可，但是与K11、新天地、喜马拉雅中心等相比，缺少成熟商圈覆盖和有效消费支撑。规划成功只是图纸上的成功，真正的成功在于经济效益和社会效益的共赢发展。经过五六年来的探索经营，北部街区基本形成静态商务办公，南部街区商业氛围气候未成。如何创造吸引人流的核心内容，打造"目的地"消费，是实践区面临的一个难题。

三、文创街区引入特展新元素

在文化创意相关的领域中，在特定的时期内，针对特爱的人群，根据特定的主题组织内容，以门票、衍生品和社会赞助等为主要运营模式的一个独特展览门类。兼具社会影响力和经济效益的特展可能是给城市最佳实践区带来活力元素的一个有效渠道。

文化商业地产介入特展的方式简单来说无非两种：只提供场地服务的；既提供场地，也参与项目经营。以莫奈展为例，K11不收租金，也不参与票房分成，其利益来自从展览观众到商场消费者的客流转化。据媒体报道称，莫奈展期间K11的整体营业额提高了20%。从长线来看，莫奈展夯实了K11在商业地产中的前沿地位，进一步确认了其艺术与商业结合的道路的可行性。文创园区介入特展领域的模式同理可鉴。下面简单谈谈我对引入特展元素的一些初步设想。

第一，关于主题选择。作为文化创意街区的组成元素之一，具有多元活力的艺术设计类特展不可或缺，可以考虑依托当代艺术博物馆在秀场举办现代主题漫画展等。户外空间可策划智慧体验市集，各类Lifestyle Shop，手工艺术品及制作体验店铺、定制店铺等综合类市集，在围合的空间和庭院伴有民间街头表演，增加时尚灵动元素。另外，国内的创意园区大多缺失 12 岁以下儿童的元素，而事实上，儿童是最有创造力和想象力的人群，只有兼顾儿童，创意街区才是一个容纳全年龄层的街区。儿童还兼有潜在的人群拉动效应，往往吸引到一个儿童，可以吸引多个成年人来访，增加街区的活力。有必要引入一个供儿童创意体验、互动娱乐的项目，形成一个儿童创意消费的目的地。

第二，关于运营模式。国有企业在创新的过程中对项目投资风险的可控性把握通常较为谨慎。如果以场地资源代替资金投入，风险程度大大降低。秀场近年来平均年营收约为 800 万元，其中 2 月和 8 月是全年的营业淡季，完全有条件参照 K11 莫奈展的模式，把两个月的档期预留出来，作为特展的场地赞助。门票收入的分成可视预售情况再考虑分成。亦可接受特展主办机构以衍生品抵扣部分场地租金的形式进行合作。

第三，关于合作对象。近年来，民营资本在特展的产业化发展历程中起到了重要作用，特展的主办机构多为民营公司。国有资本涉足特展的案例同样值得关注。上海美术电影制片厂是中国规模最大的美术电影制片方。1957 年建厂以来共摄制 400 多部美术片，占全国产量的 80%以上。这中间有公众极为熟悉的《大闹天宫》《三个和尚》《葫芦兄弟》《黑猫警长》等。2014 年，"美影厂经典动画形象巡展"先后在东方明珠和凯德七宝广场举办。美影厂的这次尝试引起的社会关注度并不高，这可能与内容研发、宣传推广等整体策划有关。但无论如何，美影厂所拥有的动漫形象，影响的不是某个年龄层，而是整整几代中国人的集体记忆。同为国有企业，实践区可以尝试整合优质资源，共同研发相关"Made in China"的本土项目。

演绎"城市生命"主题的过程
——"城市生命馆"策展工作得失的反思

宋建明

原载《上海世博会主题演绎你我他》，
东方出版中心 2011 年版。

宋建明，时任中国美术学院副院长。

一

　　"城市，让生活更美好"是本次国内世博语境的主题词。但是，深而究之，城市让生活更美好，是有条件的。它必须还原到英文的原意"Better City, Better Life"才更符合学理。在世界范围，城市今天所呈现的病症难道不是问题？而这些问题何尝不是怀着"美好"的愿望而导致的？

　　今天，"城市病"已是城市研究中的常态术语。城市会"生病"也已是共识。于是，"城市生命"的说法就有了基础。将城市看作一个生命体，由此来认识城市发生发展的成因、状态引发的问题，有助于人们理解城市存在与发展的复杂性，揭示城市发展的规律。"城市生命"是具体的，是正在发生的事实。"城市"的形成，总是有其成因的，总是在时间的历程中演绎城市成长的过程的。城市生命总是在这个过程中显现它的体征和健康的状态的。一般来说，从聚落雏形的发展，到逐渐成熟，到更新，要经历一个生长过程，它总是经过村落、城镇、小城、中城市，到大城市，直至巨构城市。在一定的地域范围内，还会形成不同规模、发育阶段不同的卫星城、城市群，乃至有机关联的城市圈。城市的生长与生命力旺盛，与诸如资源开发生产、产品研发交易、产业衍生交织、服务交易开放强弱、历史文化遗产、自然资源、环境资源丰富有否等密切相关。城市的精神与理念作用力往往决定着城市生命力的生成、旺盛程度，以及城市发展方式的改变。

总之，人类创造了城市，城市孕育和包容了人间的事物；城市间的事物都有其成因，仿佛也都有了生命；而所有的生命都与人及人类活动相关；因此，城市反过来又塑造了人与人类。于是，"城市生命"因人流、物流、能源流、资金流、信息流……诸流汇聚、交互作用而成长而得以维系。"城市生命"同样会因城市精神失常而"发烧"，因汇聚的诸流的失调和不畅而生病，因此，城市需要来自精神和物质层面的调理整治：更新规划、优化设计、生态营造、人性管理、科学运营等，使城市得到健康理念和方法的呵护。

二

2010年上海世博会成功落幕了。中国美术学院设计的"城市生命馆"参观总人次达751万，其中单日接待的最高数是77 771人次，得到了广泛的好评，面对这一成绩，我们应该怎么看？作为这个馆的艺术总监，我以为还需从学人的角度理性地进行反省。

说实话，我对这个馆的最终呈现的效果表示理解，它是多方妥协的结果，但作为当事方还是有许多遗憾留在心里，久久挥之不去。因为长达三年的时间和近百人的全力工作，成绩应该不止这样。因为过程中的文本稿纸何止等身？因为还有那么多的辛苦做完了的成果因各种各样的原因和不是理由的理由未得展现；智力资源与劳作的浪费，也是一种难以轻易原谅的浪费。

今天可以反思"城市生命馆"创作过程中出现的问题，是有经验可以总结的。即如果在招标策展时，有一个甲方认可的明晰的"城市生命"理论模型，在做展区规划与展项脚本编撰时有依据，就可以避免在设计评审阶段出现"公说公有理，婆说婆有理"的尴尬局面。就可以避免那么轻易地删减创意团队系统构思现象的发生。

因为评说者所言都是针对某点、某片段，好像都在理，而被评审的创作团队则是弱势群体，评审专家的意见经常是个人的现场 20 分钟观感的意见。我也是经常被聘的"专家"，参与了各种各样的评审，深知许多意见是有感而发的不成熟意见，其价值在于仅供参考，不具备权威性。可是，这个机制却迫使我们按照局方收集的如此属性的各方评审的意见修改，经常连申辩的机会都没有，个中感受苦不堪言。

从策展学理和组织技术角度梳理，世博会语境的主题演绎，应该包含两个层面，即语言思维逻辑的演绎和形象思维逻辑的演绎。它们分属两个学科领域——城市主题相关的学科和艺术设计学科。比较科学的做法应该是，将主题展内容分成"主题思想诠释与演绎"和"主题形象展示与演绎"两个部分分段招标。

"主题思想诠释与演绎"部分，重点在于从专家的立场研究主题思想的诠释，主题的属性、范畴、类型、意义的探究与思辨，现象、实质与成因分析，理论模型建构与流派梳理，实验案例论证，以及要向公众传达最基本最主要的内容。这是关于自然科学和社会科学方面的论题，结论评判比较容易清晰。它的研究成果必须有科学的观点、论证和足够的证据，属于科学文本。作者主要由相关的专业学科群的专家学者来完成。其成果形式应该是图文并茂的，由文本、原理图、调研报告、典型案例、原始文献、相关图库等要件构成。文本阅读是其评判的主要形式，而审读的标准应该是主题思想的准确表达、证据的展现、现象类型的呈现、典型的案例、参数的准确、研究的方法、相关学说流派主要观点、参考资料出处、愿景建构的思路等。

尽管它也可以用比较浪漫的文笔写作，但其属性是科学论文，至少是科普文献，它必须阐明主题课题形成的成因、现象、案例，它是逻辑思维的产物；文字表述的正确性与案例的图片和示意图的准确性、证据案例的充分与否，是这个阶段判断标准。同时，可以提出展示的要求，展览内容的最低限度。

"主题形象展示与演绎"部分，主要是从艺术设计与世博受众的立场出发，研究如何以最佳的形象载体与展示策略、空间规划与展项流程、技术手段与设计方案等环节及要素来呈现主题思想，研究主题形象思维逻辑的建构，展区、展项、展现要点，以及展示的主题词、解说词及展项的脚本、图表系统、撰写与设计等。这是属于艺术科学与设计创作的范围，其任务是如何用形象、简明、生动的方式呈现"主题"深刻的含义，让民众在寓教于乐中认识和理解"主题"的意义。是用于展示的"主题演绎"艺术文本，主要任务是在上述成果基础上，提出主题形象展示的基本思路，内容包括：主题演绎展项的分项策略、展示内容与展区空间的关系、展线的布局、展品设计与展示文案的编撰、展项展品的深化创作、展览技术策略、布展施工与管理等。

评审这个部分的文本应该是用形象思维的方式审核展示主题内容呈

现水平、展区品相艺术性的高低、展示智慧体现的水平、受众感受的心理感动频率设计的水平、展线的流畅与否、展示内容与时间设计的控制、展示技术的可能性、预算控制、安全保障……尽管它也可以用很严谨的文笔写作，但其属性是文艺性的文本，是形象思维的产物。而空间形象展示、智慧展现的优劣与否是这个阶段评判的标准。

三

当然，我们也可以说，世博会使与之相关的国人都得到了一次锻炼、磨砺和提升的机会。但是，如果人们不去反省得失成因，那些教训还会回归，我们民族的文创产业与管理何时才能成熟？今天我们的反省，不是为了追究某机制某机构和某人的责任，那是没有意义的，而是通过理性的梳理，明了事理，为未来探索更佳的工作方法。否则，我们会因为太多的赞扬声，而轻易忘记了过去三年的那段艰辛的蹒跚，那几度因方向迷失而痛苦的曲折。因为事实是，策展团队一直是在一种表面上合理的组织管理和评审形式下工作，而这样的管理模式常常将策展团队引向迷茫和无所适从，引向揣摩逐层领导的意图，而具有讽刺意味的是更高层的领导并不那么看，有些表述更接近我们原初的看法！

我们的管理体制如果能够对艺术科学规律有更多认识和理解，假如这个馆在这个创作过程中能够获得更多的信任，不要有那么多各种各样名义的掣肘，让我们按照创作规律稳步有序地深化，那么在同等的条件下，我们会让"城市生命馆"更生动、更到位和更丰富，而我们团队自身也会因为研究与实践的深化得以完善，进步与收获将更大。

理念的互动，精神的展示

张　春

原载《上海世博会主题演绎你我他》，
东方出版中心 2011 年版。

张春，时任上海国际问题研究院西亚非
洲研究中心副主任。

　　2010 年上海世界博览会成功结束，留给人们的不仅是世博会的诸多有形遗产，如中国馆、沙特馆、法国馆等，更多、更重要的是其无形遗产，如世博会《上海宣言》、世博会系列论坛等所汇聚而成的"世博精神"等。但个人以为，还需进一步总结和宣扬的是，联系这些有形遗产与无形遗产的"桥梁"，它更多涉及的是中外理念的互动和对世博精神的展示。作为这一伟业的参与者和见证者，我有幸参与了世博会太平洋联合馆的主题演绎工作和《上海宣言》的撰写工作，对于上海世博会如何实现中外理念互动和世博精神展示有着深刻的切身体会。

　　2007 年初，我加入上海世博会主题沟通专家组，负责对南太平洋岛国如何演绎世博会主题的问题提供基础资料、谈判建议、注意问题等。对包括我在内的许多主题沟通专家来说，撰写这样的材料都是第一次，有许多技术性问题需要解决：首先是这个材料到底需要包括什么内容，其次是篇幅与行文与一般的论文、文章或政策报告有何区别，再次是不同的主题沟通材料的侧重点是什么，最后是提出何种切合实际的、可操作性的建议要点。

为了圆满完成任务，我首先参照了世博局主题演绎部提供的一些参考资料，既有在我之前完成的主题沟通样本，也有历届世博会的相关材料。在参阅相关资料后，我基本确立了南太平洋地区参与世博会的主题沟通材料的框架，重点包括基础资料、南太平洋国家参与世博会历史以及谈判要点建议，其中第二部分的材料主要由上海图书馆的同志负责提供，因此我负责的重点便是第一、第三部分。

在撰写过程中，结合对世博会主题的理解，我将重点放在了三个方面：一是侧重现实情况，二是侧重涉我情况，三是侧重涉世博建议。

首先，在提供有关南太平洋地区的基础资料的同时，我重点介绍了当时南太平洋地区的一些既有和潜在的热点问题，如种族主义、治安状况恶化、巴布亚新几内亚布干维尔岛和平进程的潜在反复可能，以及斐济国内的印度族人政策及其对与印度的关系的影响等。所有这些都是在后续的主题沟通和谈判中需要考虑和避免触及的。

其次，南太平洋地区与我外交关系复杂，因此也是着笔重点。当时，南太平洋岛国中的巴布亚新几内亚、库克群岛、密克罗尼西亚、萨摩亚、汤加、瓦努阿图、斐济等七国与中国有外交关系。但更为敏感的是，中国台湾在南太平洋共有六个"邦交国"，即基里巴斯、马绍尔群岛、瑙鲁、帕劳、所罗门群岛和图瓦卢。其中，基里巴斯、马绍尔群岛、瑙鲁等三国曾在大陆与台湾之间来回摇摆。同样，南太平洋地区的地区组织与中国的外交关系的复杂性和敏感性，决定了我们在与这些国家沟通时，应当更多地强调世博会本身的非政治性，不能因政治问题对整个世博会构成负面影响。

最后，考虑南太平洋国家参加世博会的历史，建议重点围绕南太平洋岛国的城市与乡村的多元和谐进行沟通和谈判。上海世博会的主题是"城市，让生活更美好"，但南太平洋岛国的城市规模普遍较小且发展水平不高，南太平洋地区最大的城市往往是首都，最大的也就 25 万人的规模，且更多是行政中心，经济功能并不发达。但另一方面，城市又是南太平洋岛国历史发展的见证，也是南太平洋各国的多元文化的汇集中心。因此，南太平洋岛国的城乡界限不是非常明确，在与南太平洋岛国就上海世博会主题进行沟通时，主要应集中于城市与乡村的和谐、多元文化的和谐两个副主题。同时，考虑到南太平洋国家普遍较小且经济不够发达，因此也建议采取联合馆的方式建馆。

2007 年 7 月 20 日，上海世博局主题演绎部组织关于南太平洋岛国和地区主题沟通方案的讨论。之后，该方案递交给南太平洋各国和地区组织。在同年 11 月 16 日召开的第二次上海世博会参展方会议的南太平洋地区组会议上，由于种种原因，包括我在内的中方代表并未过多与南太平洋各岛国和地区组织讨论具体的联合馆设计细节，对于世博精神的具体展现也并未提出过高要求。这个方案得到了南太平洋各岛国和地区组织的较为一致的认可。当然，这只是与南太平洋岛国和地区组织的首轮沟通。在进一步落实过程中，一方面中方对世博会主题本身的理解日益深入，另一方面南太平洋岛国和地区组织对世博会主题的理解未必与我相同，因此在 2008 年下半年至 2009 年上半年，南太平洋岛国和地区组织陆续提交的主题陈述，其内容与最初我方提出的建议已有了很大的差距。这些报告的共同特征之一便是，重点强调展示太平洋岛国的旅游资源，将上海世博会当作旅游推介会。而根据第一轮的沟通和设想，太平洋联合馆应当是一个众星捧月的形状，外围为 14 个南太平洋岛国馆，正中间是两个地区组织馆，外围 14 个馆与正中间的地区组织馆之间是一片水域，象征着太平洋，每个国家馆都与中间的地区组织馆由桥梁相连。而具体到每个馆的展示，更多体现的是城市与乡村的多元和谐。因此，从技术角度看，太平洋联合馆的设计方案应当进行不小的修改。但考虑到政治方面的原因，特别是从如何吸引更多的非建交国参与世博会、加强与非建交国的相互了解的角度，技术性问题相对不那么重要。正因如此，在对太平洋联合馆的设计理念及展示方法等的意见与建议中，我更多表示希望其设计团队更加契合世博会的主题，而没有要求其作根本性改变。

正是由于这种相互的沟通与理解，太平洋联合馆最终主题确定为"太平洋——城市灵感的源泉"，重点展示太平洋岛国独特的自然风貌、深厚的文化底蕴以及人与自然和谐共存的可持续生活方式。在世博会正式开始后，我曾多次到太平洋联合馆参观，多数时候是陪同来自世界各地的国家元首和政府首脑参观，我个人也到该馆参观了三次。看着宏观、漂亮的太平洋联合馆，回想起主题演绎过程中与太平洋各岛国的理念互动，心中涌发的是对自身参与上海世博会这一世纪伟业的光荣与自豪。

重中之重的"主题演绎"

龚克瑜

原载《上海世博会主题演绎你我他》，
东方出版中心 2011 年版。

龚克瑜，时任上海国际问题研究院亚太
研究中心副主任。

从 2000 年 11 月 14 日起，上海国际问题研究院（下称国研院）推荐我作为国际交流活动志愿者来到上海申博办，我就与世博会结下了不解之缘，开始进行出访游说、整理国别资料、竞争国研究……2002 年 12 月 3 日，当国际展览局最终投票选定上海的那天，和所有的中国人一样，我激动万分，为中国、为上海，感到光荣和自豪！

2007 年初，国研院领导召集了我和几个同事，将又一项世博任务交给了我们。说"主题演绎"这项任务是光荣而又艰巨的，一点也不为过。"光荣"是因为主题演绎是世博会的灵魂所在，一届成功精彩难忘的世博会离不开好的主题演绎；"艰巨"是因为这是中国第一次承办世博会，主题演绎更是全新的概念，要做好真的太不容易了。

2007 年 3 月 2 日，主题演绎的专家就在世博局举行了第一次会议，世博会执委会专职副主任、世博局党委书记钟燕群强调了成立专家沟通组的目的，上海世博局主题演绎部介绍了有关情况。很快，在上海国际问题研究院俞新天院长和上海图书馆吴建中馆长的召集领导下，整合了国研院、上海社会科学院、复旦大学、上海师范大学、上海外国语大学等精兵强将的"上海世博会主题沟通专家组"成立了，重点研究与各参展国的主题沟通工作。从那以后，世博会主题演绎成了我们这些国际关系研究人员将自己的专业知识和世博紧密结合的最好舞台。

一、重大责任

2007 年 9 月 21 日，朝鲜内阁总理金英日致函温家宝总理，表示朝鲜确认参加中国 2010 年上海世博会。这是世博会 159 年历史上朝鲜的首次亮相。

由于我一直从事亚太地区和朝鲜半岛的研究，当朝鲜预案撰写的重任落在我肩上的时候，我再次感受到"光荣而又艰巨"。

撰写朝鲜预案责任的重大体现在三个"如何"。首先，朝鲜是第一次参加世博会，在如此重大的国际舞台上，一定有不少西方世界关注朝鲜，有的甚至会用异样和挑剔的目光来看待朝鲜，如何帮助朝鲜向世人展示其最好的一面？其次，朝鲜和中国是传统友好国家，特别是老一辈的人提到朝鲜，总是会用"唇齿相依""鲜血凝成的友谊"来描述，他们对朝鲜有着深厚的感情，一定会参访朝鲜馆，如何用朝鲜馆体现出中朝两国之间的传统友谊和友好合作关系？最后，朝鲜和韩国关系虽然起起伏伏，但都是自尊心非常强的民族，同时在世博会上亮相，一定会引来世人的比较评论，如何在财力有限的情况下打造一个同样出色的朝鲜馆？

总之，朝鲜的亮相非常重要，如果说朝鲜馆是大家能够参观、能够看到的实物，那么，主题就是朝鲜馆的灵魂和精神所在，不能够有丝毫的马虎。

二、重要任务

上海世博会的主题"城市，让生活更美好"，英语是"Better City, Better Life"，看起来简单易懂，读上去朗朗上口，可是真的要好好回答"什么样的城市让生活更美好？""什么样的生活方式让城市更美好？""什么样的人居模式和生活方式让地球家园更美好？"一直都是摆在主办方和参展方面前的难题。

专家组的任务就是提供前台、后台的智力支撑，主要工作有：编制国别主题演绎预案；评审各国主题演绎材料；确认各国主题陈述内容；提供基础信息咨询与培训等服务；直接或者间接参与主题沟通有关谈判；等等。

以朝鲜的国别预案为例，我就在 2008 年 2 月向世博局主题演绎部提供了长达 12 000 字的预案，内容包括两大部分：基础资料和沟通要点。基础资料包括就朝鲜的地理特征、民族、语言、宗教、节日、历史等特征，主要城市以及朝鲜的政治、经济、外交情况和与中国关系等，给主办单位明确而又清晰的梳理。谈判要点就是主题沟通的重点和建议，针对朝鲜相对特殊的情况，提出了"由于第一次参加世博会，朝鲜对主题和参展等方面了解不多，我方应该加强沟通""主题沟通建议淡化意识形态的色彩，以中性化的概念强调朝鲜城市的建设和发展""建议主题演绎突出平壤城市是'公园里的城市''绿色城市'等特点"的参考建议。另外，还包括在政治和礼仪方面的注意事项和禁忌，方便我方人员在沟通谈判时加强注意。

上海图书馆则负责朝鲜参与世博会情况这一部分，包括朝鲜参加世博会的历史、朝鲜参与世博会的组织构架等内容，并通过脉络梳理，分析归纳朝鲜与世博会的关系。

三、重视沟通

主题演绎绝对不是"一次性的活"，做完就结束，而是需要专家组、世博局、参展方以及很多相关部门共同的努力，沟通、互动、协调、磋商就成为最基本、最频繁的工作。

由于朝鲜是第一次参加，经验不多，而且亲自来上海与我们沟通并不容易，我们就先努力做好前期工作，每一项工作都有一个复杂的流程，都需要多方人员反反复复才能够完成。比如，预案的撰写就需要先在专家组确定人员，专家明确任务，再与上海图书馆相关人员一起收集材料、分析整理，然后主题演绎部直接与专家联系，或者间接通过专家组的联系人曾原，再多次修改，才交给世博局，再转给相关人员。

由于朝鲜方面的材料并不多，我和上海图书馆方面都尽量去收集朝鲜与世博会相关的材料，经过努力，最终形成朝鲜的国别预案。

就这样，专家组的成员通过不断磨合，归纳整理出一整套的经验，并形成预案相应的撰写格式，给今后的工作带来了很大的帮助和便利。

沟通不仅是书面材料的沟通，更是主办方与参展方面对面的沟通。

2008 年 2 月 26 日，朝鲜代表团来上海参加世博会总代表会议，我们又全体出动，各方积极准备，尽可能抓住这个难得的机会，与朝鲜同志就相关问题——落实、协商。

上海市政府副秘书长、上海世博局局长洪浩会见了以朝鲜城市经营省副相暨上海世博会朝鲜展区总代表李江姬一行。其他同志则分别围绕展馆形式、主题演绎、资金运作等方面与李江姬一行进行了技术会谈。

朝鲜同志表示："从没参加过这么大的世界盛会，开始也曾害怕、紧张，不知道该怎么办，多亏了中国朋友的帮助。"

的确，随着交流沟通的深入，朝鲜方面认识到，通过世博这一平台，可以学习别国在缓解城市扩大化问题上取得的经验，也可以与其他国家交流自己在城市规划和建设方面取得的成果。为此，朝鲜特别成立了世博会国家筹委会，多次遴选方案。最初的设计理念是平壤的城市开发，后来考虑到可能过于注重硬件，为配合上海世博会"城市，让生活更美好"的主题，最终修改为"人民的乐园"。

世博开幕后，我多次以普通游客的身份进入朝鲜馆参观，在这里，我看到了朝鲜以"今日的平壤""作为公园城市的平壤""拥有悠久历史的都市""我们人民的幸福生活"等四个部分来体现"人民的乐园"的主题；我看到了平壤古老又现代的风貌、独特的文化和各项成就；我看到了来自五湖四海的朋友欣赏着朝鲜集民族特色与现代美感于一身的展览。根据统计，在上海世博会184天的展会期间，约650万人次的游客参观了朝鲜馆。

"重大""重要""重视"，在我心中，主题演绎的确就是这样一个重中之重的任务，专家组的工作就是这样默默无闻而又锦上添花。

非洲国家展馆的主题演绎

舒运国

原载《上海世博会主题演绎你我他》，
东方出版中心 2011 年版。

舒运国，时任上海师范大学非洲研究中
心主任。

2007 年春节刚过，上海世博局主题演绎部助理部长毛竹晨到学校找我，聘请我参加非洲国家展馆的主题演绎工作。不久，在世博局的领导下，主题演绎专家组成立了。组长是上海国际问题研究所所长俞新天研究员和上海图书馆馆长吴建中研究员。专家组成员主要来自上海国际问题研究所、上海图书馆、复旦大学、华东师范大学、上海师范大学等单位的专业人员。我和华东师范大学的沐涛教授负责非洲国家展馆的主题演绎工作。

由于世博会第一次在一个发展中国家举办，而非洲是发展中国家最为集中的大陆，它与中国的关系又十分引人注目，因此，如何设计好非洲国家展馆的主题演绎预案，使它成为上海世博会的一个"亮点"，成为主题演绎首先面临的挑战。为了更好地演绎非洲国家展馆的主题，专家组先后在上海图书馆、上海国际问题研究所和上海师范大学召开主题会议，经过反复讨论，最后确定了以"非洲的自然、人和城市"作为主线，展开主题演绎。通过展示非洲大陆广袤美丽的自然风光、丰富的自然资源、对于人类的巨大贡献，以及在城市化过程中的成就和不足，向世界展示一个真实的、充满活力的非洲。

什么是主题演绎、我们需要做什么，我以前没有接触过，十分陌生。世博局主题演绎部负责人作了前期讲解。记得我第一次做的是南非的主题演绎预案，花了几天时间，写了洋洋洒洒好几页，结果在讨论中被否决。专家组提出了许多修改意见。后来大约修改了数次，才算通过。

我和沐涛虽然长期从事非洲问题的研究和教学，并且也访问过一些非洲国家，但是要给每一个非洲国家都设计出一份合格的主题演绎预案，无论是我们的知识储备，还是我们对于非洲国家的实际了解，都远远无法满足这个要求。怎样才能圆满完成任务？我们经过反复讨论，采取了以下几种办法。

第一，向学界借"脑袋"。一方面，利用全国性的学术会议。如在2008 年和 2009 年的两届中国非洲史学术研讨会上，专门列出一个单位时间，由世博会工作人员向全国同行专家介绍和宣传世博会的非洲国家展馆，征求他们的意见。通过这种途径，有效借助全国的学术力量，利用集体的智慧。另一方面，则有针对性地加强与相关专家的联络。比如，在设计尼日利亚馆时，就直接与在尼日利亚生活和学习过的专家取得联系，征求他们的意见。

第二，向中国驻非国家的老大使求教。近年来，有一批中国驻非洲国家的大使由于年龄的关系，已经退休回国。他们曾经长期在非洲国家工作，不但对非洲十分熟悉和了解，而且对非洲饱含感情。他们是国家的宝贵财富。因此，在预案设计中，向他们求教，请他们把关，成为一项必须做的功课。

第三，利用可能的机会，与非洲朋友沟通，征求他们的看法。我们曾经与非洲留学生、非洲驻华使馆官员等进行交谈，倾听他们的想法。

第四，通过互联网，广泛收集有关的资料，尤其是非洲国家最近和最新的发展资料，以此充实预案的内容。

记得在那一年，按照世博局主题演绎部的要求，每一两个星期，主题演绎专家组就要开一次研讨会，讨论设计好的预案。当时人很累，但是心情很愉快。

2007年9月7日，上海市委书记习近平视察了上海师范大学。我有幸向他汇报了非洲联合馆的主题演绎工作。习近平十分认真地听完了我的汇报后，提出了几个问题，比如，主题演绎工作由几个团队承担？当听说只有一个专家组在工作时，他又问怎么样才能保证主题演绎的质量？临别时，他语重心长地说，一定要保证主题演绎的质量。

今天，世博会已经圆满落幕，上海世博会的成功令世界瞩目！在世博会的各种展馆中，非洲联合馆创造了世博会历史上的若干个"第一"，参观人数突破2 000万。在世博会期间，我几次进入非洲国家展馆（包括非洲联合馆和其他非洲国家展馆），看到来自世界各国的熙熙攘攘的参观人群，目睹他们如饥似渴的学习神态，以及参观后的满足感。看到这样的场景，主题演绎工作所遇到的困难、压力、紧张和辛苦在一瞬间已经全从记忆中消失了。

2010年10月，我受邀赴南非参加一个国际学术研讨会。习近平副主席接见了中国代表，并且拍照留念。我看见习近平副主席时，心中泛起的第一句话就是：我们没有辜负国家的期望，上海世博会成功了！非洲国家展馆成功了！

一切始于主题演绎

曾　原

原载《上海世博会主题演绎你我他》，
东方出版中心 2011 年版。

曾原，时任上海图书馆（上海科学技术
情报研究所）读者服务中心副主任。

我是在上海世博会主题演绎总策划师、主题演绎顾问，上海图书馆馆长吴建中先生的带领下，从一片空白起步，开始世博会研究的，而且一进门就是主题演绎。以我的理解，一方面我的世博之旅始于主题演绎，另一方面，主题演绎在筹博办博过程中处于非常重要的设计顶层的位置。因此，套用一句话，我想说，一切始于主题演绎。

一、入门：跨学科的综合，从丰富案例开始

2007 年初，世博会参展工作刚起步，世博局主题演绎部和主题沟通专家未雨绸缪，从"国别沟通预案"做起。这项工作分为四部分：一是该国（国际组织）基本情况全面扫描，二是参加世博会的历史梳理，三是参展上海世博会的主题方案建议，四是谈判禁忌、沟通预案准备。在

这四部分内容中，我们上海图书馆主要承担第二部分，我和同事们一道，负责对每个国家（国际组织）自第二次世界大战之后参加主要几届世博会的参展情况从主题的角度进行梳理，如主题选择、主题演绎与深化、现场布展、文化活动甚至组织构架、资金来源、媒体评价等。同时，我还是上海世博会官方参展者主题沟通专家组的学术秘书，负责与各位专家的联系、沟通专家组和主题演绎部的联络，并做好每一次的会议纪要。在这一阶段工作中，印象最深的有两件事。

亚洲某国是第一个"国别沟通预案"的被研究国。因为此前没有任何经验，"国别沟通预案"到底做成什么样子，大家心里都没有底。这一任务交给上海国际问题研究院张海冰博士和我。我发挥了文献检索和信息分析的能力，从参会简史、运作模式、主题演绎、简要评点、个案扫描等五个方面梳理了该国参加的历届世博会的情况。对其主题演绎的特点，我在提交的材料中，概括了该国历史上参加世博会主题演绎的几个特点。另外，该国官方网站报道只介绍了其参与过的五次世博会，但我还从该国国立大学建筑系的网页和大阪世博会官方手册上查到该国官方网站没有报道的参加 1970 年大阪世博会的详细情况。我们建议把展示主题定在"城市多元文化的融合"方面。约两年后该国参展上海世博会的方案正式出炉后，比照我们的这份预案，我们认为此前的研究是到位的，"×国预案"为下一步工作做出了一个模板。从该国开始，沟通专家组的"国别沟通预案"工作大踏步向前。截至 2008 年 2 月，这样的"国别沟通预案"一共完成 115 份，涵盖了全部非洲国家、亚洲、南太、中北美、南美的绝大多数国家以及不少欧洲国家。

第二件事是非洲国家的"国别沟通预案"。世博会组委会对非洲参展工作非常重视。主题沟通专家组对非洲国家做了深入而全面的研究。

我参与了绝大多数非洲国家参加历届世博会的资料梳理工作，并在对每个国家逐一分析的基础上提交了《以爱知、汉诺威两届为例回顾——非洲国家参加世博会三点事实性分析》的报告。这个报告给领导、专家留下深刻印象，大家连说"没见过，想不到"。

回顾这段经历，我觉得我是幸运的。刚入门，主题演绎并没有给我高不可攀的感觉，而是一开始就接触丰富的案例，让我始终充满了兴趣。"国别沟通预案"准备是一个跨学科进行大综合的过程，涉及地理、政治、经济、科技、文化、外交多个方面。这其中，图书查阅和情报搜集能力也让我迅速进入角色，从门外走到了门内。

二、深化：形成互动机制，做好决策参谋

2007 年下半年开始，陆陆续续有各国（国际组织）的主题陈述材料报给主办方。按照国际展览局第 1 号特殊规章，参展方有义务事先向主办方提交主题陈述材料，后者也必须对此进行反馈。在这个过程中，主题沟通专家组承担着决策参谋的角色，正常运转需要解决工作机制问题。

由于专家是兼职、分散的，要有个高效的机制把各个环节联通起来，让信息流转通畅起来，同时还要确保信息的安全性。经过一段时间的摸索，形成了上海世博局主题演绎部一位同志（因工作需要，这个角色曾由多人轮流担任）、上海国际问题研究院汪蕾、我等三人组成的平台。随着筹博工作节奏越来越快，到了后期，有时需要我们在一个工作日内作出反馈。截至 2010 年 2 月希腊提交的主题陈述，主题沟通专家组共有 278 人次完成了 136 个国家（国际组织）的主题陈述评审工作。

对各国提交的主题陈述的评审，很多是肯定的结论，但更多的是建

议，甚至是数次的修改反馈。其中一个基本工作逻辑是，考察参展方提交主题和本届世博会主题之间的契合度；评估对这一主题进一步展开过程中实现的可能性、关联度；从政治、文化、社会、外交等角度关注有无引发纠纷、冲突的因素；综合评析后最终提出建议。我清楚地记得，拉脱维亚提出了"飞翔的拉脱维亚，东西文明的交汇"的主题，专家在肯定其主题性时，也提出请"确认一次能让多少人'飞翔'，是否足够安全，会不会造成等待的观众的拥挤"。我相信，当上海世博会举办之时，拉脱维亚馆的方案一定听取了专家的上述意见。虽然这样的修改使得本届世博会没有多少参观者能真正体验到"垂直风洞"的乐趣，但安全却得到了真正的保障。

三、延展：主题指引，高屋建瓴

此后，我对上海世博会的参与也越来越多，越来越深入。虽然每项工作有其自身的特点，但我又分明能感到主题的引领，可以说，这些也是主题演绎工作的一部分。

2009 年初，我承接了上海市哲学社会科学基金项目"世博会论坛主题演绎研究"，其后，又参与了系列主题论坛议题的设计及评审工作。如何安排高峰论坛和主题论坛在议题上的关系，如何从一个主题五个副主题形成六场主题论坛的方向和主题，每场主题论坛内部又如何去发展它自身的大会和平行论坛，我认为这些工作本身就是主题演绎。

2010 年初，我撰写了《世博文娱指南：城市的一场赏心乐事》一书，对作为世博会三要素之一的文化娱乐活动进行了全面梳理。这本书不仅仅扫描了历届世博会那些让人流连的文娱活动类型及样式，更从文娱活动产生的背景及其对主题的呼应与发展作了阐释。这也需要与主题的契合以及演出内容和形式的深度演绎，否则，世博会中的文娱活动跟一般的游乐场、文艺演出有什么区别？世博文娱活动的生命力体现在哪里？

世博会开始之后，在两个月的岗位志愿者服务中，此前主题演绎工作的经历也很好地提升了我的志愿服务工作。我的岗位在新加坡馆南面广场，当参观者希望我介绍周边展馆时，我告诉他们新加坡馆、马来西亚馆、尼泊尔馆等的情况。但事实上，直到志愿服务结束之后我才有时间进入这些场馆细细参观，而问答时的素材还是来自主题评审工作和此前的宣传材料。

世博会开始之后，在半年时间里，我作为普通参观者按照自己的节奏去丈量世博园区，感受世博乐趣。因为有此前工作的经历，和其他参观者相比，我不仅有快乐的体验，更有研究的眼光。10 月 30 日晚间有幸参加有国际展览局主办的"2010 年上海世博会颁奖晚会"，邻座让我对接下来的展馆主题演绎奖作出预测，我根据自己参观的印象提了德国、新西兰、智利、爱尔兰、马来西亚等国家，没想到，绝大多数国家馆名列其中。这是此前的主题演绎工作经历和半年的现场体会让我有如此高的命中率！

中国 2010 年上海世博会已经成为人们心中成功、精彩、难忘的记忆，主题演绎工作也告一段落。然而回顾此前的经历，我认为主题及主题演绎始终处于顶层位置，主题是灵魂，世博会主题演绎是一个体系，是贯穿一届世博会整体框架、内容和过程的指导思想。不仅有其自身的工作逻辑，又对世博其他工作给予引领和指导。能围绕主题演绎开展些许工作，这是我个人的荣幸，我会将世博主题演绎记忆好好珍藏。

慢慢走近她，三年匆匆过

汤丽蓉

原载《上海世博会主题演绎你我他》，
东方出版中心 2011 年版。

汤丽蓉，原上海世博会事务协调局主题
演绎部主管。

2000 年我参加高考，作文要求是为世博会选择一个主题；硕士研究生毕业后，到新的工作岗位上接受的第一个项目又与世博会发生了"串联"——梳理部分参展国参与往届世博会的情况，之后又撰写起了《世博情报》这样的内参；一年后，有幸被借调到上海世博局主题演绎部，至此完成了身份角色的转换，变成了一个世博"圈内人"。

清楚地记得到世博局报到的那天是 2008 年 5 月 12 日，这一天在遥远的汶川发生了地震，对于我这样一个一向不记日子的人来说，报到的日子也变得让我更加印象深刻。

一、参展合同阶段是主题沟通的开始

根据《上海世博会参展指南》的规定，每一个参展方在签署正式的参展合同之前都需要向组织方递交一份《主题陈述》，表达自己的参展目的以及对上海世博会主题的理解，告诉组织方自己的展示内容框架，而且这份文件应当得到组织方的认可。在我看来，这份包括展示目的、展示主题、主要展示内容和展示手段的正式文件，更多的是参展方对上海世博会主题的独特解读，是参展方对上海世博会主题的贡献。

一般而言，评判一份《主题陈述》通过与否的主要标准，是看对方是否说明了其对上海世博会主题的独特理解、是否给出了主要的展示内容以及这些展示内容是否符合上海世博会的主题、参展方的参展目的是否正当等。在具体回复参展方《主题陈述》意见的时候，我们会有"通过""基本通过"以及"建议修改"等意见。"通过"类答复在发达国家、有世博经验的国家中占较大比例；对于完全与世博会没有关系，仅仅是国家概况介绍，我们就请对方修改，有两三个国家的《主题陈述》到了第三版才获得通过。当然，由于多种因素的综合作用，有的《主题陈述》写得好，实体展示却不一定好；而《主题陈述》写得一般，实际展示方案未必就差。

在主题沟通的过程中，我们遇到了很多问题：首先，由于参展沟通工作机制的规定，世博局与各参展国之间在主题沟通方面没有直接的渠道，我们与参展方的沟通并不顺畅，效果有限。其次，由于参展涉及的具体问题较多，时间很紧，一部分参展国在没有完成《主题陈述》的情况下，往往会提出先签约后补交《主题陈述》。为了尽早让这些国家进入装修布展阶段，我们原则上都给予了同意的答复，要求参展方事后或者在装修布展阶段补交。但是，事实上事后补交的国家寥寥无几。最后，由于参展方负责世博项目人员的变更或者公关公司的出谋划策等，原先的主题可能会发生变换，却不告知世博局。

在接触参展方《主题陈述》的时候，明显感觉到一份《主题陈述》

表达的理念与一个国家的发达程度或者说与国家的自身发展情况息息相关。欧洲、部分亚洲和部分大洋洲国家由于经济发展到一定水平，制度也相对稳定，所以一般选择与环境和谐相处这类的话题。而像非洲国家，他们可能会认为经济发展对城市生活很重要，甚至有的国家提出，和平安全问题是城市的根本。还遇到一些比较有意思的主题，比如丹麦馆的"梦幻城市"、法国馆的"感性城市"、克罗地亚的"多样的城市，多样的生活"。

二、装饰布展阶段是主题沟通的进一步深入

展示设计包括概念设计、建筑方案设计、初步设计（扩大初步设计）和施工图设计这些步骤。这个阶段主要是了解参展方的装修布展方案。然而，由于设计内容不够深化，而且真正把全部内容递交给组织方的寥寥无几，很多时候无法充分了解参展方所要展示的具体内容，更多的是这里放一个视频投影，那里放一个展柜。

2008 年开始制定《装修布展方案》的时候，提到由世博局若干个部门共同负责审核。我们主题演绎部提出的审核的要求是，"《展示方案》要符合《主题陈述》的要点和精神"。回过头来看，当时这样的要求过于笼统。事实上，后期进入展示工程的实施，参展方往往不再按照《注册报告》的要求向组织者提交《展示方案》；而技术磋商机制中，具体展示内容的沟通也往往被忽略，这增加了世博会开幕后与各参展方展示沟通的工作量。

到了 2009 年，部分参展国提交了《装修布展方案》。我们依据《注册报告》对此的审核，主要是看其展示内容与原来提交的《主题陈述》

是否一致。当然，在实际操作中，更多的是尽量尊重参展方的展示设计，只是审核是否有不适合展出的内容。也有些原先很吸引人的方案由于无法通过消防审核等原因，被"枪毙"了。到了后期，由于时间紧张，有些方案只有施工图，所以更让我们犯难。为了审查馆内的布展是否会出现不符合国际展览宗旨和中国国情的内容，我们常常要求他们把馆内可能出现的文字、影片等也一并递交给我们。

这个阶段印象比较深刻的是审核一些非洲国家的《装修布展方案》。当时与我一起承担与各国主题沟通的同事出差，所有工作都堆在我这里。经常是几个甚至是十几个国家的《装修布展方案》一起过来，白天我参与沟通，临近下班的时候就递交审核申请了。

至今，我对某个非洲国家的《装修布展方案》仍记忆犹新。当时在审核方案时，文字说明写着有三个岛屿，但效果图片上显示有四个，我就去查阅了我们外交部的网站，资料显示这个国家是由四个岛屿组成。那么展馆内究竟摆放了几个岛屿的模型呢？我向布展方案的递交方即布展服务供应商提出了疑问，但是迟迟未得到对方的回复。以后，突然接到层层传来的高层领导指示，说该国通过外交渠道向我国反映，说他们国家有四个岛屿，为什么展区内只放置三个？我和季路德部长赶到非洲联合馆布展现场，发现馆内实际上布置了四个岛屿。我们当场拍照取证，回去后又层层上报，告诉外方。我相信，这里肯定有沟通上的原因，但究竟哪个环节出问题，我到今天都还不知道。

三、评奖阶段是对主题沟通成果的验收

如果说 5 月 1 日世博会开幕的第一天应当视为参展方主题演绎或者说主题沟通成果的展现，那么，评奖就是对主题演绎或者说主题沟通成

果的验收。

2010 年 7 月、2010 年 10 月，国际展览局组织的评奖委员会对世博会场馆进行了评选，我们主题演绎部作为组织者的代表协助评奖。两次评奖，评委"仁者见仁、智者见智"。我在我们主题演绎部曾发起过一个小小的展馆评选倡议，来个"山寨版"评奖。同事评选的结果是，分歧很大，谁也说服不了谁。

说到好与不好，稍微岔开来说一下。对于城市最佳实践区的深圳案例馆，很多世博局同事都喜欢有加。然而，不少政府官员、普通观众反映看不懂，没有什么好评。意大利馆也有两种完全相反的结论。为什么会造成截然相反的两种结果呢？可能是艺术欣赏的习惯、生活的阅历、个人的喜好等因素决定的吧。还有，排了七八个小时队去看沙特馆的人，被问起参观感受，很多人不假思索地说值得，也有人说不值得，有虚此行。专家、普通游客、文艺青年等的欣赏要求不同，判断的标准也不同。

世博会结束已经有一段时间了，心中一直有个疑惑：为什么好的方案不一定好看，为什么方案看上去不怎样，实际效果不一定差呢？就个人而言，这两个例子就是主题馆的城市地球馆和城市人馆。之前，我很喜欢地球馆的设计方案，觉得它逻辑思路清晰，方案也很有新意。但是实地参观后，没有想象的那么好，好像是一个科普馆。难道我的期望太高了？另一个就是城市人馆，之前觉得方案一般，但实地参观后，还是给我留下了更深的印象，也相对喜欢。

艺术创作需要尊重创作者从专业角度出发的努力，旁观者不宜过分干预。另一方面，如果我不在世博局主题演绎部门工作，而是一个普通观众，上面那些观点是否会不一样呢？

酸、甜、苦、辣
——记上海世博会主题沟通中的四味体验

叶建英

原载《上海世博会主题演绎你我他》，东方出版中心 2011 年版。

叶建英，原上海世博会事务协调局主题演绎部主管。

我于 2009 年 4 月 1 日来到世博局主题演绎部，负责与国际参展方的主题沟通工作。

好多人眼里，主题演绎部是一个二线部门，应该是坐在办公室的"宏观部门"之一，不像国际参展部或片区部是在一线与参展方沟通的团体。但是真正了解的人都明白，"世博会看什么""世博会各场馆都展些什么"，类似这些问题都是主题演绎部的主要工作内容，主题演绎部必须自始至终抓住这条筋，一直在一线保持与各参展方的直接沟通，确保所有的展示都不偏离上海世博会的主题，同时也避免出现国际矛盾和政治问题。

一、沟通什么

依据国际展览局、上海世博会有关规定，世博局在与各国签署参展合同时，明确要求各参展方提交《主题陈述》，明确其展示的主题和整体内容。主题演绎部与外国参展方沟通的主要内容是从与外方签署参展合同到最终展馆布展这一过程的每一个不同的阶段，与各参展方就其展示主题和内容是否符合上海世博会主题进行沟通。

在这一年多的时间里，与国外参展方的主题沟通工作就如同多味瓶，酸、甜、苦、辣样样俱全。

二、酸——中外对世博会"主题策划"环节认识的差异

到 2009 年下半年，各参展方逐渐递交了《装修布展方案》。围绕《装修布展方案》，各国参展方代表陆续带着他们的设计师到中国，与主办方就各方面内容进行沟通。世博局负责沟通的牵头部门是技术办公室，每当有参展方来到，技术办就会召集世博局工程部、消防部、新闻宣传部等，当然也包括主题演绎部与外方沟通，专有名词叫"技术磋商会"。

参展方前来参加沟通时，一般都会介绍展示方案。特别是欧美国家，一般都有一支非常有创意的主题方案策划团队，对展示的主题和内容进行由浅到深的演绎和深化。先让主题演绎这个"魂"打动人，然后围绕这个"魂"再进行硬件的策划。但作为主办方，在技术磋商中，更多还是关注工程施工方面的内容。开会时其他部门的同事问我"你们主题演绎到底是做什么的"，我除了解释，内心也难免有些无奈和酸楚。更酸的是，在很多磋商会议上，外国参展方一开始就会自己或让设计师介绍展馆内容策划，但从工程施工方面看，这些介绍似乎"不必要"，所以他们的介绍经常被打断，要求他们先介绍工程施工，这使得一些外

国参展方非常疑惑。有一次，一个国家展馆的设计师团队五六人都来到会场，技术磋商会议从头到尾没有让他们介绍方案，老外几次打断主持人的讲话，说他们的设计团队好不容易来到中国，期望能给他们机会在会上阐述一下他们的创意和方案，但最终没能如愿。我作为主题沟通部门的一员，很多时候不好强硬要求一定让外方先介绍展示内容。只好在会场听了1—2小时的施工磋商后，最后留下单独与外方谈几句。我觉得从总体上讲，组织者与参展方在主题理念、展示内容方面积极沟通，是确保上海世博会精彩的重要工作。现在碰到这事，能不"酸"吗？

我经常想，为什么会出现这样的局面？也许这是我们第一次办世博会，大家对主题演绎的重要性都没有很深的概念，而对于很多外国参展方来说，他们已经认识到创意和展示主题内容是一次策展成功与否的关键之一。由于缺乏经验，很多"形而下"的属于"器"方面的问题到了临近世博会开幕前才暴露，由于时间的紧迫，确保世博会准时开幕是首要目标，那些所谓"形而上者谓之道"的问题就不是当务之急了。

三、甜——海内存知己，天涯若比邻

磋商会上漫长的等待虽然酸，但是会后独辟时空的沟通却又给了我们无尽的甜。会议结束，国外参展方团队就会拿出他们准备好的展示方案，耐心地和我们讲述他们创意的由来，他们从主题到展示的精彩内容，对于我来说，每次这样的沟通都是一次开阔眼界的学习，都是很"甜"的。每一次我都怀着很大的热情，耐心地聆听他们的创意，琢磨它们是怎样从一个主题演绎成为一个个精彩的展示方案的，同时也提出他们方案中和我们主题不符之处或者是要注意的地方，比如避免外交纷争等内容。给我印象最为深刻的是，当时亚美尼亚馆馆长一行专门来到主题演绎部，用了近两个小时的时间讲述他们以"世界之城"为主题的创意。虽然由于工作强度大，每次听完都会有疲惫之感，但是那种创意的点拨和新知识的大量输入却让我忘却疲惫，无比幸福。现在回想起来，整个世博会筹备及举办期间无数次这样的沟通，让我就像一个知识的暴发户，每天不停地往里面装知识、装创意，有一种来不及消化之感。

四、苦——争分夺秒，淹没在文山会海

记得从 2009 年底，特别是距离世博会开幕倒计时 100 天起，整个世博局的氛围突然紧张，主题沟通工作也进入了剑拔弩张阶段。因为此时，很多参展方还没有递交《装修布展方案》，甚至还有部分国家没有正式签订参展合同。世博局从上到下都很着急，一边是局里组织人马一拨一拨出访沟通，另一边是局内各部门加快脚步，以最大的效率推进工作。从 2009 年底开始，各参展方的方案突然如洪水般涌入，每天除了从早到晚的磋商会外，还要就他们递交的展示方案提出书面审批建议。文山会海，名副其实的"五加二，白加黑"，让我们忙得不可开交。对于大多数办博人来说，当时最大的愿望就是睡个好觉。

2010 年春节，我们休息了不到三天时间，初三正常上班，接着忙。年后，200 多个参展方，递交展示方案的只有一半多。主题演绎部依据《注册报告》的规定，草拟了《关于提交展示内容致各参展方的函》，经局领导批复后，以中、英、法三种文字分别发给了各参展方代表。随着函件的发出，组织者了解了更多的展示信息，对以后的主题沟通和宣传

起了一定的积极作用。

功夫不负有心人，争分夺秒的忙碌过后我们开始收获。2010 年 4 月 29 日傍晚，我和同事俞康乃伴随着夕阳来到世博园 C 片区，恬静的世博园仿佛一位整装待嫁的新娘，屹立在浦江畔。那时的我们是无比满足和幸福。站在瑞士馆里，隔着网格和小红盘看向对面，偶尔三三两两的外国工人还在做最后的准备，不禁感叹：这苦，值！

五、辣——荆棘丛生，一山更比一山高

2010 年 5 月 1 日，上海世博会成功开幕。但是世博会主题沟通真是荆棘丛生，一山更比一山高啊！

上海世博会，参展方是前所未有地多，虽然大家都是前来展示文化的，但是世界纷繁复杂，各国的展示难免带来或多或少的国与国之间的矛盾和冲突。作为主办方，要处理好这些问题真是棘手啊！

这个问题在前一阶段审核各参展方展示方案时，就已经发现苗头了。比如某国展示的一张地图涉及领土纠纷、某国的展示图片涉及宗教冲突等，但不知道怎么处理。要说有关，局里甚至是市里的各个部门和单位都有关，都会来问"发生什么了，该怎么办"；要说无关，现有的体制中没有一个机构专门处理这类问题，现有的机制中没有一个环节讨论这类问题。但由于前期的主题沟通由我们主题演绎部门负责，季路德部长和我们先后拜访市民宗委和市外办等部门，提出处理这些问题的原则和思路。市领导、局领导很重视，2010 年 2 月，正式建立了处理此类问题的工作机制，局里相关部门和市里相关部门都参与了。世博会开幕后，从局法律事务部调入我部门的孙明磊，带领我参与各种协调，解决

各类问题，那些日子，我们在太阳下行走，在展馆内了解情况，与各参展方多次交谈，以低调、有理、有利、有节的原则和方式，及时解决了一些可能出现的问题，以及观众发现并反映的问题。到 2010 年 10 月 31 日上海世博会圆满落下帷幕，没有出现过一起外交争端事件。

总而言之，事情是"辣"了点，但处理的关键是"齐心协力"，各单位、部门齐心协力，一致配合。我想这种精神要是能一直发扬，任何困难都是可以克服的。

上海世博会官方评奖工作之幕后一瞥

殷舒啸

原载《上海世博会主题演绎你我他》，
东方出版中心 2011 年版。

殷舒啸，原上海世博会事务协调局主题
演绎部主管。

我从 2009 年 8 月底开始参与官方评奖筹备工作，有幸经历了从此以后的大部分环节。2009 年 8 月底至 2010 年 6 月底是评奖工作的筹备期，过程长，环节多，这里略过。我主要回忆我作为评委会工作组，协助评委会在世博会开幕期间考察的大致过程和若干细节。

一、评委会

官方评奖的评委会由九位评委组成，分别是国际展览局主席蓝峰、秘书长洛塞泰斯、名誉主席吴建民，以及意大利建筑师博艾利、美国哈佛大学教授布斯盖兹、日本爱知世博会事务总长中村利雄、美国麻省理工学院建筑系主任张永和、韩国首尔历史博物馆馆长康泓彬、美国南加州大学建筑系主任马清运。除了前两位，其余七位评委都由国际展览展局推荐，并由组织者邀请并任命。

二、评奖日程

评委会在上海的评奖工作分为两个阶段：2010 年 7 月 5 日至 9 日为第一阶段，实地考察 A、B、C 三个组别的 83 个自建馆和租赁馆，并选出 38 个馆入围"复赛"；10 月 25 日至 28 日是第二阶段，考察 D 组的 10 个联合馆以及入围的 38 个馆，并评选出所有获奖展馆。

三、签证乌龙事件

7 月 4 日有四位评委抵达上海，其中两位由我负责接机。上午 11 点顺利接到布斯盖兹夫妇并送至酒店后，我回到家里，等下午 5 点再去接康泓彬馆长。下午 2 点左右，我接到一个来自韩国首尔机场的电话，得知康先生的签证出了问题，他在连连致歉的同时，表示自己立刻想办法去办理签证，并尽快飞抵上海。原来康先生的中国签证是半年有效，但还剩一天就要到期，而他自己以为还在有效期内，到了机场才发现。7 月 4 日是周日，使馆照例休息，办理签证最快也要到周一早上。结果康先生迅速搞定了签证，在 5 日下午就赶到上海，直奔园区，开展工作。

意大利的博艾利先生定于 7 月 5 日早晨 6 点抵达上海，相关同事已经入住机场内的酒店，等着早起接机。结果 4 日晚上得到消息，也是因为签证关系，博艾利没有登上来沪的飞机。当时考虑到最快办理完签证并飞抵上海需要两天以上，而第一阶段总共四天半。洛塞泰斯很客气地对博艾利说，您这次就别来了，下次再来吧。

四、4 天半，83 个馆

7月5日上午8点半，评委会举行第一次会议，上海世博局洪浩局长代表组织方出席会议并致辞。会上选出了吴建民大使作为评委会的新闻发言人，并基本明确了实地考察与评分的方式方法。9点半，评委们到达日本馆，开始考察 A 组的第一个展馆。

为公平起见，A 组 19 个全部考察完后，再考察下一组，A、B、C 三组都是从 A 片区到 C 片区的考察顺序。计划中，A 组每个馆的考察时间为 45 分钟，B 组 35 分钟，C 组 25 分钟。实际看馆时，像日本、泰国这些馆，由于参观路线的原因，必须全程看完，否则出不来，其他凡可以自行控制参观时间的展馆，大多不需要原计划的时间。评委们边看，边记录，边讨论，实际进度比原计划要快了不少。

即便如此，每天的工作量也很大。以 7 月 5 日为例，从上午 9 点半开始看馆：日本、韩国、沙特、印度，午餐 1 小时，阿联酋、印尼、澳大利亚、西班牙、比利时、瑞士、法国、德国，看完已是晚上 6 点多。然后晚餐，20 点 40 分吃完回酒店，从早晨 8 点半会议开始，已超过 12 个小时。

也只有这样紧的行程，才能在 4 天半里考察 83 个独立馆，还能有半天时间举行新闻发布会。

五、工作组分工

上海世博会参观人数极多，为了提高效率，也为了客观公正，评委考察展馆有两个原则：一是不影响普通观众的正常参观；二是除了快速进馆，不接受其他超规格接待。这给我们工作组带来了很大的困难，如何保障评委会考察展馆，尽量节约时间，同时在茫茫人群中组成团队（评委一进入展馆，就如鱼入水，很可能分散），需要工作组的合理分工与紧密配合。

我们工作组的分工为：联络队（一人）、接应队（两人）和陪同队（七人左右）。以 7 月 6 日为例，"操作流程"是：上午 9 点，联络队、接应队及陪同队的三人在荷兰馆集中，联络队与荷兰馆的接待人员接头，让他们做好准备，等待评委到达。同一时间，陪同队的另外四人在酒店接评委会上车。9 点 15 分，评委会到达荷兰馆，与馆方人员略为寒暄后，开始考察。联络队和接应队立即赶赴英国馆，联络队通知馆方做好准备并确认评委会进馆入口（通常是快速通道或贵宾通道），接应队返回荷兰馆，在出口等候，同时确定从荷兰馆出口到英国馆入口的最佳路线，交通方式是步行还是坐车。陪同队负责"看护"评委，以防他们在茫茫观众里走失，二可适当提醒个别"落后"的评委加快脚步，赶上其他评委。三队人员用对讲机随时保持联系，报告目前的进度。所有评委在出口集合后，由接应队引领，在陪同队的"护卫"下，步行至英国馆。联络队接到评委会后，与接应队一起赶赴意大利馆，开始新的一轮考察……

六、移动休息室

考察过程中绝大部分的交通方式是坐车。评委和陪同乘 22 座的中巴，联络和接应的轿车兼作引路车。原则上选择坐车，这既有安全方面的考虑，也是为了让评委能有休息的时间，哪怕只休息几分钟。7 月 5

日到 9 日的那几天，又闷又热，有时还下雨，中巴就像沙漠绿洲里的帐篷，大家可以坐下来凉快一会儿，喝口水。有好几次，特别是下午，到了该下车的时候，评委都"赖"着不动，非得我们催一下，才慢慢起身离开这个舒适的"移动休息室"。

七、热情的总代表

在联系展馆时，我们特别声明，只要求馆方为评委提供快速进馆的便利，不需要其他特殊待遇。大部分的馆照做了；有些馆的馆长或总代表在入口迎接，然后让评委自行参观；有些馆在迎接后，安排导览陪同讲解；也有个别馆方领导亲自全程陪同。当然，所有邀请评委去贵宾室坐坐的"盛情"都被婉拒。

最难忘的是哈萨克斯坦馆。7 月 7 日下午 15 点 58 分，评委进入该馆考察。总代表是位强壮干练的西亚女性，全程陪同并亲自讲解。最后一个展区里有个小舞台，"恰好"有位美丽的姑娘在表演歌舞。看完演出后，评委正欲转身离开时，总代表一把抓住洛塞泰斯，邀请他上台共舞。总代表笑容满面，热情似火，而国展局秘书长却想早点脱身。围观的众评委在 7 月 9 日下午的总结会议上，纷纷表示对此幕印象深刻。不知是不是这个原因，最后的获奖名单中，没有出现这个馆。

八、第二阶段

第二阶段开始前，我们接到消息，评委博艾利因为要竞选米兰市长，不能在竞选前来到"遥远"的上海。于是这位"神秘"的意大利先生自然"退出"评委会。

因为第一阶段的工作模式相当不错，评委和工作组对于整个项目都比较熟悉，所以第二阶段相对轻松。主要的不同在于要考察 D 组的 10 个联合馆，在一天内看完，并评出 D 组的获奖展馆。这是第二阶段第一天（10 月 25 日）的工作。

评委们一鼓作气，在 26—27 日两天内看完了 A、B、C 三组入围"复赛"的 38 个展馆。其中有些印象深刻的馆，就直接跳过，比如没获奖的哈萨克斯坦馆，比如获金奖的英国馆。

九、评奖会议

10 月 27 日下午 4 点至 6 点，评委在世博中心的会议室里开会讨论，从 38 个展馆中选出 28 个（含特别奖的世界气象组织馆）。当时洛塞泰斯另有急事，不能在会议现场。因此开会到了最关键的时候，秘书长通过电话与评委交换意见，讨论得出了最后的获奖名单。

至此，评奖工作基本结束。

展示全记录之二三事

费晓舟

原载《上海世博会主题演绎你我他》，
东方出版中心 2011 年版。

费晓舟，原上海世博会事务协调局主题
演绎部主管。

不知在世博局工作的其他同僚是否也有同样的遭遇，我自己则常常要花上些功夫才能让其他部门的人明白我的工作是什么。他们也许感兴趣的是我们在开园期间所能享受的便利之权，如"主题演绎在开幕以后不就结束了？主要工作就是到处看场馆了吧！"净是些酸溜溜的羡慕之类。想起六个月中的大部分时间都在奔波中度过，恨不得一口气道尽个中滋味。

其实也不能怪这些不知内情的人。主题已然确定，展示工程紧锣密鼓地开工，从抽象概念的提出到完成具体的展示结果，主题演绎似乎随着开幕倒计时归零而终止。那么，最终呈现的展示效果是否能符合当初设想的内容策划与理念体现？普通参观者也许只满足于走马观花的快餐式浏览，但我们可以通过影像手段把展览的现场真实记录下来，让后人分析怎样才是一个成功的主题展览。这些鲜活的素材六个月以后就不存在了，不记录下来实在有些可惜。"这样的机会也许此生再难寻觅。"有同事这样说，我深有同感。

这件说大不大、说小不小的事情就这样上马了，行动对象为所有场馆——自建馆 42 个、租赁馆 44 个、港澳台 3 个、联合馆 11 个（共 128 个参展主体）、企业馆 18 个、城市最佳实践区建设案例 13 个展馆 33 个案例、中国省区市联合馆 29 个、中国国家馆与主题馆 5 个。记得项目启动前第一次开会，我本来以为需要我们做的只不过就是为拍摄人员进馆铺平道路，联络沟通馆方顺便协调而已，没有想到这项工作竟成为日后难以磨灭的深刻记忆。

一、浦西先练兵，浦东重头戏

我们先从浦西开始拍摄记录工作，项目负责人朱航排出了一张项目流程图，整个步骤从发函—拜访—踩点—拍摄—采访—完成，配上各组的人员和时间节点，一目了然，心中稍微安定了些。

在组织开会与各企业馆代表沟通后，刚到我们这里不久的杨宗伟就立马带着我们几个人一家家企业馆去拜访。从韩国企业联合馆开始一家接着一家，对各馆的位置分布以及交通到达方式形成了切实的概念。总的来说，企业馆和城市最佳实践区的交涉非常顺利，基本上受到了热情接待和支持。

然而浦东就没这么顺利，要召集所有馆方代表开会本身是不可能完成的任务。一不做二不休，大家分别拿着致馆方的信函直接去馆里交涉。令人始料不及的是，一些热门场馆从门卫到馆内工作人员都很难接受我们的说辞，总以为我们是假借拍摄之名，行便利参观之实。在烈日下一番好说歹说，对方才相信我们师出有名，并非蹭馆。好几次被对方安保人员堵在门口长达一小时之久，百般推诿到最后不了了之！千辛万苦冲过了重重"关卡"，最终获得了与馆方相关负责人交涉的机会，随后的沟通，一改之前的冷漠，交流中洋溢着愉快和真诚，绝大部分馆方还是非常支持和欢迎我们的，总算顺利通关。

二、多功能小组长打造记

馆方允许进入，踩点和拍摄就提上了议程。我们分成三组，每人各自配备志愿者助理一名，外包团队摄像人员一名、摄影人员一名、助理一名。此时已不再是和馆方交流感情这么简单了，从联络馆方约踩点时间，排好拍摄日程通知馆方，到准备园内小电瓶车运送拍摄人员，确认时间，监督指导志愿者助手做好展示记录，安排就近吃饭，均为分内之事。拍摄企业馆时我们几个就发现，摄像师和摄影师在没有任何要求的前提下，只会凭自己的喜好去拍摄馆内的展品展项，而对于展区的空间布局不甚在意。而所谓摄影小助理本身都是些在读的大学生，经验全无，还需我们解释告知哪些是重点展项，哪些是不可遗漏的拍摄部分，然后她们再去引导摄像师。我们只得带着志愿者与摄影助理去馆里按照参观者的行走路线走一遍，研究商量出拍摄的重点和方法，再与馆方约时间带上机器设备进去拍摄。一次在日本产业馆的拍摄中，对方特意为我们辟出晚上闭馆后的时间清场拍摄，不料摄像机竟然临时没电，最后赶紧去找了一个又长又重的工程用电源线板，一路拖拽着跟随摄像机跑完整个馆。

盛夏的极端气候，暴热暴雨，通常是我们在园区内奔波的时候。有一次好不容易约到了瑞士馆的拍摄，排在塞尔维亚馆的拍摄时间之后。刚刚收拾完设备，只听一阵轰雷巨响，惊得呆了半晌也没反应过来。天公不待见，突降瓢泼大雨，瑞士馆缆车亮起红灯闭门谢客，光线也不甚理想，拍还是不拍？兴冲冲的一干人等还是不愿意放弃这个难得的机会。拍！除了缆车还有建筑空间呢，大不了为下次晴天拍摄预练一次！情急之下，只能从保洁人员那里拿来黑色大垃圾袋两只整个儿套在摄像师身上，同伴像牵着盲人过马路般一路跟跄地把人和机器拖到瑞士馆。本来短短的两三分钟步行变得异常艰辛，手里的雨伞虚弱地抵挡着强风骤雨，一行人就这样浑身湿透抵达瑞士馆，看着彼此的狼狈样哈哈大笑，共苦的乐趣尤为难忘。

三、交流的魅力

整个过程中，时刻都在与形形色色的人打交道。菲律宾馆最初与我们接洽的人员离职，之前所做的一切又只能从头来过；列支敦士登馆在约好拍摄的当天空调坏了，特地致电要求改期……他们都以非常负责的态度面对我们。通过这个项目，我们天天和这些外国人接触，深深感觉到沟通和交流是多么必要而且重要的一件事。徽章本来作为园内流通的紧俏货，如果好好运用会是件皆大欢喜的好事，作为答谢对方提供拍摄便利的小礼物就很合适，有时交换徽章还能减少我们在安保人员这关耗掉的时间，但却有这么一回，合作团队的部分人员趁我们拍摄采访之便，频繁向对方索要徽章，一而再再而三，令我们几个带队的瞠目结舌，在馆方人员面前颜面全无。

我们这群人虽然一直被当作媒体人员来接待，却一看就不是专业的从业人员，也没有专业的设备。在最后的采访阶段，当我们扛着简陋设备出现在豪华精致的馆方贵宾接待室，看见西装笔挺的馆长或是总代表正襟危坐形式隆重，总觉得有些忐忑。采访挪威馆总代表是在挪威馆的侧面露台上进行的，陪同的媒体主管非常认真地告诉我，他担心我们这个摄像机无法清晰地记录下谈话的内容，认为用便携式耳麦（俗称"小蜜蜂"）才能达到最好的效果，对于无法获得最佳音质表示可惜。我们的装备虽属媒体一类，所做的记录却不为任何宣传电视台播放之用，这是否可以用来回复这位严肃负责的挪威人呢？我顿时语塞，只得连连道歉。

四、难忘的采访时光

现在我们都还留着一摞摞当时用过的材料、一张张展馆拍摄信息表格、一份份采访提纲、一笔笔烂熟于心的标记，它们总是轻易地让我们穿越到那奔波忙碌的几个月里：5月中旬开始拍摄企业馆，6月底完成浦西的全部拍摄，陆续预约采访；浦东展馆7月初三天完成踩点，两个星期完成密集拍摄，至此90%的展馆展示内容已尽收囊中。前一关刚刚通过，又是一轮漫长的浦东预约采访，齐头并进的还有省区市馆的拍摄采访，中国馆、主题馆的拍摄，还有一些已拍内容的拾遗补阙工作。

其中，印象最深的是采访比利时馆馆长那天。一整组的人都因饥饿而虚脱，只因采访时间安排在吃饭的当口，来不及吃饭只能饿着肚子硬撑，又不能打断对方总代表滔滔不绝的讲述。我们的采访对象常常会在结束后感叹这是他们接受的时间最长、问题最全面、最详细的一次采访。正因如此，我们也在第一时间感受到他们对于自己展馆的深厚感情，有的总代表对每个展项、每个策划步骤竟如数家珍，有的馆长回忆起激动难忘的瞬间都有些情不自禁，对深圳案例馆的采访，竟然是三位负责人（馆长、设计师和项目策划）分别专程从外地赶赴上海，而且其中有一位说到动情之处竟然热泪盈眶。

老实说，就算码再多的字，我仍然意犹未尽，总觉得没有道尽其中的酸甜苦辣。正因为这些真切经历的时光不可逆转、无法重来，才令人分外珍惜各自保有的记忆片断，在生命中有这么一段日子，互相支持，互相鼓励，不是为了自己，不是为了某一个人，坚持努力地一起完成了这件不大不小的事。

圆梦世博会

张定国

原载《上海世博会主题演绎你我他》，
东方出版中心 2011 年版。

张定国，时任上海现代国际展览有限公
司总经理。

现代国际展览公司做了很多世博项目，其中一个必须提到的是非洲
联合馆。

早在 2007 年，"现代国际"就着手准备非洲联合馆指定服务供应商
的投标。凭借出众的综合实力和良好的信誉，我们从上百家竞争企业中
脱颖而出，成为 15 家指定服务供应商之一。负责加纳、贝宁、几内亚、
刚果（金）、利比里亚、科特迪瓦、塞拉利昂在内的七个非洲国家的展
区设计和相关的运营活动以及非洲联合馆外立面的设计施工。

说到非洲馆的外立面，我们是相当引以为豪的。它可是整个世博园
区中最早落成的。当整个园区放眼望去还是灰白色的时候，它已经成为
C 片区里一道亮丽的风景线。即便如此，在差不多两年时间里，非洲馆
的外立面始终艳丽如新，究其原因，只有四个字——技术过硬。

七个国家的展区设计，这也是根硬骨头。当初获悉有七个国家选择

了我们作为服务供应商，还开心了好一阵子。可是后来发现问题了，七个国家在地理位置上非常靠近，这也就意味着它们的"特点"很接近。对于国内的展览设计企业来说，对非洲的认识原本就比较少，再加上一连七个，很容易让人产生展示效果雷同的印象。为了在创意设计上有所突破，我们可谓煞费苦心。不远万里飞赴非洲采风，实地考察，就为了一个目的——展示真正的西非。事实证明了这次远行的价值。真正使设计人员心领神会到每一个国家的文化特色，还是在当地的采风考察。

以贝宁的建筑为例。贝宁是个小国，在网络上很难查找到它到底有什么文化特色。通过实地考察，设计人员发现了当地独有的 TaTa 建筑，以及被列入联合国教科文组织文化遗产的贝宁阿波美王宫。对于著名的贝宁"奴隶之门"，设计人员事先已有耳闻，但只知道这是个只出不进的门。为何只出不进？为何叫"奴隶之门"？没有人能完全解释其含义。直到亲眼看到了这座"奴隶之门"，设计人员才知道，这扇门是为了纪念曾在那里被大量贩卖的黑奴，他们被迫背井离乡，一旦跨出了这道门，便随着大海飘向远方，永远回不到故土。理解了这一层文化内涵，设计人员对"奴隶之门"的再现，就有了更有针对性的表现手法。

为了表现非洲的人文特征，在设计的时候我们创新思路，大胆突破。比如在材料运用上，非洲联合馆方面要求使用非洲草来搭建馆内一批建筑的屋顶，这批草的需要量是 20 立方米，但必须切割 100 立方米才够用。另外，为了通过消防检测，必须喷洒阻燃液，使之即使燃烧也不会产生明火。这样算下来的成本在每立方米 3 万多元，远远超出了合理预算，有违低碳环保的理念。于是，我们开动脑筋，想出使用"仿真草"——把铝板压成丝，再喷上绿漆，这样成本只要每平方米 280 元。

可是，采用这个方法虽然节省了成本，也展示了"非洲草"特色，但却无法达到世博会要求的 B1 级消防水准，因为水无法穿过屋顶的铝丝流下去。为此，我们不得不另觅他法。正当大家一筹莫展之时，灵感再次闪现，想到了把铅丝捆绑在一起，经过梳理，制造出蓬松的效果，这样既达到了"非洲草"的逼真感，又排除了安全隐患，满足了安全要求。

像这样的设计睿智，在非洲联合馆随处可见。例如，我们在总体上用山脉形状连接了七个非洲国家馆，不但巧妙地物理分割了这七个不同国家，同时又有机地结合了西非片区，保留了展馆的整体性、完整度。

西非之行回来后，我们茅塞顿开，几套设计方案很快就出炉了，并且顺利通过了参展方和组织方的审核，成为最早进驻馆内备料制作的几家服务供应商之一。

说到国内项目，承担贵州馆的策划设计是我们印象很深的项目。

贵州馆是 31 个省区市馆中唯一一个主体建筑全部采用木结构的场馆。不仅如此，它还有多个"第一"的殊荣，包括：在众多省区市馆中是第一个揭晓场馆展示设计方案及实体模型的；第一个揭晓省区市参博场馆馆徽；第一个进驻中国馆区开工建设。现代国际能有幸成为这些成绩和荣誉的缔造者之一，我和我的团队都感到无上光荣。

要想在竞标中脱颖而出，方案具有独创性是很重要的，而这种"独创"又不是一味追求偏、奇，而是强调将最原汁原味的"贵州人、物、情"带给世博会的观众，让他们通过展览展示的手段感受到来自遥远地域的召唤，体会身临其境的美感。基于这样的创作理念，我要求设计人员深入贵州腹地，去最"原汁原味"的地方亲密接触高原的山山水水，考察当地风土民情。

思想一旦解放，眼中投射的景致也会别样地绚丽多姿。一路上我们走过崇山峻岭，走过小桥流水，走过层层叠叠、郁郁葱葱的凯里梯田，走过气势磅礴、雷霆万钧的黄果树瀑布，走过碧绿如洗、两岸奇峰峻峭的㵲阳河，走过群山环抱、歌舞喧腾的西江苗寨，走过巍峨挺拔、雄伟壮观、云吞雾绕的雷公山，走过古朴宁静、砖墙绵延的石头城屯堡……在黔山秀水中惊叹贵州的造化神秀、人杰地灵，深深体会贵州的山水之醉、民俗之醉、城市之醉。

贵州之行是一次心灵洗礼，也激发了创作人员无限的热情和灵感。回来的路上，大家一致的信念就是要将最美、最纯、最真的贵州通过世博会传递给全世界。

相信做过世博会项目策划工作的人都有这样的感受，在确定展示主线的时候，不是担心没有足够的元素和展示手段来表现，反而忧心可选择的内容太多，一时难以取舍。和国内其他省市一样，贵州也是个"有说头"的地方。民俗、地理、旅游、生态、人文、建筑、城镇、生态、音乐、名人……能选择的元素太多太多。第一道题解不好，就会起连锁反应影响后面。

我们采取了最常规但也是最有效的方式——一轮轮不厌其烦的"头脑风暴"，根据贵州馆"醉·美·贵州·避暑天堂"这一参展主题，将可展示的元素层层筛选，形成文字脚本的初稿。再抽丝剥茧，精益求精，通过几轮往复，确定了"一条龙、一杯酒、一片绣、一座桥、一栋楼"为核心展示元素。山水和民俗为展示主线，展区分为"山水乐舞，生态家园""文化千岛，心灵家园"和"网络城市，梦想家园"三个部分。

为了在规定的时间内将这些抽象的概念转化为具象的图纸，我们可谓煞费苦心。出来的图纸不仅要体现出想要诠释的内容，还要符合场地条件，要匹配大人流的参观特点，要有极强的识别性，要功能性与美观度高度统一，要兼顾传统与现代。

上天不负苦心人，光明终于在距离终审时间仅剩两个星期的时候悄然降临。原生态的"风雨桥""鼓楼""苗寨"，大胆夸张的"苗族少女银饰"，艺术抽象的"山水瀑布"，反映未来网络城市的"多媒体灯光沙盘"，构成一幅开放大气、精致灵动、浓缩贵州秀美自然风光、包容灿烂历史文明、囊括绚烂民俗文化的神奇画卷。

全木质的结构、大气的风雨桥、瑰丽的苗寨银饰，看过贵州馆之后的人无不啧啧称赞。然而，又有多少人知道，这样一个作品的诞生包含了我们创作人员多少心血和才情。前前后后13种不同的方案，数以千次的反复修改，到了最后阶段，创作的"豪情"变成了一种"折磨"，接着升级成一种"蹂躏"，但在山穷水尽之际却迎来柳暗花明，这才是令我们大呼过瘾的地方。

上述项目只是沧海一粟，在世博园区里类似的展示项目还有很多，我们做的只是其中的一小部分。但即便如此，已经让我们受益匪浅，相信更多的服务供应商都有类似的感受。2010年对于展览从业者而言是职业生涯中的隆重一笔，因为世博会，我们有幸成为中国会展业历史的亲历者和见证者。世博会留给我们的不仅是留在过去的荣誉、口碑，更留下了弥足珍贵的经验和无价的精神，这是值得我们珍藏一生的宝藏。

依然是一棵"小白菜"

吴传贤

原载《上海世博会主题演绎你我他》，东方出版中心 2011 年版。

吴传贤，时为上海世博会事务协调局主题演绎部志愿者。

2002 年上海世博会申办成功的那个夜晚，我还是一名高中生，对于世博会的理解停留在这是一项影响很大的活动，也根本没想到自己有机会参与世博。大学毕业那年看到世博会志愿者招募广告，心底一股情绪像是找到了一个宣泄口，一下子喷薄而出。接踵而来的便是一轮又一轮的考核和面试。

我经过志愿者部统一培训后，2010 年 2 月 22 日到上海世博局主题演绎部 / 研究中心参加面试。来到这个部门的契机是在志愿者论坛上看到一则"小广告"这样描述："我们部门的名称是'主题演绎部 / 研究中心'。因为我们部门负责的工作主要分为两大块，互相有联系但是又各自独立，分别属于主题演绎部和研究中心的范围。"面试的笔试部分一共做了两套题目，一个是各国和各大洲的搭配连线，一个是段落文章的编辑和整理。在心惊胆战的等待后接到入部通知的那一刻，至今回想起来都觉得很惊喜。也正是有幸加入主题演绎部／研究中心这个部门，我才对本届世博会有了更多的了解。

世博会是什么？什么叫作"主题演绎"？带着这样的问题，我和刚到部门的其他志愿者一起参与各个展馆的资料收集工作，为后续的档案整理和展馆记录做准备。刚开始对于世博会的理解很模糊，不知道如何定义这样一项活动。对于其他人来说，世博会是游乐场，是工作阵地，是战斗堡垒，但对我而言，世博会是一个从工地到繁华园区再回归到工地的过程。

初入世博园，是因为和部门里的老师去尼泊尔馆查看施工布展情况。3月的春风伴着微濛细雨，施工现场一片泥泞，就在焊接的火星中，对着只是框架的楼层，馆方向我们介绍了他们的布展方案："这里将摆放一些佛像，展示我们尼泊尔人的生活状态。""你们看到的这些木雕，我们当地的300户人家用了三年的时间雕刻而成。""佛教生活就是我们尼泊尔人的生活方式。"尼泊尔馆想通过它的建筑和佛教生活氛围的营造来展示加德满都城市的发展。开园后，施工图纸和主题演绎方案变成了眼前精致的雕梁画栋，坐在尼泊尔馆内的茶餐厅，喝上一杯地道的尼泊尔酸奶，体验尼泊尔式的生活，这就是世博吗？

在长达184天的会期中，我无数次进入园区进行展馆记录的拍摄采访。5月的园区已经是人流如织，我和部里的志愿者伙伴们主要负责展馆文字记录。记录行程以浦西的企业馆和城市最佳实践区为起点。刚开始大家对此项工作毫无概念。拿着一张纸和一支笔简单地写下讲解员的解说，对每个展馆的记录仅仅停留在几句话。这个当然是不够的！我很想将每个馆记录得更加完整，可怎么才算完整？这个标尺都在各人的心中。这期间，部门的老师开始对我们的记录提出指导意见，这样从格式、内容上都让我们开始有了明确的定位，重点记哪些，哪些是可以在拍摄后补充的。

到了7月开始浦东片区的国家馆拍摄时，记录工作开始顺畅起来。拍摄前将拍摄任务中的展馆做好资料搜集，将资料带到现场，将讲解员的解说补充进去，展馆内展出的图文版也拍下来作为补充材料。记录中遇到一个很大的困难，就是不同讲解员的说法和该馆的官方新闻发布内容不一致，出入很大。最后决定以现场的记录为准，尽量不加入个人的观点，客观地记录内容。整个拍摄记录阶段，每次与不同的馆方接触交流，会感受到参展方对于世博会的热情，无论是自建馆如俄罗斯馆、印度馆、阿曼馆等，还是租赁馆如欧洲联合馆等，都派了专门的讲解员，有些甚至是馆长亲自介绍。

最有趣的莫过于采访各参展方代表，像对塞尔维亚馆的采访，受访者是塞尔维亚驻中国大使馆参赞左澜先生。在长达一个半小时的采访中，他为我们讲述了塞尔维亚第一次作为一个独立的国家来上海参加世博会的过程，分享了在施工期间与中方合作的经验，并提出了一些中肯的意见。风趣的土耳其馆总代表在被问到其展馆的设计理念由谁提出的时候，晒出了大白牙，灿烂大笑："It's me!"中文说得非常流利的芬兰馆副总代表，详细介绍了企业和芬兰国家共同参与世博的合作机制。还有被媒体誉为世博园最帅最年轻的黎巴嫩馆馆长、美丽的克罗地亚讲解员姑娘等，每一位受访的世博参与者，都让我们听到了来自不同地方的声音。

就在世博会将要结束的10月，我们将5月记录过的浦西企业馆和城市最佳实践区重新看了一遍，让原本朴素简单的记录丰满起来。那段日子，世博对于我和我的伙伴们而言，是高温下坐着晒到发烫的电瓶车辗转于各个展馆，是一张张的记录纸，是将眼前的美好飞扬在文字间。

离开世博园时，已经时隔一年，同样是阳春三月的时节。园区没有了游客的喧嚣，只有拆除机器的轰鸣；展馆林立的万国园又恢复到原来忙碌的工地场景。这时候的世博开始慢慢变成档案柜里一摞摞厚重的档案资料、一本本出版成册的书籍。阿联酋馆的金色外墙被一片片地卸下，装入集装箱运回到它本国的土地；波兰馆、德国馆等都变成了一个地块的坐标……那些对世博的感情也好，回忆也罢，都被装入了记忆的箱子，牢牢保存起来。世博成了一段历久弥新的情感，永远积淀在内心，让人时不时回想，别有一番滋味在心头。

2010年——世博年，同我一样的80后、90后们成了"白菜大军"中的主力。对于刚刚迈入社会，或者还在接受高等教育的学生来讲，世博会的意义在于提供了一个参与一项有益于社会进步的事业当中去的途径和渠道。世博会给了80后、90后一代展示自我风貌的舞台，也让我们亲身体会到什么是社会责任感。大自然中的生物成长必然要经历几番风吹雨打，世博就是一个极好的契机，让我们这些小白菜迅速成长起来。在世博园我们看到了世界是如此的广大，各国的风土人情是多么的丰富多彩，从而使我们增强了国际视野。无论是14天的志愿者还是长达9个月服务期的长期管理岗位志愿者，在世博中都用激情为自己留下了一段美好的岁月。

如今离开了世博园，褪下了志愿者服装，但在我们的心里，我们依然是一棵棵"小白菜"。

永远的新天地
——上海世博会上海馆诞生散记

王昊青

本文写于 2019 年 5 月。

王昊青，原上海世博会上海馆新闻发言人、创意总监。

在世博会历史上，2010 年上海世博会有许多创举，中国省区市馆便是其中之一。除了港澳台地区有自己的独立馆以外，各省区市集聚中国馆，向世界展示了丰富精彩、多元和美的中国盛景。

上海馆是在上海市委、市政府领导下，由市委宣传部牵头展开工作的。时任上海市委常委、市委宣传部部长王仲伟直接领导，副部长陈东担任上海馆馆长。2018 年上半年成立筹备组，从筹备到建馆，再到 184 天的运营，历时近三年。我本人则是从上海交通大学借调至筹备组，担任创意总监，后期运营期间又承担了新闻发言人的工作。

"城市，让生活更美好"，上海的回答是什么？上海馆展示什么？怎么展示？作为 2010 年世博会的主办城市，上海馆可能是省市馆甚至是更大范围内最引人关注的展馆之一，其创作压力可想而知。好在，没有辜负大家的期待。

表现一个具有科创能力、文化活力和全球魅力的上海，这是上海馆的创意诉求。今天回看，这和 2010 年之后上海迈向未来科创中心城市、发展卓越全球城市是完全一致的。上海馆的策展从来没有停留在一个静态的展馆层面，而是希望借助极富感染力、具有参与度的手段，激发和引领观众的热情和向往，和上海一起走向未来。

当时流行的说法是，展馆好不好，就看队伍长不长。上海馆门口经常是四个小时左右的长队，用现在的话来说，就是一个爆款。市领导要求上海馆在宣传上要谦让，所以也没有做什么宣传，靠的全是口碑。上海市市长韩正在体验完上海馆的试运营之后，说的第一句话是："比想象中还要好！"每天的观众留言里，出现的最高频词是"惊喜"，不仅仅是一次惊喜的、震撼的体验，更是惊喜地看到了一个全新的、令人振奋的上海。

惊喜的背后，是跌宕起伏的惊险。

上海馆的创作经历了两个阶段，第一阶段的主题是"数字新天地"。2010 年，还没有苹果手机，没有微信，人工智能也远没有今天这样如火如荼，但是智慧城市的发展道路早已经纳入上海视野，城市巨变显而易见。这一版的创意是把上海馆 600 平方米的有限空间打造成一个沉浸式的迷你智慧城市，将数字化、信息化、网络化的科技创新应用融合在主题环境中，通过交互方式让观众体验一个智能的未来上海，一个数字新天地。

然而，创意很丰满，现实很骨感。第一轮的创意没有通过，市领导的评价是不够震撼。其实，在此之前，创意团队已经反反复复推翻了无数稿。那么，究竟什么是震撼？

世博会是世界科技发展和人类文明进步的展示舞台，同时也是文化创意产业竞相争艳的竞技场，每个馆都在拼创意，拼传播策略，拼展示手段。上海馆团队的项目经理，今申展览公司的总经理裴文晖把创意过程比作"天上飞"和"地下跑"的结合——"天上飞"的是创意，"地上跑"的则是展示手段。经过几轮的创意，我们明白，撼动内心的力量最终还是要来自这个城市本身的魅力。与此同时，我们也有必要使用能够代表上海文创产业发展水平的展示科技。

上海馆的第二轮创意更加关注公众的参与性、现场的体验感和主题演绎的故事性。细心的观众第一眼就能认出，上海馆的入口是中国共产党一大会址原型的石库门，这是上海红色文化血脉的传承，也是中国从此走进新天地的历史足迹。与此呼应，上海馆的主墙面以"上海看不完"为标题，面向公众征集关于上海的照片。从摄影爱好者到青少年，从新上海人到在上海的外国人，都积极投来了他们眼中的上海瞬间。这堵长 17 米的墙，使用了 3 000 多个装有自动翻转马达的三棱装置，每个装置的三个面都是一张照片。通过编程，照片再不断组合，形成新的上海 EXPO CITY 的画面，非常壮观。观众一边排队，一边观赏，参与过征集的观众则会欣喜地寻找自己的照片。胡锦涛总书记在陈东部长陪同下参观上海馆时，特意在"上海看不完"的墙面前停留，亲切地说："有群众的参与，这个好。"

沿袭第一版上海馆是一个沉浸式体验馆的思路，王仲伟和陈东两位部长开始亲自设计故事线。当时正好是上海虹桥枢纽的规划期，也开始了大飞机制造，两位领导提出了一个基础故事线，即通过各个时代的交通工具，带领全球观众穿越上海的不同时代，最后一起到达未来。当时经常会有这样的画面：两位部长拿着笔，埋着头，在空白的 A4 纸上，画着各种交通工具，设置一些出口、入口，甚至创意在馆里架起一部迷你高铁。

故事方向确定之后，就要寻找合适的展示技术和合适的导演来实现这一创意。当时希望找一位上海籍的，同时又具有国际视野的电影导演，但大家也很清楚，这个创意的实现其实已经超出了电影的范围。是影像，但有体感，有真人表演，有风，有气味；是电影，但不是坐着往前看，而是站着、坐着都可以，360度哪个角度都能看；是体验，但不是静态的程序控制的体感，而是八个维度真实的交通工具的城市穿行。第一次邀请胡雪桦导演见面沟通这个创意时，我们反复问的最多的就是能否实现这些诉求。记得当时在座的还有胡导的一位硕士研究生，他是睁大了眼睛表示不太能想象，而胡导则是非常沉着地说，可以做到。不仅如此，他还提出了一个更加人性化的创意，在整个故事线和体感的体验里，加入一位女性。观众和她一起，从少女开始，和上海一起成长。最后，这位女性在未来，在一个生态智能的上海之家，重返青春。

这一"上海永远年轻"的神来之笔，得到了市领导的一致认可。在汇报方案到这一环节时，上海市委副书记殷一璀当场就激动地说，那上海馆就叫"永远的新天地"吧，一旁的俞正声书记立刻点赞同意。就这样，上海馆的主题确定为"永远的新天地"。最终的展示效果证明，要让观众感动，首先创作者要感动。正因为这一主题的确定过程，是市领导、创作团队、公众参与的共鸣与合力完成的，所以，上海馆最终打动了每一个人。

接下来的任务就是上海馆的建设了，这又是一个惊心动魄的过程。其间，王仲伟同志调任北京，一度进展缓慢。关键时刻，杨振武部长接任，力挽狂澜，一个问题一个问题地解决，最后有惊无险。其过程再一次体现了上海这座城市对科技和专业的尊重。为了确保进入中国馆场地后，不消耗更多资源，在有限的时间内完成搭建，上海馆在执行馆长方俊的带领下，计划在车墩搭建了一个 1∶1 的上海馆，在那里进行各项组装和调试。于是，就出现了一直到 2010 年春节，省区市馆区域里，上海馆的位置上始终是一片空地的场景，引得各方领导很是着急。这个时候，杨部长和陈部长充分听取了专业展览团队的建馆方案，顶着多方压力，同意按照建馆团队的实施方案。最终，根据预定方案，进入中国馆现场之后，上海馆仅用了四天就把一座沉浸式影院搭建完成，成为一段传奇。放眼上海馆的工地现场，工作团队一半以上是老外，洛杉矶的影像、德国的动感平台、瑞士的自动门、奥地利的程序，加上中德合资的搭建，是一支彻头彻尾的国际团队，又充分体现了上海的全球资源整合能力。

今天，上海馆还在老地方。同时，网上上海馆也还在。大家如果有兴趣，仍然可以通过网络再次来到上海馆。和实体上海馆的荡气回肠不同的是，网上上海馆更酷、更潮、更好玩。一个快乐的线上上海、线上哈哈镜、线上城市涂鸦、一镜到底的城市穿越、全景式名人故居、交互式视频点播等，这些今天听起来都还很潮流的概念，网上上海馆在 2010 年都实现了。现在想想，当时我们不是在简单策展和建馆，而是在创新、在示范创意科技的应用，包括网络技术。世博会对上海会展经济的拉动，不仅仅是规模，更是深层次的创意管理和技术创新的刺激。

同样，今天看来，上海馆也不仅仅是一方展馆，而是集聚了各方的上海愿景，将一个更加创新、更加卓越的未来全球城市展示给了世界，激励了公众对未来城市美好生活的热望，更加长远地融入了从世博会走向未来的上海发展。对此，亲历上海馆全程的参与者们都深感荣幸和欣慰。

世博会论坛举办手记

王隽　成键

原载《上海世博会主题演绎你我他》，
东方出版中心 2011 年版。

王隽，原上海世博会事务协调局论坛部
部长；成键，原上海世博会事务协调局
论坛部副部长。

　　上海世博会期间共举办了六场主题论坛、一场青年高峰论坛和一场高峰论坛。系列论坛的举办丰富了上海世博会的内涵，有力推动了城市可持续发展理念的推广与深化，也为中国 2010 年上海世博会留下了宝贵的精神财富。

　　论坛的筹办，充满艰辛与快乐。回望一路走过的历程，一幕幕清晰而难忘的画面不断闪现。

一、主题论坛

（一）2010 年 5 月 15 日至 18 日，宁波——信息化与城市发展论坛

　　宁波是主题论坛的第一站。论坛虽只有短短两天，但是从策划、筹

备到举办，各方全情投入的整个过程差不多一年。宁波市政府投入了大量人力、物力，仅为论坛主会场周边地区所进行的道路和绿化新设计就已经令人印象深刻。到了论坛举办的时候，《宁波晚报》对论坛的报道大到与会政要、商界巨头发表的精彩观点，小到会议酒店为嘉宾准备的菜肴小点，全部列出清单逐一点评。宁波市对此盛会的重视程度由此可窥一斑。工业和信息化部、国际电信联盟，更是倾全力邀请重要的演讲嘉宾，使宁波论坛星光熠熠、智慧迭出。

回顾主题论坛举办中的点点滴滴，信息化论坛的首场成功无疑意义重大，因为此后的世博论坛无论是设计、制作和会议呈现的形式，还是会务接待的标准及流程，都以这场论坛为范例和模板，形成了统一品牌、统一形象、统一模式的"世博会主题论坛"系列。

（二）2010 年 6 月 12 日至 13 日，苏州——城市更新与文化传承论坛

这场文化论坛出乎意料地弥漫着"华山论剑"的味道。

开幕式上，保罗·安德鲁刚刚发表了"文化保护最好的方式就是接受它已经处于危机之中"的观点，下午的分论坛上，阮仪三就直指国家大剧院的位置在北京的中轴线上不妥。而渡边淳一更是在探讨多元文化的分论坛上毫不客气地与王蒙唱起了反调。这大概是所有主题论坛中发言交锋最激烈的一场。台上热烈、激荡的研讨气氛自然感染台下情绪高涨的回应与互动，于是便出现了几个会场中三个人挤坐两张凳子、门外迟到的人伸长脖子探着头张望的场面。

文化论坛充满了思想的交流、交锋与交融。借用杜维明先生的观点，即现代城市化的过程也是各种文化互相碰撞、激荡的过程，由此产

生多元、多样的价值体系。而我们办世博会和世博论坛不就是希望为这个文化多元、各显神通的新世界提供核心价值的对话机会吗？

（三）2010年6月20日至23日，无锡——科技创新与城市未来论坛

为了令论坛的呈现形式更加丰富多彩，无锡市政府在主会场外围配套举办了一场科技成果展示，声像、图文并茂地介绍了无锡市近年来在物联网、太阳能等科技产业方面的发展与成绩。每位与会嘉宾进入主会场湖滨饭店时，只要带着本人的会议代表证，大堂中的液晶显示屏便会打出"欢迎某某出席科技创新论坛"的欢迎词，传感器的运用让代表们的与会体验从一开始就倍感温馨。与此同时，还可以在等待办理入住手续的几分钟里，用电子笔写下与会感言，留作永久纪念。这些感言实时上网，令会场外更多关注论坛的听众了解现场的最新情况。

国内外顶级科学家云集无锡。李政道博士、巴里·马歇尔教授和袁隆平院士的发言令人印象深刻。特别是李政道博士的演讲，从浩瀚的宇宙天体到微缩的纳米世界，从远古的大汶口文化到未来的暗物质探寻，纵横捭阖、收放自如，将他熟谙的物理学原理与人类不断探索自然的科学精神融会贯通，将人类世代与大自然搏斗换来人类文明进步成果的主题表达得生动而富有哲理，赢得现场经久不息的掌声。

（四）2010年7月3日至6日，南京——环境变化与城市责任论坛

按原计划，以论坛700多人的规模，与会者们在上海、南京之间的一次往返，至少要调动近15部左右50人座次的大客车，单次耗时四个

多小时才能抵达目的地。谁也没有想到，论坛举办前两天，即 2010 年 7 月 1 日，沪宁高铁正式通车。这样的机缘巧合让本场论坛的所有参与者都愉快而舒适地获得了一次以实际行动践行低碳出行的机会。

环境论坛中特别值得一提的还有主办方对会议场地的选择。最初南京市政府曾经考虑以会议功能最齐全、设施最新的金陵国际会议中心作为主场地。但是这个会场在河西新区，最近的酒店乘车到会场也要 20 多分钟。经主办各方反复商议，大家一致认为办会不能以增加城市的环境负担为代价，最后在南京市政府的大力支持下，确定将会场选在钟山景区的紫金山庄。这个方案虽然牺牲了主会场的规模，但有效减少了会议期间代表们的交通接驳，大大降低了排放，赢得了与会代表和媒体的一致好评。

（五）2010 年 9 月 9 日至 12 日，绍兴——经济转型与城乡互动论坛

本次论坛有幸请到 2007 年诺贝尔经济学奖得主埃里克·马斯金教授出席全体大会。尽管从抵达、下榻酒店到离开绍兴，前后加起来的逗留时间不到 24 小时，但他在大会上 30 分钟的发言却征服了在场所有听众和媒体。与此同时，中国社会科学院李扬副院长的发言也与马斯金的演讲内容不谋而合，他们都用很大篇幅谈到了当下备受关注的城乡协同发展问题。

经济论坛上的嘉宾发言引起了媒体的高度关注。论坛结束后不久，《解放日报》的"思想者"和《文汇报》的"每周评论"栏目开始连续以整版的篇幅刊登世博会各场主题论坛重要演讲嘉宾的演讲实录。截至 10 月 31 日高峰论坛召开前，一共选登了包括罗伯特·卡恩、杜维明和

李政道等在内的国内外知名学者的发言精要近 20 篇，使论坛的声音传递到了会场外的更多地方。

（六）2010 年 10 月 4 日至 7 日，杭州——和谐城市与宜居生活论坛

在美丽的杭州，嘉宾们寓意深远的演讲时时散发出浓浓的人情味和亲切的生活气息，论坛现场气氛温馨，充满了人文关怀。彼得·霍尔先生提出的"宜居和创新的结合"、郑时龄院士提到的后世博宜居城市的发展远景、约翰·弗里德曼教授介绍的"比邻而居"的社区规划、马云推崇的城市气味和人文精神、郑永年教授提倡的内需社会建设、吴志强教授强调的"城市生命体"等，无不令人击节赞叹，由衷向往。

作为世博会主题论坛的收官之作，"和谐城市与宜居生活"论坛意义非同寻常。围绕宜居城市开展的讨论，内涵覆盖了之前举办的各场论坛，也为之后高峰论坛和《上海宣言》中提到的"和谐城市"概念作了很好的理论铺垫和准备。宜居论坛和前期的五场世博会主题论坛一道，打造了完美的"世博会论坛"品牌，在世博会历史上写下了属于自己的一页。

二、高峰论坛

高峰论坛的举办日期是 2010 年 10 月 31 日，这一天是世博会的闭幕日。为了论坛的成功举行，我们整整筹备了三年时间。筹备期间，我们无数次前往北京，和组委会各相关部门沟通和联系；为了《上海宣言》的创作和发布，我们与数百位国内外专家学者进行交流，同联合国

和国际展览局每周一次举行电话会议，和宣言起草小组成员殚精竭虑地一起思考，跟各参展方坦诚地进行沟通；为了确保论坛顺利实施，我们在会前和外交部、中央警卫局的同志们一起进行现场调研，勘查路线，选定会见、宴请场地，妥善布置会场；论坛召开当日，更是统筹兼顾，人人到岗，灵活机动，和会场服务团队一起，共同确保各个环节万无一失。

作为收官之作和对世博会的最后总结，高峰论坛邀请到了国务院总理温家宝和副总理王岐山、联合国秘书长潘基文，以及七名国家元首在内的60余名演讲嘉宾和2 100名与会嘉宾。高峰论坛上发表的《世博青年倡议》和《上海宣言》，为上海世博会留存了可贵的精神遗产。

高峰论坛是一个庞大的系统工程，涉及面广，程序复杂。它的成功举办，固然离不开我们自身的辛勤工作与忘我付出，更与包括外交部在内的国家各部委办，上海市委、市政府，相关国际组织和大量专家学者的鼎力支持密不可分。

今天，举世瞩目的上海世博会已经结束，世博园区由喧嚣复归平静，我们也即将离开工作和战斗过三年的世博大厦，前往各自的工作岗位，如同一滴滴小水珠，复归社会的海洋。人生如梦，回忆永恒，刻骨铭心的世博会经历、光辉隽永的世博会精神，将随着世博会论坛文集的集卷成册，永留我们的心头，并伴随我们在各自生命的历程中，继续前行。

筹办世博会论坛工作中遇到的几个问题

于宏源

原载上海市人民政府外事办公室、上海国际问题研究院世博工作总结《亲历世博外事》(2010 年 11 月)。

于宏源，时任上海世博会事务协调局论坛事务部高级主管。

我于 2009 年 6 月受上海国际问题研究院领导的派遣，借调上海世博会事务协调局，参与论坛部的工作。论坛是上海世博会的重要组成部分，是与"城市，让生活更美好"这一世博会核心主题理念、思想成果有着紧密联系的一个板块。它既是世博会精神遗产的集中体现，也是展望世博会未来的重要平台。

上海世博公众论坛是面向公众宣传世博会的平台之一，所邀请的嘉宾和与会者一般以国内人员为主。世博区县论坛如果涉及邀请境外专家参加会议或与会境外嘉宾人数超过一定规模，一般由所在区县向市外办提出申请，批复之后才能举办论坛。但是部分合办单位把论坛的运作委托给了国外机构，这扩大了海外影响，但与原来的程序有差异，需要我们补充沟通。如在上海世博会松江区论坛举办期间，中国新闻社上海分社及其下属中新信息咨询发展公司在前期邀请了美国、加拿大、葡萄牙、匈牙利、欧盟、新西兰、尼日利亚、马来西亚、新加坡及联合国计划开发署、世界银行等38位驻华大使和国际组织机构驻华代表，以及来自美国奥特兰、圣安东尼，西班牙特鲁埃尔、瓦伦西亚，意大利米兰等城市的17位管理者以及17位外国专家，国际合作承办方还将绿色经济确定为松江论坛的重点。对此，双方进行了讨论与研究，既保证论坛的顺利进行，又避免节外生枝。我们提出了一个以世博会主题为主的论坛议题方案，即论坛设定为一天时间，突出技术性话题，除专家以外，不安排其他人员参与主题演讲或专题发言。最终，松江论坛内容精彩，取得了成功。

上海世博会的主题论坛主要围绕"城市，让生活更美好"这一核心主题，深入探讨一系列与当前世界城市可持续发展有关的问题。但实际上，每个主题论坛都不同程度地涉及外交和国家形象问题，有的具有一定的敏感性，如在信息化论坛举办过程中，美国花旗银行软件公司总裁提交的PPT中出现的中国地图缺少台湾地区，被我方及时发现并纠正；日本众议院环境委员会委员长樽床伸二在论坛进行途中因某些原因要求提前离场，如果听任其离开，将会对论坛产生不良影响，于是我方以遵循世博会论坛规则耐心做其工作，最后樽床伸二愉快地参与了后续的论坛讨论活动。

在上海世博会举办前夕，正值举世关注的哥本哈根世界气候大会举行。受此影响，气候变化和环境问题成为较为敏感的世博会议题。为此，上海世博局多次配合外交部、环保部组织协调会议，听取国内权威学者的建议。专家普遍认为2010年各国继续在气候变化问题上唱高调，各国来华领导人会通过世博会平台宣传本国立场。中国如果不在自己主办的世博会上"高调出击"，论述气候变化和低碳发展，会让国际社会质疑中国负责任的大国形象,影响中国的国际形象。上海世博局最终决定通过世博会论坛和宣言,积极务实宣传中国在气候变化领域的贡献。这当中有一个插曲:我们原计划邀请联合国政府间气候变化专门委员会(IPCC)主席、诺贝尔和平奖得主、印度科学家帕乔里在大会上演讲。但是当时气候变化阴谋论甚嚣尘上,IPCC 受到西方舆论的普遍质疑。在这样的情况下,究竟要不要邀请他来?我们为此多次联系中国气象局、国家气候变化专家委员会,听取国家权威部门的专家意见。大家一致认为,帕乔里到中国演讲,有助于发展中国家保护环境的正面形象,有助于宣传发展中国家对气候变化的贡献。于是,上海世博局决定邀请帕乔里先生参加会议并参观了远大馆。我们还通过邀请其他国际著名学者在论坛上发言,向全世界推介中国重视保护环境和人类气候,决心走可持续发展、低碳绿色发展道路的国际形象。

一支高素质的"办博大军"是怎样组建的

口述：柯继生 整理：张彭鑫

原载《上海改革开放年——那些年的故事》，上海市档案局（馆）、上海老新闻工作者协会合作采编，上海人民出版社2018年版。

柯继生，原上海世博会事务协调局人力资源部部长、中共上海市委组织部人事处处长；张彭鑫，原《解放日报》高级记者、上海世博会事务协调局《世博人》报总编。

2006年11月26日，我受中共上海市委组织部委派，来到上海世博局，担任世博局人力资源部主持日常工作的副部长、机关党委副书记等职务。

一、鼓起勇气担当使命

刚到上海世博局时，上海世博局在册仅121人，我任职的人力资源部仅有6人。上海世博局仅成立了14个部门、3个机关党支部。此时，离世博会开幕仅有1 250天时间。根据办博进程，我们必须在极短的时间内改变缺兵少将的局面。那几天，局领导天天给我们介绍情况。当谈到"人力资源规划""组织架构"等字眼时，我感觉在云里雾里，太陌生了，于是，我怀疑自己能否挑起如此重担。

后来一些日子，在与100多位老"世博人"的接触中，在与人力资源部负责同志等的交谈中，我逐渐认识到了建立一支"办博大军"对于办好一届世博会的重要意义，一个强烈的使命感在我脑海中形成：必须无条件地、满怀激情地承担起筹建"办博大军"的重任。我向领导郑重表示："愿意接受挑战！"

我迈出的第一步是学习。学习党中央、上海市委关于办博的战略决策思想，学习世博会知识；打开网络搜索引擎，了解有关世博会海量信息；借来许多相关的书籍和文件，办公桌上堆得层层叠叠。白天有空就阅读，晚上回家还是阅读，边看边做笔记，写学习心得。

我把上海市委组织部作为自己的"娘家"，若回"娘家"，总会找相关领导和同事聊上半天，就如何开展世博局人力资源工作虚心求教。我还向实践学习，到上海世博局各个部门访谈、调研，工作笔记有厚厚一叠。我还经常就部门工作中遇到的一些棘手问题，召集部门同仁一起讨论，集思广益。

二、充分利用组织资源和人脉资源

工作刚上手就遇到的问题是，想引进的人才引进不了，原因是相关单位领导怕影响本单位工作而不肯放人。碰到这种情况，我只能回"娘家"讨"救兵"。

世博园区非洲馆在岗位设置中，需要引进一个具有展示管理能力的干部。经我部同仁推荐，上海科技馆有位中层干部比较合适，但当我们前去借调时，该馆党委领导不同意，理由是上海科技馆二期就要上马，这位干部负有重任，脱不了身。这时，我迅疾找到"娘家"，"娘家"人急办博之所急，立马邀请市科技党委干部处的一位负责同志，与我们一起上门与上海科技馆党委书记商量。交谈了一阵后，书记的态度似乎有了转变，但考虑到馆里的工作，又犹豫起来。怎么办呢？我们决定邀请书记到上海世博局参观世博展示馆，陪着书记一同参观、交流，书记因此深深感受到了办博的急切情势，终于接受了我们的借调恳求。

上海世博局市场开发部部长，兼票务中心临时党委书记、主任，原来在上航集团总裁助理的岗位上工作，我们了解到他的工作能力和特长，便想借他进上海世博局，但上航集团不肯放人。后来，通过市国资委干部处负责同志去做上航集团的工作，几次三番后，终于把他"挖"了过来。该同志借调进上海世博局后，积极探索票务销售新办法，解决了世博园区票务管理中的一个个难题。比如他推出了个人票销售和团体票销售并举，让两者相互促进的方法，还制定出有效的营销规划，使园区票务销售任务完成得十分出色。

三、创新引进人才机制

2007 年 4 月，中共上海市委组织部下发了《关于选派干部参与中国2010 年上海世博会筹办工作的通知》，并在全市各区县委办进行了动员，这给了我们极大的鼓舞和力量。

选用干部的问题上，原来是有一套常规机制的。为了在短时间内调集成百上千办博人才，我们大胆提出了突破原有机制，启用"火线"调将、"火线"提干，采取"举贤不避亲"等办法。我们采用了严把"源头"的办法，即在引进干部前，充分了解该干部情况，听取所在单位或上级单位领导和组织人事部门的意见。通过大胆创新，我们走出了一条适应办博需求的，在短时间内引进较大数量办博人才的新路。

我们对借调的干部与市场招聘的人员一样，采用"择优录用，畅通出口"的原则，进局需要面试、录用后试用，有严格的考核程序。有人推荐了一位青年，说他会英语、法语、西班牙语三种语言。试用期内，相关部门发现他没有一个语种能正常发挥，于是就及时请其退出了。

世博会开幕前，领导布置了急速借调 1 000 多名管理型干部的任务。我们经与市委组织部商量，提出了一套"区县定向包干，集团定向支持"的干部选调机制，即由区县和大口单位与世博会相应场馆、片区、部门对接，包干落实干部选调任务。各选派单位党委都十分重视，精心组织，统筹协调，短短三个月内，选送了 1 200 多名优秀干部到一线。

世博园区内开设了许多餐饮店、礼品购买店、娱乐休闲场所等，还设立了商务管理、物流管理、交通保障、环卫保障、后勤保障等机构。这些商店、场所和机构的工作人员来自不同所有制单位。为了做好对不同所有制单位人员的管理和服务工作，上海世博局党委决定在园区内组建起 20 个临时党委。人力资源部马上行动，从上海市一些区县、相关大口党委和宝钢等大型国有企业，选调了 48 名富有基层党建工作经验的同志，担任临时党委专职书记和专职党务干部。

上海世博局编制内的干部数，最多时达 2 578 名，其中 81% 是借调干部。上海世博局干部以借调为主，既可将上海干部的"一池水"盘活，又可以在世博会结束后，使干部们的来去可自如分流。

四、创新干部使用机制和培训机制

大批干部引进上海世博局后，如何把他们使用好？这是办好中国 2010 年上海世博会的重要课题。

进上海世博局的干部来自五湖四海，人员来源的多样造成了上海世博局干部编制的多样。可以说，凡是上海滩上存在的人事管理形式，在上海世博局里应有尽有。

为了让引进的干部在办博和世博会运行中能充分发挥作用，我们创新了若干做法。一是尽量充实片区场馆和运行一线业务部门。我们将中组部从全国各地抽调来的挂职干部、长三角地区派遣的挂职干部、市人保局新录用的公务员等实习锻炼干部以及见习生等各类人员，合理安排到相应岗位上，使一线管理队伍力量得到进一步强化。这一做法后来被称作"优化组合，配强一线"。

二是突破人员使用上行政级别的限制，实施"岗级分离、择优提拔"的管理办法。比如现任正科级的行政干部，只要本人优秀，具备适岗能力，办博岗位又急需，可以直接任命其担任副处级甚至正处级岗位的职务，但其行政职级暂时不变。

在建设高素质"办博大军"的过程中，我们还创新了干部培训管理机制。

首先抓好干部培训。世博局培训中心与我部紧密合作，建立了一批培训师队伍，通过培训师组织丰富多彩的大型培训活动：涉及世博筹办历程、园区规划、世博会筹备与运行等专业性培训；涉及外语、法律、保密、写作、礼仪等知识性培训；召开现场交流会、观摩会和专项演习等实战性培训。

为加强上海世博会运行期间的干部管理，上海世博局党委决定每月对上海世博局中层干部开展一次思想作风、精神状态和工作表现等方面的讲评，即月度讲评。具体工作由我们部来承担，为此，我部专门成立了一个由六人组成的干部考核小组。通过月度讲评，上海世博局党委抓住了世博局 200 多个中层干部，凝聚了全局 2 000 多个工作人员，带动了园区 20 多万"参战大军"。

始终坚持使用与关爱相结合是世博会干部管理的又一重要做法。我们派员走访办博人员所在的街镇党委，帮助解决办博人员的后顾之忧；坚持做好及时向借调人员原单位反馈借调人员办博工作情况，让办博人员能得到原单位领导的关心。我们采取绩效考核、借调干部岗级分离、向借调单位寄送借调人员业绩信息单等办法，让世博园区在册人员对自己的工作业绩看得见、"摸得着"，由此大大提升了办博人员的工作热情。

高速度高质量的上海世博会园区是如何建设的

席群锋

原载中共上海市委党史研究室与东方网"红色之声"联合推出的"改革开放亲历者说"系列报道（2018年8月），原标题为《"干干净净"的上海世博会是如何做到的？》。

席群锋，原上海世博会事务协调局设施和环境管理部部长。

一、"三全"保障世博建设如期完成

世博园区建设具有规模大、涉及部门环节多、参建队伍多、需求变化快、时间紧、任务重、量大面广的特点。针对这种情况，上海市政府引入重大工程建设中比较常用的成熟管理模式，由政府来组织协调推进，有力调动各方资源。2007年10月，上海世博工程建设指挥部成立，负责协调全市围绕世博会工程建设的各项工作。

我们的建设速度是小陆家嘴开发速度的两倍。我们能完成这一艰巨任务，创造奇迹，除了市委、市政府的坚强领导和社会方方面面的广泛支持，主要可归纳为三点。

一是组织优势，全力支持。整个世博建设工程量大、面广、时间短，能够如期高质完成，组织优势是最大的保障。我们积极协调相关政府审批部门，对于永久项目，请他们能够尽可能地一门式并联审批；对于临时项目，在并联审批的基础上，再请他们派人入驻上海世博局到现场审批。在工程即将完成试运行的时候，我们还请了1万名武警来世博园劳动、预演。比如世博演艺中心里面18 000个座位，1万名武警进去配合彩排，转场走一遍以计算准确时间。这些都是组织优势的体现。

二是参与人员，全心投入。世博建设涉及的投资主体与建设主体很多，包括申通地铁、城投隧道、城市排水公司、自来水公司、国家电网、燃气公司、信息管线公司、文广集团、世博集团、土控公司等，还有自建馆的国家、城市和企业，周边相关区的外围配套工程主体单位，以及与建设后期交叉进行的布展和商户装修单位。这些单位以高度的荣誉感和使命感全力以赴，并配备精兵强将参与到世博建设中。

三是参与单位，全力以赴。进入世博参与建设的员工大都来自不同的单位，大家为着共同的信念，全身心投入。2010年1月11日，距离4月20日世博会建设全面完工还有100天，那时还有约10%的建设工作量待完成。我们取消了双休日休息，大家心往一处想、劲往一处使，都主动舍小家为大家，全身心投入到工程建设。在世博园区近三年的建设过程中，先后有10万大军在园区参加过建设，最高峰为2009年底和2010年初，同时有3万多人在现场。

二、规范管理攻坚克难

在建设过程中，我们工程部主要面临三个难题。

一是建设规模巨大、建设周期极其短。按通常情况，园区的所有项目基础设施、场馆、服务配套等至少要三年半的时间，但实际上，留给我们的时间总共也就两年半左右时间，还要留出之前的动拆迁和之后的布展和装修的时间。

二是需求不明确。上海世博会的参展方数量众多，包括200多个国家、国际组织等。很多国家确定来参展的时间先后不一，对场馆的需求也一直不明确。

三是需要协调的层面太多。有国内外的，有园区周边相关区的，有各类基础设施建设部门的，千头万绪。如西藏南路隧道建设时，浦东工作井已经快建完了，浦西动迁还没完，我们与江南造船厂多次商谈协调，让他们一个车间先停工，才把这个工作井的地让出来。

面对这些困难，我们依靠科学合理的管理方法和全体人员的拼搏奉献。我们工程部内设11个处室，主要负责面上各项目之间横向的协调和管理；还设有11个项目部，负责项目的纵向实施推进，包括运营期的设施保障。指挥体系内部信息传递与交流扁平化，政令畅通，指挥有力。整个建设期间，我负责的处室和项目部每天协调会议有几十个，每天出的纪要有几十份。到了工程建设后期，我们的现场会议变成了走路开会。办公室各处室负责人和各项目部负责人，一起走工地，走一个，看一个，现场直接拍板决定实施方案。

三、工程建设凸显"城市，让生活更美好"理念

世博园中的建筑贯穿着"城市，让生活更美好"的理念，低碳环保、科技创新。五大主体建筑一轴四馆——世博轴、中国国家馆、世博会主题馆、世博中心和世博会文化中心应用了许多绿色科技环保理念。

世博中心在节能、环保方面堪称近年来新建筑的典范。它严格按照国家各项节能规范，对能源和水的消耗、室内空气质量、可再生材料的使用等方面进行控制。整个建筑使用太阳能、LED照明、冰蓄冷系统、雨水收集等新技术，获得中国建筑界最高级别认证——绿色三星建筑认证，完全是一个绿色的、环保的、节能的、生态的建筑。

世博轴在设计中充分引入生态、环保和节能的理念，并大幅度采用环保节能新技术，如通过阳光谷及两侧草坡把绿色、新鲜空气和阳光引入各层空间；同时利用地源热泵、江水源热泵、雨水收集利用等。江水源和地源热泵空调技术同时使用在世博轴这一个项目上在国内也是首创，就是利用地表环境温度与地下土壤温度和较深的黄浦江水温度在冬天和夏天所分别具有的温差进行热交换，比如，地源热泵我们就巧妙利用了8 000多根地下桩基，在其中大约2/3数量的桩里加了预埋管一起打到地下四五十米或七八十米深，把地下冷量或热量作为冷源或热源抽上来，这样不仅减少了二氧化碳排放，而且除了抽水用电外，耗电量极小。

中国国家馆的建设也充分体现了这一理念。中国馆的设计引入了最先进的科技成果，使它符合环保节能的理念。四根立柱下面的大厅是东西南北皆可通风的空间，在四季分明的上海，无论展会期间遇到哪种气候，都能让观众感受到有一股股与人体相宜的气流在抚摸自己的肌肤。外墙材料为无放射、无污染的绿色产品。地区馆平台上厚达1.5米的覆土层，可为展馆节省10%以上的能耗。

四、"四大战役"进行设施与环境保障

2009年10月，世博局成立了设施与环境保障部，主要是直接管理园区设备设施运营保障、公共区域环境卫生、水电气供应等，归口管理

各类场馆及水电气和物业的监管。我们的目标是：无设备设施责任事故、无重大媒体跟踪曝光事件、无重大安全事故、无违背廉政承诺事件、突发事故应急处置及时、电水气供应无间断、防汛排水无事故、垃圾清运及时率100%。

在这个目标指引下，我们先后打赢了"四大战役"。

一是垃圾清运战。从2010年3月底到4月初是布展高峰期也是工程收尾期，自建馆的大量建筑垃圾和各国展馆里产生的大量布展垃圾撒满园区各个角落。垃圾清运这项当时难度最大的任务归口到我们部门。我们落实保洁队伍和保洁方案，组织人员进场。在市领导亲自协调下，在市区两级环卫部门协助下，我们日以继夜工作，终于在试运行和开园前将1万多吨布展垃圾清运完。

二是加装小设施战。世博会开幕后，我们发现原有的遮阳伞不够，座椅、饮水机、垃圾桶和移动式厕所等设施欠缺，需要立即安装。我们白天制定方案、组织采购、准备工具和材料，晚上组织人员加班安装。整个世博会运行期间，我们先后加装了6 000多顶遮阳伞、6万多个座椅、516个饮水龙头、8 400多个垃圾桶和废物箱，为70多个展馆排队区加装了8万多平方米遮阳棚，在大棚下安装了127台冷风机、43台喷雾机、约6 000个喷雾头、2 300多台电风扇，每天为76处供应100—1 300箱不等的冰块，可直接在棚内降温5—10度。

三是厕所调整和保洁战。针对试运行期间反映的厕所问题，我们及时调整和增配，使得园区总厕位达到10 967个。我们还特别重视加强对厕所设备设施的维修保养，确保使用率，每天闭园后再进行深度保洁。通过这些措施，使厕所清洁无臭味、设施完好不损坏，确保了园区内厕所一般不排队，在40万人大客流时厕所排队不超过5分钟，在50万大客流情况下最长排队不超过 10 分钟。超过 100 万人次超大客流那天，我们部门全体人员都奔赴现场进行指挥调度，靠人工管理把部分男厕临时调整为女厕。

四是空调保卫战。由于空调调试要有室外温度条件，而建设期时间实在太短，我们不得不边运行，边供冷冻水，边调试。值得自豪的是，园区没有一个展馆因为空调而闭馆。我们晚上调试，在相关自建馆一侧增装排污阀，更换冷冻水，增加扬程泵等，天天测管道水温，包括很多热门的自建馆，有力保障了园区 200 多个场馆建筑安然度夏。

不忘初心，不辱使命，新时代继续砥砺前行

苏　梅

原载"上海民建"官网（2018年10月25日）。

苏梅，原上海世博会事务协调局出入口管理部副部长。

2018年是改革开放40周年，作为伴随着改革开放成长起来的一名新上海人，回首过往，思绪万千。我们生长在一个伟大时代，亲身经历和见证了经济社会的翻天巨变、国家的日益强大和上海这座城市日新月异的发展。随着改革开放的不断深入，站在改革开放再出发的新的历史起点上，从一个参与者的个人角度回望过去、思考当下、展望未来，铭心立志，意义深远。

回望过去，我学习、工作和生活的历程无不得益于改革开放这一基本国策的实施，在每一个关键节点上都凸显着个人使命对国家召唤的响应。

一、刻苦学习、不断深造使我成为城市规划的专家学者

高考使我来到心仪的上海高校就读。30年前的1988年，经过激烈

的高考，我以名列前茅的成绩被同济大学建筑系建筑学专业录取。五年大学生活不仅教会我融科学技术、艺术、人文和管理学为一体的专业思维和技能，更帮助我形成科学严谨、开放包容和奉献国家的治学致业精神，为后期投身社会实践打下坚实基础。

浦东开发开放和上海大发展使我扎根上海。1993 年大学毕业，作为紧缺人才，我被分配到上海城市建设设计研究院成为一名建筑设计师，投入到以浦东开发开放为标志的上海新一轮城市大发展建设中。经过多个建筑项目和轨道交通重大工程项目历练，我逐步成长为项目设计负责人和总体设计师。

组织培养使我能出国留学深造。2001 年，历经 8 年多建筑设计和轨道交通设计工作后，我被组织派遣到英国留学攻读城市规划硕士，学到了新的理念、理论、方法和实践案例。这些对项目设计而言，有利于从城市规划的"面"上去把握轨道交通这根"线"以及建筑这个"点"。更关键的是，从外向内看，我了解到当时中国和上海在全球所处的位置，在城市的建设和管理的发展方向路径上对标国际。课外闲暇躺在学校花园的草坪上，仰面看着蓝天白云，闻着沁人心脾的花香草香，对城市的热爱之情和对国家的报国之志油然而生，我就想着如何把我们的国家、我们的上海也建设得这样美好。

二、上海世博会的筹办举办使我成为不辱使命的世博人

2002 年 12 月 3 日，中国申办世博会成功了。而我人生中最重要的事就是这之后零距离地全程参与了中国 2010 年上海世博会的筹办和举办，于我而言，这是一生中最有价值的一次奉献和挑战。

2004 年经过筛选面试，我成为上海世博会事务协调局的一员，开始了近 7 年的世博征程。159 年以来世博会第一次在发展中国家举办，工作难度是全方位、全过程和难以想象的。在市委市政府坚强领导下，在世博局领导的带领下，我们历尽艰辛，最终取得圆满成功。我所面对的始终是面广量大、时间紧、任务重的情境，始终带领不同的团队沿着工作主线在一线亲身实践，组织实施了园区规划编制、建设协调、设计管理和现场运行管理工作，从规划宏图到建设蓝图再到现场实物，最终投入运行，通过实干、苦干加巧干，把一个从无到有的理念、构想，通过各个岗位工作语言的转化、内容的充实和任务的分解，在不断壮大的工作队伍中进行有效管理，实现了信息的准确传递。这种从理论研究探索到工作实践，再经历事实检验并最终达到目标实现的过程，令我收获巨大、倍感喜悦。同时，我们与全世界、全中国、全上海、全世博局无数办博者紧密协同，交流、交锋、交融，共同完成一个个常人看来不可能完成的任务，我也见识和领略到各方高手的个人智慧和协同水平，自己也逐步成长为具备一主多辅专业知识结构和综合管理能力的复合型干部。回望那段岁月，是难以想象的拼智慧、拼体能、拼意志、千锤百炼的 7 年，需要的是超常的实干、创新、奉献、拼搏和团结协作，所有的爱国之情、报国之志都化为了实际行动。当世博会最终取得成功、精彩、难忘的圆满结局之时，我和团队百感交集，千言万语化作一句肺腑之言，就是：不辱使命！

改革开放中伟大祖国的沧桑巨变和持续发展是上海世博会成功申办、成功举办的最坚实依托。而创下了世博会历史上参展国家和国际组织最多、参观人数最多、影响力最大等多项纪录的上海世博会，也成为改革开放中"世界看中国，中国看世界"的最佳平台。世博会的举办也促成了上海城市中心区域产业结构调整和功能升级，原有的重工业区和棚户区被改造成市级公共活动中心的雏形，并带动了整个城市在基础设施建设和城市管理运行方面的全面发展，世博会的举办也使得上海城市精神得以历练与升华。

办博历程中，我有幸认识全程参与申博和办博的核心人物——时任世博局副局长和世博执委会副主任的周汉民教授，他的远见、奉献和激情充分体现了世博会的价值，他就是上海世博会与国际接轨的直接领航者。得知他是民建会员后，榜样的影响力促成我后来加入了中国民主建国会。

世博会志愿者之徽章文化

胡倩立

本文写于 2019 年 5 月。

胡倩立，原上海世博会事务协调局园区
志愿者部助理部长。

人到中年，有些回忆已随风逝去，有些却深埋心底。

上海的 5 月，气候宜人，繁花似锦。当世博战友们发朋友圈感叹世博又一年时，才惊觉上海世博会开幕已是九周年，上海世博会志愿者标志口号发布也已经过去了十年。关于上海世博会和世博会上的"小白菜"，三年多的筹备过程中有太多的故事，今天就先说说世博会志愿者的徽章文化。

2009 年 3 月，上海世博会志愿者的标志、口号发布，志愿者的心型 logo 以及"世界在你眼前，我们在你身边"的口号得到了许多人的肯定和喜欢。某天，领导说，要向北京奥运会学习，给每位志愿者开发一款文化产品，作为对志愿者的一种激励，也可以作为一种纪念。对着北京奥运会的志愿者文化产品——百变头巾，志愿者宣传组的小伙伴们开始了各种"头脑风暴"，提出了一个个设想，却始终没有一个能让大家都满意的答案。

一天，在家整理东西的时候，我翻出在萨拉戈萨世博会以及美国加州迪士尼乐园交流学习时收集的各种徽章，思忖着是不是可以以徽章作为志愿者的文化产品，然后把七彩志愿心的颜色加以演绎呢？而且志愿者可以以徽章为媒介，通过交换徽章来加强交流和沟通。第二天和同事一说，大家觉得可以一试，又讨论完善了下，从 4 月开始演练至 10 月闭幕，每个月对应一个颜色，对应一种品质，形成七个不同色彩，不同时间上岗的志愿者可以拿到当月的徽章，七个月全部参与的长期志愿者可以集齐七个颜色。

但在讨论过程中也提出来两个问题。务实稳重的"表叔"提出志愿者的上岗时间是有统一安排的，这意味着每个志愿者得到的徽章一开始就不一样，而且一人只有一枚徽章，无法进行交换；爱美的"文美丽"提出徽章没办法露出来，要保存又有一定难度，需要有个载体。于是又是一轮"头脑风暴"，最后形成了世博会志愿者文化产品——由心愿带和心愿章组成的七彩志愿心。

平面设计高材生小安将文化产品从美学角度进行了设计和完善，心愿带从证件挂绳上对长期志愿者和短期志愿者进行了区分，心愿章包括一枚志愿者基础章——志愿者之心和在岗月份的月份章（紫色四月章代表悉心进取，青色五月章代表细心诚实，绿色六月章代表爱心互助，红色七月章代表热心奉献，橙色八月章代表耐心坚持，蓝色九月章代表信心团结，金色十月章代表诚心微笑）。按照这个设想，我们向世博局分管局长许伟国、志愿者管理部夏科家部长等领导进行了汇报。感谢领导的支持，虽然对徽章作为文化产品能否起到有效激励作用仍存一丝疑问，但领导放手让我们一试，开始进行文化产品设计的招投标工作。

想起来一个十分有趣的细节。在已经要投产的某天晚上，睡不着的我突发奇想，既然是纪念性的，为什么不索性弄得更有意思点？我激动地给小安打了个电话：我们给每个志愿者基础章加个唯一编号吧，这样是不是显得更有收藏价值？好在世博会的供应商已经习惯了大家的工作节奏，连夜进行了调整，在每个基础章的背后都盖上了神秘的号码戳。

世博会试运营开始，第一批志愿者七彩志愿者心下发了。志愿者们拿到四月章后，都开始询问一共有几枚章？怎样才能拿到？收到这样的反馈，我们心里有了点底。

2010 年 5 月，世博会如期开园，第一批入驻的高校志愿者开始正式上岗，世博会志愿者身穿白绿相间的服装，活跃在世博会园区的各个角落，被中国青年报等媒体亲切地称为"小白菜"。复旦大学、同济大学等高校开始纷纷设计制作带有学校特色的"小白菜"徽章。志愿者徽章开始热起来了，每个园区志愿者的挂绳上都挂着几枚徽章，世博场馆的工作人员们也开始和志愿者交换徽章了！当时高校志愿者上岗是以两周为一个周期，但由于上岗的每一个高校，如上海理工大学、上海海事大学、上海工程技术大学等都为自己学校的志愿者设计了独特的徽章，志愿者相互交换，一时志愿者的证件挂绳上琳琅满目，前面上岗的高校志愿者虽然离开了世博会园区，但他们的徽章却仍在园区内存在并不断被交换着。而志愿者基础章"志愿者之心"，因为制作精良又拥有独一无二的编号，且每个志愿者只会有一枚，在志愿者心目中的地位越来越高，负责编写园区志愿者简报的长期志愿者们说，现在志愿者之间都在比谁拿到的号码靠前，拿到特殊号码（如 xxx6666）的志愿者更是得意得不得了。志愿者的徽章成了园区里面的"硬通货"，特别是外国游客，有开价要 200 美元买"志愿者之心"的，有提出要用实物来交换的。最夸张的是东华大学的老师说他们的学生志愿者在上岗时，有一位欧洲游客看上他的"志愿者之心",提出用一架单反照相机来交换,最后还被志愿者拒绝了。这样的故事有很多。

到世博会后期,我们还陆续推出了优秀志愿者才有的世博会"志愿者之星"和其他一些志愿者文化产品,我们部门的同事甚至自己买了一台做徽章的简易小机器,放在办公室里激励一直加班的"菜农""菜头"和"小白菜"。世博会志愿者的徽章在园区内、志愿者间大热,徽章文化和班车文化、休息室文化成为园区志愿者的三大文化现象之一。

当时,我自己也收集了许多的徽章,家人总是不解,有个纸箱我几乎不会打开,每每搬家却都不舍得丢弃。其实,那是我不舍的世博会情缘,我的世博会志愿者之心。

上海世博会国际招展的点滴回忆

陈 江

本文写于 2019 年 5 月。

陈江，原上海世博会事务协调局国际参展部副部长。

上海世博会取得巨大成功，国际招展是一个非常重要的工作板块。我从申博阶段就参与了上海世博会的国际招展工作。回顾历史，有许多值得记录的事件。限于篇幅，我谈两个方面工作。

一、国际招展机制

上海世博会有 196 个国家和 50 个国际组织参展，这是国际招展机制的工作成果。我有幸亲身经历了国际招展机制全部 13 次会议，参与了每次报告和会议纪要的撰稿工作。

上海世博会国际招展机制是根据上海世博会组委会第三次会议的精神组建的，由上海市牵头，外交部、商务部、上海市、中国贸促会组成，上海世博会中国政府总代表参加，其职责是对上海世博会国际招展工作统一规划、管理、实施。第一次会议于 2006 年 1 月 7 日在马勒别墅举行，上海世博局局长周禹鹏副市长主持召开了第一次会议，周汉民副局长作了关于机制工作内容、运行机制、各单位分工和近期招展工作设想的汇报。会议明确：外交部负责主权国家和政府间国际组织的招展；商务部负责对口对方经济部门，指导国际企业的招展；中国贸促会负责非建交国的招展；上海世博局负责国际招展的日常的具体组织、协调和落实工作。会议还确定了联络员制度、例会制度、简报制度、信息共享制度，并建立起了上海世博局和前方使馆的直达通信系统。

在第一次会议上，确定了以外交部、商务部、中国贸促会、上海市政府联合呈文国务院，请国务院领导签批后向各国发出世博会参展邀请函。之后不久，2006年3月22日，温家宝总理签发的邀请函通过我驻外使馆向各建交国发出；对未建交国，由我常驻联合国使团以照会形式邀请；对国际组织，以我外长名义邀请。

2006年3月24日，第二次招展机制会议在上海举行。在我前方使馆的全力游说下，邀请函刚发出，就已经有92个国家表示将积极考虑参加上海世博会。虽然形势十分喜人，但我们内部很多工作其实还没有跟上，此次会议明确要立即制定招展口径，包括通用说帖和有针对性的供双边谈判使用的具体口径。同时，为了落实申博承诺，会议要求细化对发展中国家的援助，每项援助要细化到三级子目录，便于实际操作。

6月24日，第三次会议在北京举行。会议研究了对目标国家和国际组织进行分门别类，采取不同的、有针对性的招展策略的方案。并请杨雄副市长于11月出访美国时，在我常驻联合国代表团的安排下，做联合国总部的参展工作。会议还对参展合同的谈判工作进行了研究。

10月8日，杨雄副市长主持召开了第四次会议。会议讨论了城市最佳实践区的招展工作，原则同意了争取非建交国参加上海世博会的工作方案，研究了第一次参展方会议的方案。

12月26日，举行了第五次会议。当天上午，国务院徐绍史副秘书长主持召开上海世博会国际组织招展工作会议，下午的招展机制工作会议马上对具体工作作了部署，要求国际组织招展力争有突破；通过区域性国际组织，争取非建交国以联合馆形式共同参展。这次会议对国际组织和非建交国招展的全面突破起到了关键的作用。

2007年4月12日、7月31日进行第六、七次会议，招展任务按洲别、按片区落实到更加细致的工作方案开展。同时要求做好非洲联合馆、南太联合馆、联合国馆的工作。

2008年1月10日、5月7日、10月9日举行第八、九、十次会议，招展的工作重心逐渐转移到参展签约和服务，落实参展事务、防退展上。另外，对美国等重点国家的招展、参展进行了重点部署。

2009年2月11日、6月23日召开第十一、十二次会议，会议重心转向参展服务工作，开始筹备指导委员会的组成和会议的举行。

2010年4月6日，杨雄副市长主持召开第十三次会议，会议认为在中央招展机制的统一规划、统一管理和统一领导下，在机制成员的通力合作下，国际招展工作取得圆满成功，参展国家和国际组织无论从绝对数还是相对数，都远远超过以往世博会的纪录，国际招展机制不负众望，整个任务超纪录地圆满完成。

在亲身参与历次会议的过程中，我深深地体会到机制各部门团结协作，前方使馆与后方上海世博局保持密切沟通联系，全力推进各项工作，力量拧成了一股绳，是上海世博会招展工作成功最重要的保障，充分体现出我们国家集中力量办大事的强大体制优势。

二、上海世博会城市最佳实践区遴选委员会工作

城市最佳实践区一开始就以高标准、国际化为引领，力图聚集全球最佳城市实践案例。为此，2007 年 4 月，上海世博会组织者邀请国际组织、全球著名城市代表和中国政府机构、学术代表等，组成城市最佳实践区参展案例国际遴选委员会。委员会由联合国副秘书长、人居署总干事安娜·蒂贝琼卡和国际展览局秘书长洛塞泰斯担任双主席，成员包括：联合国人居署、国际展览局、联合国环境规划署、联合国开发计划署、联合国教科文组织、世界银行、经济合作和发展组织、亚洲开发银行、世界城市和地方政府联合组织、日内瓦市、巴黎市、萨拉戈萨市、中国科学院院士、中国科学技术大学、中国建设部、科技部、中国可持续发展研究会、上海世博局、上海世博土地控股有限公司。这个阵容非常强大，体现出了上海世博会组织者开放的博大胸怀。

遴选委员会秘书处设在上海世博局国际参展部，秘书长由周汉民兼任。我作为国际参展部的分管助理部长，有幸参与了遴选工作的全部过程。

遴选委员会一共开了四次会议。第一次会议于 2007 年 4 月 25 日在上海举行，会议确定了参展案例的遴选程序、工作准则和规程，确立了公认度、创新度和价值度三条标准，审议通过了城市参展自荐案例征集公告文本。根据遴选委员会要求，会议后，秘书处通过上海友城、各国驻沪总领馆、国际展览局网站和其他国际组织网站向全球发布了征集公告。截至 2018 年 1 月 31 日，组织者共收到来自 28 个国家和 80 个城市的 108 个案例，在 2 月 1 日又收到 7 个城市 8 例申报案例，一共收到案

例 116 个。经过组织者梳理后，入围到最后遴选的案例为 113 个。

2008 年 3 月 20 日举行了遴选委员会第四次会议。这次会议对入围案例进行遴选，形成城市最佳实践区的案例入选名单。当时，组织者内部对于遴选方式有争议，有人希望中国本土案例能更多入选，这是可以理解的。但是遴选工作的公开、公正、透明，又要求我们充分尊重遴选委员会所有成员的选择，把全球最高水平的，对人类有引领作用的城市最佳实践案例选出来。我清晰地记得，之前市领导已明确了公开、公平，尊重遴选委员会的原则，会议当天上午，杨雄副市长又专门打电话给周汉民，再一次强调了案例必须让遴选委员会公开、公平地选。事实上，秘书处为了这次遴选会议，事先已经做了大量的准备工作，为每位代表准备了一台电脑，电脑里装上了 113 个案例的全部资料，同时我们已经做好了选票，选票上印上了所有案例的名字，供遴选委员会委员当场遴选。

3 月 20 日上午，周汉民宣布遴选的方法和规则：完全由委员投票决定，投票采取记名方式，根据票数多少，最终决定案例名单。规则一宣布，就受到与会所有委员的一致赞扬。遴选工作持续了足足一天，委员的认真令人感动，他们一个个案例地深入研读，然后根据自己的判断，投下了庄严的一票。经过票数统计，当场选出了 32 个高票案例，由于接下来有 12 个案例得票相同，经遴选委员会研究，又决定将这 12 个案例也全部入选，这样最终确定了入选名单。会议当天，洛塞泰斯和周汉民还就遴选结果举行了新闻发布会。

大事件的小视角

孙永平

原载上海市人民政府外事办公室、上海国际问题研究院世博工作总结《亲历世博外事》（2010 年 11 月）。

孙永平，时任上海市人民对外友好协会常务理事、上海世博会外事工作指挥部办公室友好团体参访组组长。

世博会是各国民众欢聚一堂的盛会，同时也为国家领导人之间进行高层次外交活动提供了重要平台。

这些重大活动主要是围绕世博会的三个重要活动日进行的，即 2010 年 5 月 1 日世博会开幕式系列活动、10 月 1 日中国国家馆日活动、10 月 31 日世博会闭幕式系列活动。可以说，在世博会举办期间，上海经历了有史以来规模最大和规格最高的国家首脑外交，其中就包括第一次在上海为外国元首对中国进行的国事访问举行欢迎和阅兵仪式。这是对上海外事工作的极大鼓舞，但同时也对我们相关保障工作提出了重大的考验，要求我们对每一次的重大活动都必须从细微之处着手，想得深、想得细，确保每一个环节都万无一失。我印象最深的是胡锦涛主席在世博开幕期间举行的一系列重大双边外交活动。这其中涉及选址、会场布置、会场调整等一系列琐碎繁杂的工作内容。

首先，在选址方面就令人颇费思量。由于上海之前没有举行过这样高规格、多批次、高密度的外国领导人欢迎仪式及双边会谈，所以要找到一个各方面条件都适合的地点有一定困难。为此，从 2010 年 2 月开始，在中央有关主管部门同志的指导下，花费了一个多月的时间，终于将欢迎仪式地点确定为上海国际会议中心。

随之而来的就是更为艰巨的会场布置工作。在活动筹备期间，我们特意赶赴北京，实地了解了在人民大会堂、钓鱼台国宾馆等处举办相关活动场地的布置方法，观摩了温家宝总理在人民大会堂举行的孟加拉国总理访华欢迎仪式。我们还特意邀请三军仪仗队和军乐团的负责人到上海来实地踩点，指导准备工作。

在如此短的时间内要做好各项准备是非常困难的，很多情况在我们以前外事活动中未曾遇到过。比如上海国际会议中心的场地没有北京人民大会堂那么大的空间，因此必须仔细筹划领导人检阅台摆放、三军仪仗队站立以及领导人行进的红地毯的铺设位置。为了确保万无一失，我们采取了最耗时但比较可靠的方法——定位和画线的方法，邀请仪仗队负责人来沪，按照领导人检阅仪仗队行进的路线以及仪仗队站立的位置，在地上做好标记，然后根据标记定制需要铺设的红地毯。

这次活动的另一个安排也给我们带来不小的挑战。4 月 30 日晚，胡主席举行欢迎晚宴款待来访的各国元首和政府首脑，而迎接各国领导人的场所在第二天要举行阅兵仪式。这就意味着我们在欢迎仪式结束后，必须立即清理场地并重新布置现场，时间非常紧张，要按照原先方案重新铺设红地毯，还要将楼上举行欢迎晚宴的宴会厅重新布置成第二天使用的会谈场所，为第二天的双边会谈做好准备。这些工作从 30 日晚上一直持续到第二天凌晨 5 点才结束。

欢迎仪式的事情准备好之后，另一件需要细致筹备的事就是领导人的双边会谈。由于此前上海在这方面的经验相对欠缺，所以很多设备、用具等都需要重新购置和布置，如双边会谈所需的会谈桌、会谈时使用的纸笔等。我们努力营造出与北京类似的环境，使国家领导人能够很轻松地熟悉新环境。因此我们按照北京的标准定制了新的会谈桌。特别值得一提的是领导人使用的纸和笔。由于恰逢世博会期间，有关领导要求，要体现出世博的元素，我们就设计了具有上海世博特色的独特用具，印制了两种色彩渐变的会谈用纸。我们也定制了具有世博标志的专用会谈用笔。领导人会谈之后，一些中央部门世博期间在沪工作人员都向我们要求能够提供一些同样款式的笔。这些世博元素深受欢迎。

有了筹备世博开幕期间胡锦涛主席在沪活动的经验，在之后的吴邦国委员长参加中国国家馆日活动以及温家宝总理出席世博会闭幕式活动中，我们就大致可以应付自如了。当然，这其中也有很多困难和艰辛。例如，温家宝总理在出席世博会闭幕式活动期间，举行了密度极大的与各国领导人的双边会谈活动，时间安排相当紧张。按照安排，每次会谈历时 20 分钟，中间有 10 分钟的休息时间，而我们则利用这 10 分钟的空闲时间赶快更换席卡、茶杯及其他用具，并适当调整座椅，因为外方代表团的人数并不一致，需要保证会谈桌两端的座椅对齐，同时中间领导人的座位也需要对齐。事实上，由于双方领导人的会谈总是很热烈，所以时间难免延长，而此时参加下一次会谈的外方代表团已经到达等候了。因此我们服务保障工作的时间就更少了。好在我们已经在开幕式期间对服务员进行了专门培训，具备了充足经验，大家各司其职，安排有序，以最短的时间重新安排会场，圆满顺利地完成了任务。

我的世博缘

唐子来

原载《上海世博会主题演绎你我他》，
东方出版中心 2011 年版。

唐子来，时任同济大学城市规划系教授
和系主任、上海世博会城市最佳实践区
总策划师。

一、回忆申办上海世博会的园区规划设计陈述工作

2002 年初，我接到上海市城市规划管理局的邀请，参与上海申办 2010 年世博会的陈述工作，在国际展览局考察团来上海考察时，介绍上海世博会园区规划设计方案。尽管早在 1985 年我曾参与上海举办国际博览会预可行性研究，对于世博园区的规划设计有所了解，但仍需要在较短时间内收集相关资料，精心准备陈述内容。

在申办 2010 年世博会的初期阶段，上海举办了世博园区规划设计的国际方案征集工作，从中选择了法国 AS 建筑事务所提供的方案，并进行了多次修改和完善，最后形成申办世博会的园区规划设计方案。这又称为"申博方案"，以区别于最终实施的"办博方案"。根据当时的"申博方案"，世博会的规划控制范围为 5.4 平方公里，位于南浦大桥和

卢浦大桥之间的黄浦江两岸地带；世博会的开发范围为 4 平方公里，世博会围栏区为 3.1 平方公里，都位于南浦大桥和卢浦大桥之间的浦东一侧。如今广为人知的城市最佳实践区在当时称为城市实验区，只是位于围栏区之外的世博会相关项目。

世博园区规划设计方案陈述工作组进行了周密考虑，大家认为陈述工作不仅要表明规划设计方案的创意内涵和技术合理要点，更要突出园区选址的重要意义和后续利用的长远安排，前者是必要条件，而后者则是充分条件，由此才能立于不败之地。

在园区选址的陈述内容中，一方面要强调技术合理性，特别是世博园区的交通可达性。当时我提到，上海轨道交通的运营里程将会从 2001 年的 65 公里扩展到 2010 年的 400 公里，而实际上在世博会开幕之时，上海轨道交通的运营里程达到了 420 公里。另一方面，要突出园区选址的重要价值，具体分为四个方面。

其一，世博园区位于传统工业和棚户简屋的集聚地区，世博会的举办将会推动这一衰败地区的"城市再生"。我刻意使用了"城市再生"（urban regeneration）而不是"城市更新"（urban renewal），因为在城市规划专业领域中，urban renewal 通常指 20 世纪六七十年代西方城市中大规模的旧区改造只是关注物质更新，意味着推土机式的大拆大建，破坏城市街区的传统肌理和肢解长期形成的社区网络；urban regeneration 指 20 世纪 90 年代以来的西方城市实践，综合考虑物质、社会、经济、文化、环境等方面，被认为是成功的城市实践。我还特别以 1998 年里斯本世博会的城市再生经验为例，因为这是国际公认的成功案例。

其二，世博园区选址能够充分演绎"城市，让生活更美好"的世博主题。黄浦江是上海的母亲河，浦江两岸的老城厢、外滩和陆家嘴分别印证了这座城市走过的各个重要历史阶段，而世博园区将会成为上海走向未来的标志性区段。

其三，世博园区紧邻上海城市中心地区，可以充分利用城市中心的商业、文化、休闲和酒店等设施，更为经济有效地满足超大规模游客量的时段性需求，从而提升世博会的运营效益。

其四，黄浦江两岸综合改造是上海城市总体规划确定的重要项目，世博园区所在的黄浦江区段具有明确的规划功能定位，由此确保世博园区将在会后得到积极利用。我想重点表明，接下来要陈述的世博园区后续利用并非权宜之计，而是城市长远发展的重要组成部分。

在明确城市总体规划对于区段的功能定位为会展、文化、休闲和居住综合发展区的基础上，我详细地陈述了园区后续利用的具体策略，包括保留的、改造后再利用的、拆除的建筑物和构筑物。保留的元素包括中国馆、绿化廊道和椭圆形运河、跨越黄浦江的步行"花桥"。其中，中国馆的后续利用是作为世博会历史博物馆；改造后再利用的元素包括会议中心和联合展馆（当时两者相邻布置）作为地区级公共活动中心、企业馆作为商务园区、世博村和省区馆（当时两者相邻布置）作为居住社区；拆除的元素主要是当时分布在黄浦江沿岸的外国馆，该地区在后续利用中作为滨水居住用地。

以后，随着世博园区规划设计方案的不断调整和修改，园区的后续利用方案也就随之变化，但园区的总体功能定位大致相似，并仍然采用保留元素、改造后再利用元素和拆除元素三种基本策略。

二、回忆上海世博会城市最佳实践区的规划创意工作

2006 年 10 月，我应邀主持上海世博会城市最佳实践区的规划设计

工作。2007年5月，我被任命为城市最佳实践区总策划师。

这个项目的前身在申博阶段就提出了。申博成功后，上海世博会组织者提交的注册报告再次确认了"城市实验区"的设想。国际展览局建议把"城市实验区"改名为"城市最佳实践区"，并获得了上海世博会组织者的认可。世博会的传统参展方包括国家、国际组织和企业，2010年上海世博会的城市最佳实践区使城市首次能够直接参与世博会，这是世博会历史上的一个创举，将对世博会的未来发展模式产生重要影响。

作为世博会历史上的创举，城市最佳实践区无先例可循。我们必须提出完整的规划创意，其核心概念是"X+1"，即城市最佳实践区不仅是汇集世界各地的城市最佳实践（X）的"世博亮点展区"，其本身也应当成为体现城市最佳实践精神的"街区改造范例"（+1）。2007年2月，我随上海世博局工作组飞赴巴黎，向国际展览局高层领导汇报城市最佳实践区的规划创意，并获得认可。

世博亮点展区这一命题涉及三个核心议题。首先是围绕城市最佳实践区作为世博会主题演绎的主要载体之一，如何确定参展城市案例的展示领域，即我们需要充分了解当今世界城市最佳实践的主流领域。有人提出过"3R"（reduce，reuse，recycling）我们也提出过"生态城市"作为城市最佳实践区的主题展示领域，但国际展览局认为，应当更完整地演绎世博会主题，而不是局限在一个领域，尽管"3R"和"生态城市"都很重要。

为此，基于来自国际组织、各级政府、学术团体、专业机构和大众媒体的全方位信息，我们建立了城市最佳实践的全球案例库，并对各个案例进行深度解读。最终将城市最佳实践区的主流领域归纳为宜居家园、可持续的城市化、历史遗产保护和利用、建成环境的科技应用，分别对应世博会主题演绎的相关概念领域，即城市人、地球、足迹、梦想。

其次是采用何种方式来展示这些主题领域的城市最佳实践。我们研究了历届世博会的展示方式，并从1967年加拿大蒙特利尔世博会的"栖居67"中获得一些启示，提出三种展示方式。一是常规的展馆展示方式，即在老厂房改造的联合展馆中设置各个参展城市案例的展区；二是建造展示方式，参展案例作为城市建成环境元素，包括建筑物、开放空间、交通方式和环境设施等，通过实物建造方式展示，并整合成为模拟城市街区；三是其他展示方式，包括举办论坛、报告和研讨等活动，既适合城市公共政策等无形案例的深度展示，也可以满足更多案例的参展需求。

最后是如何遴选城市最佳实践区的参展案例。世博会组织者专门成立了国际遴选委员会。该委员会的成员包括联合国的四个下属机构（人居署、环境署、开发署、教科文组织）、国际展览局、世界银行等国际组织。我们为此提出了遴选原则和程序的建议，获得国际遴选委员会的采纳。

与此同时，我们还始终强调"城市最佳实践区也应当成为体现城市最佳实践精神的街区改造范例"，规划设计方案体现了宜居环境品质、低碳生态模式、工业建筑再生、科技集成应用、地域文化特色等方面的创新实践。特别值得回忆的是，城市最佳实践区原本并非会后保留区域，正是街区改造范例这一规划创意获得了相关领导的充分认可，使之转变成为世博园区中两个保留区域之一（另一个保留区域为一轴四馆），在世博会以后继续谱写街区改造范例的规划使命，被媒体称为"将城市最佳实践进行到底"。

作为城市最佳实践区的总策划师，我确实为城市最佳实践区从梦想变为现实而感到欣慰和自豪。

镌刻历史的记忆
——世博会天安门计时牌竖立的台前幕后

宋仲珺

原载上海世博会事务协调局《世博人》报。

宋仲珺，原上海世博会事务协调局新闻宣传部高级主管。

话匣子打开了，话题还得从 2008 年初说起。

话说新闻宣传部在年初的一次例会上，朱咏雷副局长提出："今年新闻宣传部的工作重点是三个一，即'一个巡展，一部片子，一块牌子'。"所谓的"一块牌子"即世博会天安门计时牌。

世博会是国家大事，竖立计时牌应该难度不大。然而，事情进展的不易，远远超出我们的想象。自 2008 年 3 月前期调研开始，我们感觉身上的担子越来越重，事情远不如我们想象的那么简单。

2008 年 5 月 21 日，"世博会（北京）计时牌竖立工作第一次协调会"在北京市政府召开，北京市有关方面均表示支持这项工作。这个会议仿佛吹响了进军的号角，计时牌工作迈开了坚实的步伐，实质性启动了。借鉴奥运会经验，我们找到了 2004 年承接 2008 北京奥运会倒计时牌竖立工作的公司，从他们那儿了解到竖立这样一块计时牌所要经过的路径以及必须完成的前期工作。了解下来，我们明白了，制作这样的牌子，技术上问题不大。但要在天安门这样一个举世瞩目的地方竖立计时牌，必须经过高层领导审批。于是，我们开始走程序。

其间艰难，难以言表。回想起来，历历在目。仅仅在北京召开的协调会就达六次之多，这还不包括小范围的多次碰头会。新闻宣传部出差去北京达到近 40 人次，频次和人次均创历史纪录。

2009 年 3 月 2 日，国务院主要领导亲笔批示"同意"（此批件拿到手时，国务院办公厅的一个处长告诉我，这是大领导第一次写下"同意"这两个字，以前都是在他自己的名字上画圈表示同意的）。此时，计时牌已经在上海、广东、天津和北京分头制作完成。又一个问题来了：计时牌要竖起来，首先必须"运进来"。我们找了北京市交管局，得到的回答是：进京车辆须办进京车辆通行证，运进天安门地区的货物必须获得天安门管委会等有关部门的批准。找了有关部门，"有关部门"很有"原则"：所有进京车辆都必须办理通行证，无一例外。可是，按照正常程序办证，显然来不及了。时不我待，国家博物馆方面挺身而出："我们来协调！"态度毅然决然，话语掷地有声。于是，由国家博物馆王玉雪副馆长出面，请国家博物馆改扩建工程总承包方的车辆协助，将计时牌按照规定的线路和时间运输进京。之后，去天安门管理委员会等八个部门报批，请求在国家博物馆西门开工建设计时牌。北京市建委等部门很支持，工作进展顺利。4 月 20 日，计时牌雏形初具，开始在国家博物馆西门，面对天安门广场发出熠熠光辉。

接下来的问题就是"掀开来"了，即举行启动仪式。在天安门广场这样一个地方，在 5 月 1 日这样一个日子，举行这样一个大规模的活动，方案必须上报，很多细节需要讨论、必须落实。然而，这时候已经是 4 月底了，如果再不定夺，现场布置就没有时间了，工作团队连夜开会商讨对策，食不甘味，寝不安枕。

4 月 22 日，揭幕仪式第一次协调会在国家博物馆施工现场召开，朱咏雷副局长、组委会联络小组办公室姚瑞副主任、天安门管委会、世博局、国博改扩建总承包方、现场布置承接公司等方方面面出席。

4 月 24 日，有关部门专门召开会议，听取组委会联络小组和世博局方面的汇报。

4 月 26 日，朱咏雷副局长在世博局召开上海方面协调会，再次推敲演出方案、布置工作，明确分工、细化环节、强化责任。

4 月 27 日上午，国家博物馆现场协调会召开，落实揭幕仪式用电和现场布置问题；下午，天安门管委会汇报工作，协调有关事项。

4 月 28 日上午，天安门管委会召开会议，落实现场布置、车辆运输问题等诸项事宜。

4 月 29 日，有关部门召开会议，落实现场保安、消防、观众入场、交通等问题；为了安全，天安门管理委员会让我在《安保责任书》上签字。那支笔是那么的沉重，我很费力地拿起来了，却迟迟不敢签下自己的名字。因为签下名字就意味着，现场的 100 多号人，谁出了事我都得担责。

4 月 29 日下午，揭幕仪式所有参与部门召开最后一次协调会，明确出席仪式的中央首长，明确各部门任务和安保细则等诸事项。

为了启动仪式顺利举行，为了世博会的宣传节点雷打不动，为了这个难忘的历史性的时刻，世博局市场部、国际参展部、办公室、行政中心、安保部、财务部等部门通力合作、各司其职、密切配合，没人抱怨，更没人打退堂鼓。所有的人都只有一个信念：坚守岗位、保证启动仪式正常举行，万无一失。

4月30日到5月1日凌晨，朱咏雷副局长带领新闻宣传部在现场办公；4月29日、30日连续两个昼夜，俞力、沈冶、白亚等同志坚守现场。

2009年5月1日上午10点，"中国2010年上海世博会开幕倒计时一周年暨天安门计时牌启动仪式"顺利举行，10点15分，历史将记住这一时刻，中共中央政治局委员、全国人大委员长吴邦国握住世博会天安门计时牌推杆，随着全场观众"5—4—3—2—1，启动！"海浪般的欢呼声，吴委员长一拉推杆，计时牌瞬间发出璀璨的光芒，向全世界昭示：离中国2010年上海世博会开幕只有短短的365天了！365天后，举世瞩目的上海世博会将展开怀抱迎接来自全世界的朋友，正像启动仪式主持人、上海市市长韩正说的："明年的今天，中国2010年上海世博会将在美丽的黄浦江畔开幕，届时，欢迎各位参观世博会。"

铿锵的声音回荡在阔大的天安门广场，市长的邀请借助媒体送达了世界各地，世博会越来越近了……

命题与深耕

滕俊杰

原载《问道与表达》，上海人民出版社
2015 年版。

滕俊杰，时任上海市文化广播影视管理
局艺术总监。

在 2010 年上海世博会的申办、筹办及举办过程中，我领衔上海电视台团队主导、创制了大量申办、筹办世博会的专题节目和各类重大晚会。其中，最重要的是最终成功执导了 2010 年上海世博会的开幕式和闭幕式。

上海世博会开闭幕式的成功，取决于理解主题、表现主题两个关键，也就是说，我的工作实际上就是问道与表达。

问道，乃专注探索、认清命题也。这是纲，纲举目张，事事明朗。所谓命题，即主题。纵观世博会的"前世今生"，通常都有命题。中国 2010 年上海世博会的命题是"城市，让生活更美好"。

对世博会开闭幕式这样重大项目的命题深耕，就是要善于倾注时间，由表及里、由此及彼地把世博会命题所聚焦的理念琢磨深、解析明、表达准，传递透；就是要精准把握命题的现实针对性和未来意义，准确驾驭命题的诉求走向。当真切认知到"磨刀与砍柴"的关系后,我改变了以往项目任务一到手,就考虑"凑节目、堆明星"的惯用做法,而是先"回撤一步",在命题深耕方面下足工夫。

与往届世博会相比,中国2010年上海世博会既有相同之处,更有许多不同点。我系统地归纳成了六个"最":(1)第一次提出了"城市"的最新命题;(2)世博会第一次来到发展中国家;(3)本届世博会参与的国家、地区和国际组织数量已达历史之最;(4)本届世博会到场参观的人数也将达到历届之最;(5)本届世博会的传播力度和广度累积起来将是最为强劲、最为广泛的;(6)本届世博会的双边、多边高层外交最密集。上述之特点,构成了与往届"同"与"不同"的新一届世博会。

外部的特征找到了,内部的特征是什么呢?问道在继续。为此,我一头扎进书堆里,系统查阅了各种资料,并再次熟读了世博会史,以此强化本届世博会理念的研究、推导。我还带着团队在准备时间已经非常短缺的情况下,花时间进行了新一轮的"长考"。我们聚在简陋的、用三合板围起来的空间里,召开了大大小小几十个会议。世博会开闭幕式总负责人、市委副书记殷一璀多次深入一线,召开专题现场会,为我们的方案把脉,作出重要指示和支持。我们还数次听取了前后两任市委常委、市委宣传部部长王仲伟和杨振武,以及副部长宋超、陈东、宗明等对我们工作的具体要求和热情鼓劲。具体负责此项目的上海世博局副局长、文新报业集团社长胡劲军则全力为我们创造了许多条件,为我们解决了诸多困难。我们还专门请教了上海图书馆馆长吴建中先生及复旦大学钱文忠教授,受益颇丰。在步履匆匆穿梭和时间流逝的盘桓中,我们渐渐获得了一种开阔、充实、明朗的心境。

放眼世博会159年不长不短的历程,我发现,伴随着人类智慧的提高、社会生活的变迁和发展，每一时期世博会的命题都在发生着变化。它从最早的技术关注，渐渐走向理念关注，又进一步走向对文明生存可持续发展的关注。总之，呈现出渐变、渐进的特征。

在世博会早期，它的命题大多是讲述人类当时的发明创造，讲述工业革命的开发及成果。到了 20 世纪七八十年代，世博会开始显现出环保"焦虑症"，关注的重点转向了对植物、动物及大自然的保护。21 世纪以来，特别是到了中国 2010 年上海世博会，第一次开始关注当下人类最标志性的生存空间——城市，关注人类本身的生存状态及未来走向，"城市"的优劣成了最新一届世博会的命题。为此，我专程请教了吴建中先生，他结合自己的研究成果，建议用三种颜色来区分世博会发展的三个阶段，即，红色、绿色和蓝色。世博会的早期可定为以冶炼、机器发明为标志的红色；中期，世博会关注的重点是环境保护，绿色是基准色；而以 2010 年上海世博会为标志，开始了对人类日益依赖的世界城镇化趋势的关注，因此，可冠以蓝色，因为蓝色代表和谐，代表生命。我认为，这三个阶段、三种颜色的划分，十分形象，颇有哲理。它的递进，正是历经 159 年历史的世博会日益成熟的标志。

本届世博会的命题是"城市，让生活更美好"。这个命题告诉我们：城市，已不再是简单的行政区域和商品集散地，而已是一种普遍的文明递进形态和生活递进方式。城市化意味着城市与乡村的社会及文化界限变得模糊，也意味着城市的生活方式及其文化影响成为整个社会生活的主导力量。这个命题还告诉我们：它初看起来，似乎一目了然，但深究其内涵，实难一言以蔽之。它对今天的城市来说，是一个"似是而非"的题目。更确切地说，它是一个问号。

经过这轮"深耕"后我们发现，现代城市本应该是人类最具创造力、最具勇气和最具生命感的栖息地，但至少现在还没有达到这样的境界。普遍而言，今天的城市，还远不能说美好，今天的大部分城市还有很多问题，比如：城市过度膨胀；资源低水平利用，环境污染和粗放性浪费严重；钢筋水泥挤压了大量绿色空间；贫富差距明显；过高的商务成本；缺少整体惠民的文化润泽，人与人之间关系冷漠；等等。

经过多轮由浅入深的"长考"、讨论，我们渐渐接近了本届世博会命题的真谛：它肯定了城市形态，但并不赞美当下城市的许多做法；它给今天的城市留了个"及格"的分数，而把高分投给了未来。因此，这一命题更多的是一种"愿景"、一种召唤、一种决心，它与人人有关，是人类未来城市化进程中必须思考的一道问答题，是国际社会急需携起手来、共同奋斗的一个目标。

无疑，这就是本届世博会开闭幕式必须首先和重点要回答的关键性问题。只有这样切中要害的回应，世博会的开闭幕式才有"刀刻般的价值"；只有这样的文化解析和随之而来的艺术表达，才真正具有生命意义、未来意义。总而言之，世博会的开闭幕式，应该超越一般意义上的轰轰烈烈，也超越一般的文化、民族、宗教和意识形态，成为一种全新的、引领性的"中国主张"的深度张扬。这是我作为总导演不能含糊、必须担当的文化使命。

于是，一种由命题深耕带来的全新创作意向跃然纸上，它扭转了先前创作理念上的一些弯路。比如：在国家级盛大的开闭幕式晚会上，习惯以超越过往的"人海战术"进行铺天盖地、热火朝天的极度动态表达；习惯于一味"抖箱底"张扬祖宗的方式；习惯于一味强化自我、吹拉弹唱"独乐乐"的表现思维等。我明白，这样的做法尽管也有可取之处，用在其他场合效果也较好，但是在本届世博会的开幕式、闭幕式晚会上并不合适。因为它与本届世博会命题的期盼有些相反：未来理想的城市，恰恰不需要过于密集的"人海战术"，恰恰不需要"粗放式"的热闹，恰恰不需要以农耕时代为主要标志的远古张扬，恰恰不需要排斥外来的唯我独尊。它要的是疏密有致的空间感、信息快捷的便利感、包容和谐的互动感、创新有为的生命感。它追求的是创意，是生态，是文化，是情调——这就是本届世博会命题"城市，让生活更美好"的核心诉求，也就是我执导本届世博会最大的两个文艺演出项目——开幕式和闭幕式必须领会，必须艺术化表达的主旨内容。

那段时间，自己作为总导演，要么常常闭门谢客，关在房间里冥思苦想，长期引以为豪的一头乌发中第一次出现了根根白丝；要么主动寻找"对手"进行辩论，期盼越辩越明。我和团队在对命题的执着"深耕"中，从纷乱的头绪及需求中理出了脉络，在许多人头脑中一味只有拼规模、拼经费的又一次兴奋过度的"热运转"冲动时，我们反其道而行之，渐入佳境地"冷思考"，理解了"深度城市化""城市人性化"这一全新的层面，自觉警惕城市文化符号因文化内涵的"空壳效应"而变得苍白无力。总之，我们没有走偏路径，也没有掉入以往的俗套，而是用所有的努力叠加，辨清了命题的远方，找到了一些城市未来发展的"DNA"。

参与世博规划设计的回忆

郑修宁

本文写于 2019 年 5 月。

郑修宁，原现代建筑设计集团暖通专业
工程师、上海世博会暖通专业咨询管理
顾问。

一

2006 年 10 月底，我作为现代建筑设计集团设计管理团队的专业工程师，奉命来到原世博土控公司规划设计部。

那天有点儿下雨，当我来到位于浦东南路 3588 号大楼后，还没有进办公室，就被带到二楼的大会议室，参加了一个关于世博村各地块的空调专业方案设计汇报会议。进去一看，汇报人正是我原来设计院的一位老同事。我们略微寒暄后，就听他一一介绍。由于采暖通风虽为设备专业，在大型场馆和公建设计中其方案选择对建筑设计影响较大，而对非专业管理人员来说又比较陌生，所以我就参与土控公司规划设计部工作，担任暖通专业项目管理暖通专业负责人。

世博村的建筑功能很多，也特别复杂，不仅有五星级酒店，也有不同功能的"酒店式公寓"和"公寓式酒店"、按永久使用要求设计的办公大楼以及部分老厂房改造的多功能楼宇。因为有全国多家设计院参与设计，其中一家作为总体设计院。

会上我集中精力听介绍，把自己吃不透的地方询问设计人员直至弄清楚。会后规划设计部负责人要求方案设计在两天之内完稿，并关照由我负责。

来到八楼的办公室，对着墙上挂的放大的世博总体规划图，朱总给我一一介绍 ABC 等地块，世博村部在 A 地块里，然后又分为 abc 等地块。这个实在太复杂了，我必须马上熟悉，第一天晚上就开始加班了。

因为我在设计院一线做设计已经有 30 多年的设计经验，业内本专业的同事有的是同学，有的是校友，所以平时我与他们关系都不错。在世博设计管理岗位上，我本以为大家是熟人会给我面子，不料到了收正式方案电子文件稿子那天，我迟迟收不到电子邮件，等到晚上 11 点，还没有收到电子邮件。于是不管三七二十一，直接打电话到老同事家里，请他无论如何在第二天早上 8 点前将邮件发给我。

那天一大早，我提前赶到办公室，老同事半夜 1 点做完方案后已经把完整的电子文档发给我了。我看了几遍后，再与他电话商讨有关注意事项，然后打印出来向领导汇报。紧接着再组织专家评审会。世博村的空调方案在紧张有序中完成了。

中国俗话说得好："万事开头难。"规划设计部的工作是建筑设计领域最难的了。在世博工程筹建初期，每天的工作排得满满当当，连上厕所都是一路小跑，工地上等着要综合管线图是最复杂的事情了，各个专业的标高必须标注得不差分毫，才能使安装顺利，绝对不能返工。时间紧，任务急，为了让设计院同事抓紧出图，我每天会打几十个电话给不同设计院不同专业同事，然后组织各单位专业工程师开协调会。这些同事的家里都知道情况。我电话过去先是一声抱歉，然后就是求他们帮忙，说"世博工程是第一"，等等。最后就是到约定交图纸前一晚再打到他们家里确认一次。有人背后说我是"催命鬼"，说我不讲情面，我只好装作不理会。

在世博工程筹建期间，感觉就一个字——忙。那会儿我女儿正好在大学住读，先生参加"京沪高铁虹桥火车站"的施工项目，工作也非常忙，我们俩忙得每天说不上几句话，一个礼拜没机会在一起吃一顿饭是常有的事。

忙而不乱，忙中有序。看到一沓沓图纸在工人师傅手中很快实施到位，我的心里充满喜悦。

二

由于世博期间的厕所使用人数是空前绝后的多，而世博会的举办时间正好是上海的春季与夏季，恰逢江南的梅雨季节，如果厕所除臭没做到有效的治理，将会给世博会的成功举办带来很坏的影响。

我曾经参加过世博土控公司规划部门组织的由现代设计集团与上海交通大学合作研究的关于世博公共厕所除臭研究课题，并通过市有关权威单位的评审。

2010 年初，离世博会开幕不到四个月，一天周敏华给我打电话，说世博期间会有建造式"移动厕所"，共计有 1 140 个厕位，包括 A、B、C、D、E 片区和最佳城市实践区；每 12 个厕位为一组，需要设置一套除臭设备。

知道这个消息后，我真的好开心，没想到能与 40 多年前在农场一起挑大粪的农友，一起为世博厕所除臭，做这件有利于每一个入园参观者的大好事，而且是很快就要实施下去的。很快，周敏华就组织好各方人员到位于郊区的加工厂与技术人员一起审核图纸，我也联络到上海交通大学的教授把相关除臭设备的原理给各方领导和施工单位负责人再详细介绍一遍。

在世博开幕前，园区所有建造式"移动厕所"里都安装好了那套获得国家专利的除臭设备，通过实践检验，获得了参观者的好评，保证了上海世博展览馆的厕所是不臭的。

从申博到办博，难忘的十年！

张伊兴

原载上海市人民政府外事办公室、上海
国际问题研究院世博工作总结《亲历世
博外事》（2010 年 11 月）。

张伊兴，时任上海市人民政府外事办公
室副主任、上海世博会外事工作指挥部
办公室副主任。

　　十年前，我离开高校的工作岗位，进入上海市外经贸委工作。当时
上海开始申办 2010 年世博会，我有幸成为上海最早的申博亲历者之一。
在申博阶段，我作为主要陈述人之一，向来沪考察的国际展览局官员介
绍上海的情况。我还担任了上海申博注册报告英语、法语翻译组的召集
人，负责组织报告的翻译和审定工作。

　　上海最早的申博亲历者，那些曾经在申博过程中和我一起并肩战斗
的同志，有些已经退休，有些甚至已故去。而我是如此幸运，能够全程
参与办博，活跃在世博外事工作的第一线，一圆十年前的梦想！因此
我格外珍惜这份幸运，并将它化为全部的热情，倾注到办博的工作中，
来完成这项神圣的任务。我深深地知道，人的一生不需要做很多事情，
只要能全身心地全程投入一件有意义的事情，生命就获得了它应有的

价值！

如果说申博工作难度高，那么办博更是一项规模庞大、头绪繁杂的系统工程，对所有参与者提出了更高的要求。我进入上海市政府外办工作后，在办博外事工作中分管涉港澳事务。六个月的办博过程中，每时每刻我都面临着工作的挑战，有三件事令我印象深刻。

第一件事是接待由立法会主席曾钰成先生率领的香港立法会议员代表团。代表团一行 42 人于 5 月 8 日至 10 日访问上海并参观世博会。根据中央及驻港中联办的指示要求，在上海市委、市政府领导和市委统战部的支持下，市政府港澳办加强统筹协调，在全市各相关单位的通力合作下，圆满地完成了接待任务。

从 2010 年 3 月开始，我们就启动了认真周密的前期准备工作。我们积极与驻港中联办工作对接，建立了工作机制，明确了接待原则并制订了接待计划。代表团抵达上海后，我们力求热情细致地做好接待工作，体现接待服务的专业性、接触叙谈的民间性和处理突发事件的灵活性。

代表团在沪的 48 小时内，我们安排他们参观了包括中国国家馆、香港馆、城市地球馆、沙特馆、城市最佳实践区香港案例馆、英国馆和美国馆等在内的 14 个世博场馆，并游览了浦东、浦西城区，还乘船观赏了美丽的浦江夜景。面对浦江两岸的美景，有议员赞叹不已，感叹上海 30 年的巨大变化，表示要带家人再来上海走一走、看一看。

在和议员们的日常接触中，我主动和他们谈经济、文化、艺术和家庭，在叙谈中彼此找到很多共同点。我还和那些幼年、少年时代在上海生活过的议员们回忆小时候的上海生活，大家相谈甚欢，很快就建立了良好的关系。

我们的接待工作获得了议员们和媒体的正面积极反应。代表团在沪期间,曾钰成主席多次接受香港媒体采访,畅谈参访感受,表示"为国家发生的巨大变化感到自豪";他还多次提出"《清明上河图》一定要去香港",并向曾荫权特首提出了建议。代表团其他成员也盛赞国家和上海30年来的巨大变化,非常满意丰富的行程安排,感谢上海有关部门给予他们的礼遇;他们都认为世博会非常成功,中国国家馆气势宏大、寓意深厚,充分展示了改革开放的形象和泱泱大国的气度。有议员认为美国馆主题的设计借鉴了中国的传统价值,感叹中国在世界地位的上升和影响力凸显。还有议员称赞上海市中心既有大量新颖海派的建筑,又有不少保留得十分理想的历史文化建筑,对上海新旧交融的文化韵味赞赏有加。随团记者则对接待过程中的宽松采访环境反应良好,采访报道也非常充分及时、公允客观,一方面积极展现国家经济社会的发展与进步,另一方面也反映了议员此行的真切感受。

第二件事是接待由4 000多名港澳学生组成的上海世博参访团,他们分两批先后于8月16日至24日乘专列来沪参观。中央对做好此次港澳学生参访团的接待工作十分重视。习近平副主席和刘延东国务委员亲笔批示,要求精心组织、周密安排、确保安全。上海市委、市政府领导高度重视,为做好接待工作专门建立了相关工作机制,明确了各单位的职责任务。

这次活动参访团成员大多是首次来沪的中学生,针对这一特点我们精心安排参访日程和活动形式,突出互动性、参与性和融入性,把孩子们的日程排得满满的,使他们对世博会盛况和上海城市发展有了较直观的感受。参访团在世博园区内参观了中国国家馆和各省区市馆、香港馆、澳门馆、城市未来馆、城市最佳实践区以及通信信息、上海通用等企业展馆；在园区外则参观了东方明珠、上海博物馆、上海科技馆、上海城市规划馆、张江高科技园区、通用汽车公司等地，并乘车观赏市区主要街道的美丽夜景。在参访过程中，绝大多数学生都谈到，这次活动让他们对祖国的发展与强大有了崭新认识，作为中国人他们倍感自豪；还有学生表示这次活动将成为他们一生中最值得珍藏的美好回忆。

上海市各相关部门互相支持，确保了参访团接待工作的无缝衔接。团市委组织了200多名大学生志愿者参与接待工作，策划设计了沪港澳学生联谊活动；市教委安排落实了参访团的住宿和部分用餐任务；世博局为学生们在园区内参观提供便利，并为在沪期间过生日的学生举行了庆祝活动；市公安局制定周密细致的工作方案和应急预案，确保学生活动的安全；市卫生局确保20多位在沪染恙的港澳学生和一位患急性阑尾炎的学生得到妥善治疗；市食品药品监督管理局确保各活动点和住地的食品安全；市新闻办为参访团参访世博会营造了良好的舆论氛围；上海铁路局、市锦江汽车服务公司保证了参访团的出行顺畅有序。

在为十几位港澳学生举办的集体生日宴会上（我们特意将宴会安排在世博中心的红厅），数千人齐唱生日歌，共同分享巨大的生日蛋糕。这令学生们激动万分，频频鞠躬表示感谢。

离沪前夜的沪港澳学生联谊是本次活动的一大亮点。在联欢会上，港澳学生随着音乐自发唱起国歌《义勇军进行曲》，并随同舞台上上海本地学生的歌声，一起吟唱《歌唱祖国》；两地学生当场共同书写"祝福祖国"的横幅，表达了他们的爱国情怀。

第三件令我感受颇深的事情是上海市市长国际企业家咨询会议。在2002年举行的第14次上海市市长国际企业家咨询会议上，会议代表得知中国上海申办世博会，即自发起草并签署了致国际展览局的联名信，表示了他们全力支持中国上海申办 2010 年世博会的坚定立场。

上海申博成功后，这些会议代表所在的企业又成为上海世博会美国、加拿大、英国、德国、瑞典、智利等国家馆的主要赞助商，他们为世博会的顺利举办作出了很大贡献。

2010 年第 22 次上海市市长国际企业家咨询会议的主题是上海"后世博"的创新城市建设。为了感谢会议代表们为世博会作出的贡献，我们特地邀请历任主席和现任主席、副主席出席了盛大的世博会开幕式，同时将会期提前至 10 月 9 日、10 日两天，把会议地点定在世博中心上海厅，韩正市长特别提出邀请包括首任主席格林伯格先生在内的历任主席尽情地参观世博。正如西谚所云：共患难者才是真朋友。我们不会忘记在申博过程中提供莫大帮助的老朋友，我们感谢他们为上海所做的一切！

这次上海市市长国际企业家咨询会议在世博园内举行，为世博会增光添彩；而世博会的成功举办也令会议代表们对上海的未来充满信心。

以上三件事只是我参与办博工作的一个侧面。从申博到办博，我是世博工作的全程亲历者。其中的点点滴滴绝非这篇短文可以描述和涵盖。怀着一颗感恩之心，我回望这难忘的十年，它赋予我的也绝非文字可以轻易表达。这十年，我在我热爱的工作岗位上发挥光和热，实现人生价值，我享受她；这十年，我在申博办博的工作中充实自我，提升生命境界，我热爱她；这十年，我为我所爱的城市添砖加瓦，创造美好未来，我留恋她！我是幸运的，时代赋予了我千载难逢的机会；我更是光荣的，我没有辜负国家和人民的重托！

盛会时光已逝，世博印记永存

李和平

本文写于 2019 年 5 月。

李和平，原上海世博会事务协调局办公室助理主任。

我是 2006 年 6 月到世博局工作的，明确的岗位职责主要是文字工作，包括领导讲话稿、简报、会议纪要和各种其他公文。此前我在上海市发改委研究所工作，当时的工作是研究产业经济，比较自由，而到世博局办公室做文字工作，相对要琐碎和细致些，因此很是纠结了一番。但最后禁不住参与一场国际盛事的诱惑，终究还是报到了。

从那时起到 2010 年世博会结束的近五年时间，确实非常累，进世博局时还是很茂密的头发，到后来逐步成为了"地中海"。但回首往事，无怨无悔，觉得那是人生中最愉快和最充实的时光。那种发自心底的为国争光的荣誉感，以及和同事融洽相处的氛围，今后将难再有了。我至今仍然记得刚到世博局时战友刘骁的话："办一届成功、精彩、难忘的世博会，交一群好朋友，人生足矣。"

办博的几年中，虽然我职务不高，但因为工作岗位的需要，经历了不少大事和场面，包括组委会第四次会议以及以后的几次组委会会议、执委会会议，也编制过如试运行等重要的方案。这里重点讲述一下组委会第四次会议和编制试运行方案的情况。

一、关于组委会第四次会议

上海世博会组织委员会第四次会议是在钓鱼台国宾馆举行的，时间在 2007 年 1 月 12 日。由于会议所在地是国家重要地方，参会的部门和人员多，所以进入的车子有限制，上海市和中国贸促会的与会人员同乘一辆中巴，车上除局办公室一位领导和随行人员、司机外，其余七位都是副部级领导。这是我第一次见到这么多高级别的领导，心情颇为激动，也很紧张，同时又感到非常荣幸。在后面办博的日子里，我听过无数场大领导的会议，也长时间在不同大领导身边服务或工作过，对他们的言行举止都有了更多的了解，觉得他们中的许多人，除了在会议发言中往往表现出高出一般人的水准外，在日常中一般很随和，也或多或少消除了对大人物的畏惧感。

组委会第四次会议的主要议程有：（1）上海市委代理书记、上海市市长韩正作工作报告；（2）中国贸促会会长万季飞作工作报告；（3）上海市副市长杨雄关于《2010 年上海世博会主题演绎工作计划》等有关文件的说明及筹办工作总体计划编制情况的报告；（4）中国贸促会副会长王锦珍关于《省、自治区、直辖市参与 2010 年上海世博会方案》等的说明。最后是组委会主任委员、国务院副总理吴仪讲话。吴仪神采奕奕，和通常电视、照片上看到的她相比，本人给我的感觉更是非同一般，是我见到过的最仪态大方和具有高雅气质的老太太。她气场非常足，对会议的气氛把控得当。会议对审议的事项边汇报边议，进行得很顺利。最后吴仪总结讲话时，对每项工作的分工都有很到位的安排，她还回忆起申办过程中的艰辛，勉励大家珍惜来之不易的机会，讲到动情处神采飞扬。我听人说过，申办时为了达到最好效果，她坚持用英文演讲，对年逾六十的她而言是非常不容易的，真让我们佩服。

二、关于编制试运行方案

编制世博会试运行方案是我做过的离文字工作相对较"远"的工作。根据办博总体工作计划，从 2010 年初，办博工作逐步进入试运营期，部分场馆和设施开始调试，从单体测试逐步过渡到各个场馆，再到各个片区，最后到整个园区。在方式上从桌面测试过渡到模拟演练，从空转过渡到实转。

大约在 2009 年 12 月底，办公室领导沈权主任把编制世博会试运行方案这项工作交给我，由我来牵头具体完成编制工作。由于没有此类方案的编制经验，沈权让我们去请教安保部部长郑文斌。郑部长的文字功底很深，文风严谨工整。郑部长给了我们很好的建议，他说这个方案可以借鉴公安系统的行动序列模式，并给出了要注意的关键事项。

试运行最重要的是预展工作。一开始确定的预展时间为 2010 年 4 月 16 日（周五）至 18 日（周日），共计三场。后面改为五场，安排在 4 月 20 日至 25 日之间，五场连在一起运转，以便检验园区连续运转的能力。

2010 年 1 月初，我们形成了总体方案初稿。1 月 7 日，常务副市长杨雄召开会议，对该方案进行了专题研究。中间有个插曲：在讨论时，有领导觉得预展可以增加一场，改为六场，会议没有反对，我个人认为有一定道理就改掉了，看到洪浩局长一直忙，也没有来得及请示他，等下一次杨雄开大会布置时，洪浩看到材料傻眼了，在大会上临时改了过来。当时洪浩严厉地批评了我。后来我才领会到，增加一场预展，在文字上只是改了两个字，但其中耗费的人力物力却是惊人的，从效果上讲也没有必要。但没想到，后来有三次洪浩见到我，就此向我道歉，最后一次还是多年以后。这让我非常感动，洪浩日理万机，且本身也是我工作没做到位，但这件小事他还一直记得，作为身居高位的长者，这是非常难做到的。这件事情到现在一想起我就感到很温暖，也非常钦佩洪局长的为人处事。

1月17日，上海市委书记俞正声召开市委专题会议听取汇报，提出要求。根据会议精神，我们修订了方案。1月21日，杨雄在组委会第八次会议暨国内省区市会议就方案的有关内容进行了通报。2月1日，世博局举行试运营演练工作动员会，会上洪浩作了动员讲话。由于世博局所在的世博园区指挥部负责统筹园区内运营的组织、协调、检查和督促等有关工作，而世博园区指挥部属于主运行指挥部，主运行指挥部所属的其他相关各组负责园区外的工作，为此，我们又起草了报告，于2月4日报主运行指挥部，请其对试运营演练的准备工作，包括参观人员的数量分配和邀请、组织、安保、交通、宣传、志愿者组织等进行总体安排。

当时我在局办公室，除牵头编制试运行方案外，还负责每日一期的信息报送工作，同时兼起草一些领导交办的其他稿件，确实异常繁忙。记得有次到市政府办公厅对接主运行指挥部的试运行方案工作，人刚坐下，还没讲几句话，局里电话就来了，要我赶快回去接受紧急任务。

总体方案编好后，我们又马不停蹄地编制实施方案。方案中工作量最大的是园区试运营演练行动序列表。表中要把一天从早到晚的事项、责任部门列出来，时间按每 30 分钟计。我们发通知，先让每个部门把按时间分布的事项报出来，然后再一起把表格填上。由于有几十个部门，事项特别多，要把时间对好，如有冲突还要进行协调，使得整个安排合理。最后我们发现，其他事项大多为常规性的，只有演出活动因为涉及演员变化等，不确定性因素较多，所以以演出活动为主线，其他工作围绕着演出活动来调整。由于时间紧，我们和综合计划部的相关同志一起，十多个人，在一个小会议室，从下午一直讨论并填写表格，一直到晚上八九点钟，这样持续了两三天。我们最后统稿的有几个人，其中有我们办公室两个年轻的女同志——董亚娟和杨敏，有一天她们两个和我一起加班到凌晨 2 点多，考虑到她们是女同志，我怕半夜出危险，要她们先走，但她们就是赶也赶不走，硬是坚持到工作结束才罢休。

试运行后来基本上是按照方案实施的，虽然决策的是局领导，配合的是各个部门，但我们作为一分子，参与了方案的全程工作，也是一件十分幸运和高兴的事。

世博情结终生难忘

朱伟

本文写于 2019 年 5 月。

朱伟，原上海世博会事务协调局规划部
副部长。

我是 2004 年初从上海市建委调入世博局规划部，先后担任助理部长、副部长，全程参与了世博会的规划、建设和运营。2010 年上海世博会上的理念创新、设计创新、产品创新至今影响着上海，对后世博会的上海城市建设整体发展作出了贡献。当初世博规划的超前性、预判性、务实性给我留下深刻的印象。

一、世博选址为黄浦江滨江大道贯通奠定了基石

2010 年上海世博会选址是在浦江两岸，主要在南浦大桥到卢浦大桥之间段，而在世博会历史上把会场选址在市中心是绝无仅有的。市领导一直强调："抓住机遇，迎接挑战。"那时还真不太理解。随着世博会的结束、黄浦江两岸的开发，我们才真正体会到领导的高瞻远瞩、超前理念和明睿智慧。原浦江两岸全是大型国有企业，这是上海工业发展的自然选择和历史选择，如江南造船厂、上钢三厂、南市发电厂等，都是中

央企业或者上海市大型国有企业，又全是重污染的工业企业，由于特殊的背景，在历年城市改造计划中，较少涉及这部分企业。而恰恰是世博会打开了渠道，通过动拆迁，把江南造船厂等企业搬到长兴岛，上钢三厂搬到宝山，其他企业进行归并和动迁。一方面使企业有了巨大的发展空间，另一方面使上海市中心环境有机会得到改善和提升。

在世博会结束后，世博会期间建成的后滩湿地公园、亩中山水园、世博公园、海上城望——上海世博会沿江景观带雕塑、世博文化园等景观得以保留。后滩湿地公园是上海世博园的核心绿地景观之一，占地18公顷，场地原为上钢三厂和后滩船舶修理厂所在地，当初充分考虑了利用黄浦江资源，在江边建造城市中的湿地公园，起到了净化水质、保护生态的作用，招引候鸟栖息，岸上水上游玩的人们眺望湿地公园一览无遗，既为世博会期间增添了绿化景观，又可在世博会后成为城市的一道风景线。亩中山水园是世博园的沿江公园的一部分，当时在规划设计中，我们进行了多方案的比选，最终确定采用代表中国古典园林风格的苏州园林设计方案，园中有池水小桥，也有亭台楼阁，既可坐坐歇歇，又可远眺黄浦江对岸，融入浓浓的中国元素。2017年12月19日，上海建成45公里黄浦江两岸核心公共空间，上述世博前后建成的公园成为黄浦江两岸景观的重要景点，连同两岸景观成为了市民和游客体验上海特色、品味历史文化、欣赏风貌景观、感受城市气息的标志性空间场所。

二、后续利用世博园内交通设计，展示了智慧和能力

2010年世博会最让我骄傲的是交通组织。184天的世博会接待了7 308万人次，日平均40万人次，高峰60万人次，原先的估计会出现

极端高峰 80 万人次，而实际最高一天达到 103 万人次。如此参观者规模史无前例，世博会交通必须"进得去、出得来、流得动"，交通采用宜人畅达的模式，即轨道交通加专线车并重的交通方案，私人小汽车通过 P+R 形式（包括与公共交通和世博专线交通的换乘）进入世博园区，利用上海水上交通来缓解交通出行的压力。世博会交通最大的亮点是园内交通以及园内与园外的交通衔接，园内交通主要包括游客交通、物流交通、VIP 交通和紧急交通。主要分五个部分：第一，园内公交线，设置了东西向的公交线路。第二，步行系统，根据"一主多辅"总体结构规划连续的步行系统串联各个展区。第三，越江交通，西藏南路隧道为世博专用公共交通，利用越江隧道连接浦西的半淞园路、龙华东路、浦东的国展路、世博大道，形成园区内横跨浦江两岸的公交专用环线。第四，物流交通组织，水路和陆路分别确定了线路和地点。第五，紧急交通和特殊交通，在紧急情况下，可采用封闭局部路段，改人行道为车行道，还设了直升机的起降点。

今天世博会保留了一轴四馆——世博轴、中国国家馆、主题馆、世博中心、梅赛德斯—奔驰文化中心。这部分场馆的保留，一方面是对世博的一种纪念，另一方面也是弥补上海具有规模、品质、舒适的展览场馆的不足。这些场馆周边道路与园外的交通自然衔接，园区内许多场馆拆除后，道路仍然保留着，而园区道路自然形成市区道路，这就是世博会交通规划成功之处，它为国家节约大量的资源，体现了世博会规划人的智慧和能力。

三、创新实践为城市建设注入了生机，充满活力

上海世博会记忆犹新的是城市最佳实践区，为了更好地演绎"城

市，让生活更美好"的主题，上海世博会向国际展览局力争，特别设置了城市最佳实践区，主要展示全球具有试验探索性质的未来城市发展案例，又是向国外机构学习先进的节能技术和理念的全球创新示范基地，以体现人类先进生活理念、大胆创新实践和实际运用能力的区域。城市最佳实践区是整个世博会永久保留片区之一，其本身既是展区也是展品。在整个设计过程中主要解决两个问题：一是如何保留老厂房，二是如何利用老厂房。我们作了大胆有益的尝试，在城市最佳实践区老厂房保留 60%，并对其进行功能化、时尚化、生态化、节能化改造，它们不仅是世博会的各种展馆，而且是工业遗产再生的创新实践。

城市最佳实践区展示的案例，是从众多有效申报的案例中遴选出来的。我印象最深刻的，一是英国伦敦推荐的零能耗生态住宅项目，关注的是缓解城市热岛效应以提高生活质量、低碳和新鲜水的使用，例如，暖通需求通过太阳能风力驱动的吸收式制冷风帽协调和江水源公共系统供给，电力则通过建筑附加的太阳能发电板和生物能热电联合生产并能满足建筑的全年能量需求，为参观者提供最低耗能的舒适体现。二是法国阿尔萨斯区推荐水幕太阳能建筑，利用水循环对建筑表面降温、太阳能墙减少能源消耗。现在上海的许多新建筑已经开始应用这些技术，如上海南市电厂、上海中心大厦、世博源、普天信息产业工业园智能生态办公楼等。生态、节能、环保已经成为城市发展的主题之一，中国再也不会以牺牲环境的代价盲目发展，世博会城市最佳实践区的许多展品具有丰富价值，值得我们学习、借鉴、应用和发展。

四、历史记忆、工业留存和文化遗产的保护

中华民族具有优秀的文化历史传统，尊重历史、保护文化遗产是

一个民族精神价值和生命力的体现。2010 年世博会在整体规划设计中，特别重视在 5.28 平方公里红线范围内的工业厂房和民宅保护和合理利用。首先，对文物保护单位和优秀历史建筑，确定为永久保留建筑，如三山会馆，求新造船厂厂部办公楼、红楼，江南造船厂总办公楼、2 号船坞、指挥楼等。其次，在世博期间充分利用保留建筑，规划改造成贵宾接待室，配套服务设施文化活动场馆和文化活动设施，达到预期的效果。第三，世博结束后，对保留建筑重新整修，连同周边环境整体改造和利用，建成了中国近代船舶历史博物馆、文化艺术馆，沿江改造成绿地，真正还老百姓一个休闲、娱乐的场所。当年我们在世博规划中，已经对承载上海历史、工业文明、海派文化都予以了考量，并统筹安排后世博利用，世博规划促使这部分近代建筑成为中华文化的一部分沉淀了下来。让我们的子孙后代永远铭记历史，传承中华民族的优秀文化，使中华文明更加绚丽多姿。

上海世博会给人留下了许多难以忘怀的记忆，它让上海这座城市呈现新气象，展示新风貌，让上海人不断进取，勇于创新，大胆迎接未来。世博会留下了可贵的物质财富和宝贵的精神财富。现在有许多大型国际会议、国际展览、国内大型会议、市内大型活动利用原世博会的场馆和场地举行。

从世博会到进博会

世博公共外交效应

外交盛会丰富地方外事内涵

邵慧翔

原载上海市人民政府外事办公室、上海国际问题研究院世博工作总结《亲历世博外事》(2010 年 11 月)。

邵慧翔,时任上海市人民政府外事办公室副主任、上海世博会事务协调局副局长、上海世博会外事工作指挥部办公室副主任。

岁月如歌。我自 2002 年参与申博工作,一路走来,不知不觉已是八年。及至世博开幕,半年多的紧张忙碌又是一晃而过,当温家宝总理宣布 2010 年上海世博会闭幕的那一霎那,我内心涌起的是强烈的不舍。

世博外交、外事历时半年;国家外交指导地方外事,地方外事服务国家外交,两者水乳交融,密不可分。成功、精彩、难忘的背后折射出新世纪外交、外事的时代特色和时代命题。从地方外事的角度,我认为世博外交同时大大丰富了地方外事的内涵,使上海外事站在了更高的起点蓄势待发。如何进一步挖掘和利用世博会为我们留下的巨大精神宝藏,是后世博工作的重中之重,对未来上海外事的发展意义深远。这里我谈一点个人的体会和思考。

一、融入国家外交，丰富政治内涵

世博会把地方外事推上了国家外交的前台，开创了地方外事较大规模直接参与国家外交实践的先例。从 2009 年开始，外事工作提早介入，对世博会首脑外交等重大活动进行了精心设计，概括起来主要包括礼宾设计和政治设计两个方面。所谓政治设计，即超越地方层面，站在国家的高度看外事，从政治上、战略上审时度势、立足长远，综合考量世博外事的任务、性质和方案。这就需要我们一是树立起国家意识、党的意识以及历史使命感、责任感，从而自觉维护国家利益，在讲拼搏奉献的同时做到讲政治、讲政策、讲原则；二是从细节做起，从小事做起，广交朋友，主动营造和谐氛围，充分展示国家形象和软实力。

正是有了这样的政治意识和大局观，我们在细小的礼宾线路设计以及背景板、席卡、请柬和文稿的印刷校对上精益求精，绝不允许一丝一毫的差错。印象最深的是 2010 年 4 月 30 日世博会开幕式的当晚，我率领的团队在领导人正式宴请后重新布置会场，准备第二天胡锦涛主席为外国领导人访问举行的欢迎仪式及双边会谈，所有人都紧张工作到次日凌晨，与气势恢弘的开幕式和近在咫尺的烟花表演失之交臂。还有开闭幕式以及中国国家馆日仪式上，党和国家领导人的讲话都是对世界极为重要的宣讲，政治性极强，为了印刷讲话稿，我们中、英、法不同语种的工作人员连夜加班，一丝不苟地审核校对了八九遍，一直工作到第二天上午。这样的例子不胜枚举。

在世博这一多边国际舞台上突出国家意识、重视国家形象、维护国家利益是一种普遍现象。与此同时，各国加强与中国合作交流的意愿也很强烈。随同马来西亚旅游部部长黄燕燕来世博会的团队把中马合作编入歌词，在馆日活动中吟唱，把对中国的重视和期待表达得淋漓尽致。世博会是一项世界盛事，也是一个多边外交的综合平台，沟通理解、合作共赢、和谐发展是其重要理念。可以预见的是，随着中国国际影响力的提升，话语权的增多，今后重要外交活动和国际性盛会放在地方举办的机会也会增多。上海外事要更好地融入国家总体外交，需要进一步丰富政治内涵，为国家外交提供强有力的地方支撑。

二、立足全球视野，处置敏感问题

世博会作为人类文明的盛会，世界多元文化交融的平台，各式各样的多边和双边问题、传统和非传统冲突都会在此显现。上海要站在全球大背景下思考和研判问题。对敏感问题和突发事件的处置，既要坚守底线，又要做到"斗而不破"、留有余地、和谐共赢，这对地方外事是一场特殊的考验，同时也提出了新的时代命题。

作为世博局分管外事工作的副局长，我在处置馆日活动敏感问题和突发事件的过程中有三点体会。

一是要善于在萌芽阶段发现问题和识别问题，从而使危机化解于无形。例如，S国内政部长准备的馆日活动发言稿里有大段涉及与T国领土纠纷，以及20世纪70年代T国入侵S国的内容。我们得知后，立即启动了敏感问题处置机制，向中央有关部门作了汇报。在得到指示后，连夜陪同上海世博会中国政府总代表华君铎一起前往对方总代表活动的宾馆进行艰苦交涉，最终达成共识，成功将有关内容删除和弱化。再比如我们在M馆日活动的程序安排中发现对方打算使用自己的军人升旗，这有悖两国的约定。M 方试图突破我外交底线，对此我们坚决不能让步，但在处理过程中，我们采用柔性的办法，同意改用两位 M 国学生升旗。

二是在研判问题时要加强理性思考，注重和谐氛围，顾全国家外交的大局。例如尼泊尔为表示对中国的友好和善意，计划从释迦牟尼诞生地蓝毗尼采集"和平之火"运来其国家馆展示。有关部门认为这具有较强的宗教色彩，恐怕引起现场参观者的盲目崇拜，提出要取消。但是外事工作指挥部从外交大局出发，尤其是考虑到中国与周边国家的睦邻友好关系，权衡利弊，建议同意其在尼泊尔馆进行适当展示。鉴于蓝毗尼曾被联合国评定为世界文化遗产，我们进一步提议可借此突出文化内涵，弱化宗教色彩，同时压缩影响，加强安保。还有，德国馆计划举行"卡车上海"活动，用一辆经过特殊改装的货柜车带领观众参观上海街区和世博园，沿途进行互动，好比上演一出"公路电影"。面对这一街头文化新的表达方式，一些部门有所顾虑。我们后来把它纳入正常的文化活动进行申报，并通过规定演出内容和交通路线确保安全，最终活动取得良好效果。

三是在交涉过程中要做到有理有节，刚柔相济，令对方心悦诚服。我们的说服工作严格依照国家的法律、法规，世博会的章程和惯例以及我外交、外事准则，同时兼顾实际情况，在分寸的把握上处理得非常好。

三、创新工作方法，提升外事能级

世博会上海外事有不少创新和亮点，概括起来主要有以下几个方面。

一是建立行之有效的工作机制，实现园区内外一体化统筹。上海于2009年年初成立世博会外事工作指挥部，统筹协调43家成员单位，深化"大外事"工作机制。5月中旬，为贯彻落实胡锦涛总书记关于善始善终做好世博会各项工作的指示，上海市委、市政府进一步提出要加大园区内外外事工作的统筹，任命我兼任世博局副局长，从而使外办的工作关口前移，园区内外的协调更加顺畅、有效。事实证明，世博外事整体统筹，整体推进，成效显著。

二是建立馆日活动交流单位资源库，把政府部门、研究机构、企事业单位和民间团体纳入馆日活动的出席范围，根据外方团组情况，有针对、有计划地安排我方与会人员，大大增进了交流的和谐氛围与实际成效。此外，我们还打破地域界限和传统束缚，邀请华为等非本地单位和民营企业出席各类活动，中外嘉宾相谈甚欢。

三是开展区县和参展方对接，一方面使世博会与社区和百姓更加贴近，深化了"城市，让生活更美好"的世博主题，另一方面又使参展方代表看到了中国普通老百姓的真实生活，体验到原汁原味的民风民俗，感受到中国人民的热情友好，是一次非常成功的公共外交和民间外交实践。在此过程中，上海市外办好比黏合剂，把全社会的力量动员起来，为公共外交打下了深厚的民间基础。

四是紧密联系专家学者，寻求智力支撑。我们和上海国际问题研究院开展的合作卓有成效，既弥补了一线工作人员理论的不足，又为智库提供了丰富的实际案例，两者互为补充，相辅相成。

世博会色彩斑斓，绚丽多姿，既有智慧的交流，也有智慧的交锋。184天的急流险滩一路闯来，我深感外事工作一定要加强理性思考和对深层次规律的探索。世博会极大地丰富了地方外事的内涵。然而机遇与挑战并存，我们只有用理论更好地武装自己，树立起历史的使命感和责任感，才能把握机遇、战胜挑战，才能使上海外事在更高水平上为服务国家外交和地方经济社会发展再立新功。

同心协力迎挑战，"世博外交"创新路

傅继红

原载上海市人民政府外事办公室、上海国际问题研究院世博工作总结《亲历世博外事》（2010 年 11 月）。

傅继红，时任上海市人民政府外事办公室副主任、上海世博会外事工作指挥部办公室副主任。

2010 年 10 月 31 日，随着中国 2010 年上海世博会闭幕式的隆重举行，这场精彩纷呈的世纪盛会终于画上了一个圆满的句号。这是对上海外事战线的干部在世博期间不辞辛劳、宵衣旰食的最好回报。对此，我感到无比欣慰。

办出一届"精彩、成功、难忘"的世博会对于我们来说是一次崭新的挑战，圆满完成世博会的外事工作也是我们的艰巨任务。上海地方外事以前所未有的工作状态，开创了地方外事较大规模直接融入国家外交的新局面。杨洁篪外长在 2010 年初首次提出"世博外交"的概念。在我看来，它包括了两层意思：一要把世博会看作一个平台，是继 2008年北京奥运会以后中国主办的又一个国际盛会。应当利用这一难得的历史机遇，向世界展示中国人民开放、自信和进取的精神，塑造和谐和创新的形象。二要营造有利于中国和平发展的良好国际环境。世博外交就是要广交朋友，而鉴于参展的不仅有邦交国，还有非建交国，既有各国的官方代表团，又有众多的非政府组织（NGO），这就需要我们既坦诚开放，又要拿捏分寸，确实是个"两难"的问题。

世博外交的内涵非常丰富。其中包含了首脑外交、大国外交、公共外交、经济外交、人文外交等各个侧面。如何将这些不同领域、不同对象的外交外事工作整合成一台有声有色、高潮迭起的"大戏"，对我们来说，是从思想理念、政策水平到领导能力，涵盖各个领域的严峻挑战，也是对上海外事工作队伍的重大考验。

党中央和上海市领导非常重视这次世博会。胡锦涛总书记提出的"六个确保"，按照我的理解，等于是要我们立"军令状"，没有退路，没有讨价还价的余地。上海世博会外事工作指挥部总指挥、市人大常委会主任刘云耕提出，世博外事要做到"四满意"，就是要外宾、北京、社会和舆论这四方面都能满意。这就意味着我们的工作只许成功、不许失败。

上海世博会期间我们共接待了101批"一级"团，70批"二级"团，300批左右的部长级和非警卫对象团，共计470余批政要贵宾团。如果加上上海友好城市的参博团，这一数字还要高，大大超过了我们原先预期的规模。其中，既有出席馆日活动的官方代表团，也有慕名而来的顺访参观团。各国领导人对世博的兴趣极高，比如斯里兰卡总统出席了世博会闭幕式，总理参加了斯里兰卡馆日，而外长则参观了园区，这种重视程度堪称前所未有。此外，俄罗斯总统梅德韦杰夫、伊朗总统内贾德、菲律宾总统阿罗约、美国国务卿希拉里等都曾在园区高调亮相。

在这半年里，一下子有这么多的政要贵宾云集上海，自然给世博外交外事工作增加了不少难度。正如中共中央政治局委员、上海市委书记、上海世博会组委会第一副主任委员俞正声2010年11月3日慰问世博外事工作指挥部工作人员时指出："此次世博外事工作的工作量之大，时间之长，接待政要之多都是前所未有的。"这就要求我们构建一个不同于以往的机制保障，从系统上进行"大循环"，在局部上进行"小循环"的机制创新。我们在工作中逐步形成了以联络员办公室为指挥中枢，以联络员为战略骨干，以车辆宾馆组为基本保障的基础运行体系，辅以综合事务组的领导报批、机场组的内外协调、人力资源组的人员调配、秘书组的简报摄影、新闻组的记者管理、后勤组的后勤保障等外部支撑，构建出一个较为完整的体系。从"实战"情况来看，这种做法不但行之有效，还使我们的工作取得了"完胜"。

在我的印象中，由外交部牵头成立外事工作协调小组也并不多见。这恰恰凸显了世博会并不是普通意义上的一次展会，它在中国的总体外交中占有极大的分量。此外，上海世博会期间，设立中国政府副总代表、礼仪大使等头衔均属首创，大批富有外交经验的老大使以此类名义开展工作。他们在世博期间的活动不局限于简单的迎来送往，还直接做各国政要贵宾的工作。在大使任内积累的丰富经验和人脉关系，使得他们在做有关国家和地区的政要贵宾工作时非常有针对性和亲和力，取得了显著的效果。

外事接待工作看似容易，其实很考验干部的能力和素质。例如我们的联络员，可以说是"上面万根线，下面一根针"，而他们的作用就是"穿针引线"的那根"针"。从掌握信息、拟定计划、落实迎送、会见领导、安排车辆、住宿、用餐，乃至活动日程、会见宴请等都需要进行周密、细致的安排，责任重大。世博外事工作除了考验工作平台的总协调、总指挥能力，也考验队伍的集体和个体"作战"能力。我们以市外办国宾处、党宾处的同志为基础，再从全市各单位借调40多位外事干部为补充，以外办其他相关部门同志和有经验的离退休老同志为依托，组建了一支复合型接待团队，并且在短时间内进入角色，完成任务，实属不易。

古语云："上下同心，其利断金。"世博会期间，市外办不仅与各区县局外事部门有良好的互动，与中央各部委的配合也堪称完美。从筹办世博会到184天的"实战"过程中，外交部前方工作组与上海市外办始终紧密结合，形成了"部委"加"地方"、"头脑"加"手脚"的联动。"头脑"构想的规划在"手脚"的运作中得到了较好的贯彻，而地方外办通过承接总体外交的部分工作，将地方外事融入了国家总体外交，可以说是"头脑"与"手脚"相辅相成，相得益彰。同时，很多政要贵宾团来沪的目的是观博，并未列入国家间的出访计划，不可能安排中央主要领导同志会见，这就需要上海市作为东道主发挥独特的作用。俞正声书记先后会见了伊朗总统内贾德、菲律宾总统阿罗约等政要，并代表胡锦涛主席问候客人。

我们的每一项工作都是既有共同的追求，又有特殊的意义。北京经过奥运会和新中国成立60周年等活动的洗礼变得很"大气"，而上海市在世博会的大舞台上施展拳脚，获益匪浅。世博会的经验对上海更新城市管理理念、提高对外交往能力和塑造城市品牌都是大有裨益的。而通过世博会的实战锻炼，也培育和形成了一支调得动、信得过、用得上的外事干部队伍，从长远来看是为上海的大外事建设奠定了坚实的基础。

2011 年，我们将迎来中国共产党建党 90 周年。中国外交从"奥运外交"到"世博外交"已经实现一系列突破，而我们外交中的另一大特色是"政党外交"。在新的一年里，地方外事部门将一如既往地配合中央，做好党际交往工作，使"政党外交"之类的特色外交继续为配合国家总体外交发挥重要作用。

精心准备，只为这庄严的一刻

孙为民

原载上海市人民政府外事办公室、上海国际问题研究院世博工作总结《亲历世博外事》(2010 年 11 月)。

孙为民，时任上海市人民政府外事办公室副巡视员、上海世博会事务协调局礼宾部部长。

　　馆日活动是世博会期间一项非常重要的活动。作为上海世博局礼宾部部长，我参加了从 2010 年 5 月 5 日第一个举办的"阿尔巴尼亚国家馆日"到 10 月 30 日"国际展览局日"的全部馆日活动。

　　按国际展览局的规定，馆日（分为国家馆日和国际组织荣誉日）是组织方为感谢参展方而举行的。当天，世博园区所有的出入口均悬挂馆日方的国旗或国际组织的旗帜，该参展方代表团在园区内优先举办活动并享受最高礼遇。就国家馆日而言，有关国家不仅要由政府代表在官方仪式上致辞，还将由该国一流的艺术家向观众献上一台精彩纷呈的节目，最大限度地展示该国的传统文化、风土人情、富有魅力的地域特色等。

　　上海世博会期间，总共举行了 191 场馆日活动。其中，国家馆日是

171 场，国际组织荣誉日 20 场。专程来沪出席国家馆日的各国元首、政府首脑有俄罗斯总统梅德韦杰夫、伊朗总统内贾德、瑞典国王卡尔十六世·古斯塔夫等 57 批。10 月 7 日是摩纳哥公国馆日，阿尔贝二世亲王偕斯蒂芬妮公主、议长让·弗朗索瓦·罗比永、国务大臣米歇尔·罗杰，以及一大批内阁成员共 80 多人专程来沪与会，堪称空前。

为确保馆日活动的顺利举行，世博局礼宾部投入了一半以上的力量。从选择日期、确定议程、准备旗帜、落实翻译，到安排文艺演出、领导宴请等，无不反复斟酌，精心准备。一两个小时的官方仪式和演出，有时往往需要耗上几个月的时间。

在馆日活动中，升旗仪式十分庄重。马绍尔群岛共和国代表团团长是一位资深酋长。当他站到检阅台上，听到国歌奏响，看到国旗缓缓升起时，已禁不住潸然泪下，不得不掏出手绢掩面。还有不少领导人在升旗的时候和着军乐团的伴奏吟唱国歌。

乌拉圭的国歌比别的国家长得多，演奏需近 5 分钟。馆日这天恰逢 38 度以上的高温天，在室外稍站一会就会汗流浃背。但是，乌拉圭副总统达尼洛·阿斯托里率领由工业能源和矿业部部长、交通及公共工程部副部长、中央银行行长等政要组成的庞大代表团坚持站在烈日下，一边向国旗行注目礼，一边高唱国歌。我侧眼瞥去，副总统的汗水已经把衣服湿透。

波黑共和国举行馆日那天，升旗前恰值瓢泼大雨。组织方酝酿将升旗仪式移到室内。但是，波黑代表团在前往世博园区途中打来电话，斩钉截铁地说："哪怕天上下的是铁，升旗仪式也要在世博中心广场举行。"结果，三位来自武警部队国旗班的升旗手，硬是冒着大雨，将波黑共和国的国旗升到旗杆顶端。而主宾双方也在雨中伫立着，见证了这庄严的一刻。

参展方对升旗活动如此重视，我们礼宾部的同志自然不敢懈怠。就以官方仪式上在世博中心广场和各出入口升起的各个国家和国际组织的旗帜而言，其种类之多、样式之繁复、要求之严格是历次大型活动所罕见的。世博局礼宾部在开园前曾多次发函各参展方索要旗谱，但半年里仅拿到不及两成，市面上找不到合格可用的资料。时间不等人，礼宾部的同事们煞费苦心，几乎跑断了腿，在外交部的支持下，终于准确无误地完成了所有参展方旗帜的准备工作。

官方仪式上的翻译也是个大问题。新加坡共和国馆日，客人都用汉语演讲，这是唯一的一次不用翻译的仪式。其余的馆日活动，特别是一些小语种的翻译，经常让我们产生"踏破铁鞋无觅处"的感慨。例如，阿塞拜疆要求用阿塞拜疆语，可是不但上海，连外交部也没有这样的翻译。

有一个小插曲可以说明我们在翻译上所下的功夫。毛里塔尼亚国家馆日是 7 月 19 日。头天晚上，组织方的翻译就拿到了毛方团长、商业手工业和旅游部长邦巴·乌尔德·达拉曼致辞的法语讲稿，并作了精心的准备。孰料，达拉曼部长上台致辞时开口就是阿拉伯语。这下让我们傻眼了。现场没有一位通阿拉伯语和汉语的翻译呀！可是，我们的这位翻译沉着冷静，临阵不慌。只见她竖起耳朵，全神贯注地听着部长的讲话，沉着地按着稿子"盲翻"。部长的讲稿很长，为防止出错，我立即找到毛方的礼宾官，希望他能提示部长改讲法语。毛方礼宾官似乎也看出了问题。他急中生智，掏出一张纸片，匆忙地写着什么，然后快步走上台递给了正在滔滔不绝演讲的部长。我紧张的心便放松了下来。然而，让我意想不到的是部长拿起这张纸，擦了擦额头上的汗，顺手将纸片放到了一边。这时我才发现，原来毛方礼宾官传递信息用的是一张餐巾纸！时间紧迫，再不可能作任何提示了。翻译还是全神贯注地听着，一段一段地翻译部长的讲话。终于熬到了最后，部长的话音一落，翻译正好戛然而止。会场内响起经久不息的掌声。一切都显得那么自然，似乎什么也没有发生。事后，我们才知道翻译是根据原稿中的外来语和专有名词来判断讲话进程的。前一夜做的"功课"大有裨益。不过，她也十分后怕："要是部长在结束时即兴再讲几句的话，我也没辙了！"

在馆日活动中，我们秉承的原则，也是世博会的惯例，即国家无论大小、与中国建交与否，也无论来宾身份高低，都一视同仁，平等对待。纽埃是太平洋中南部的一个小岛国，全国人口仅 1 500 人。纽埃馆日那天，上海市常务副市长、上海世博会执委会常务副主任杨雄出席仪式并致辞。所有的程序和礼仪与大国毫无二致。纽埃总理托克·塔拉吉为此非常感动。

世博会期间，有 20 多个非建交国参展。我们也一样升它们的国旗，奏它们的国歌，显示了落落大方、宽厚包容的态度。7 月 20 日是萨尔瓦多共和国馆日，该国副议长西格弗里德看到自己国家的国旗在世博中心高高飘扬，激动地说："我今天看到了我们的国旗升起，感谢中华人民共和国。"厄瓜多尔总统顾问专程来沪出席了国家馆日活动。在沪停留不足 24 小时。他表示："我们看到了发展的中国、繁荣的上海，我回去后将把这里的所见所闻告诉我们的总统。"多米尼加共和国举行馆日这一天，该国旅游部长加西亚率团出席。加西亚部长在致辞中对中国为多米尼加参与上海世博会所给予的热情支持和帮助表示由衷的感谢。他强调，多米尼加的阳光、沙滩在中南美洲是最有吸引力的，多米尼加是游客的天堂，希望每年吸引 100 万中国游客到多米尼加。

世博会既是一次政府外交的盛会，也是一次有广大公众参与的公共外交的广阔平台。本届世博会最具特色的创新是实行"社区"和"园区"的对接。每一次馆日和荣誉日，都由各区县组织下属街道的居民直接参加，让广大市民通过近距离的接触，领略异国文化的风采，感悟和谐世界的主题，而参展方则从观众热情的掌声和挥舞本国旗帜的友好姿态中深切感受中国人民的热忱和友好。

据粗略统计，在世博会期间，上海各街道共组织 3.6 万余居民参加馆日活动。其中，既有退休多年、鬓发灰白的老人，也有刚刚戴上红领巾、天真活泼的小学生。绝大多数与会者都是第一次和外国人近距离接触，但表现得落落大方、热情真挚。伊朗总统在官方仪式结束后穿过警戒线，和场内群众一一握手。俄罗斯总统梅德维杰夫走到马路中央，向四周围观的群众挥手致意。有一位总统抱起向他献花的小女孩，径直走进典礼大厅，让在场的中外与会者感动不已。

馆日活动是这次世博会的一张生动的"名片"，也是世博会的最大亮点之一。10 月 30 日，国际展览局举行馆日活动。这最后一场馆日活动落下帷幕后，我如释重负地松了一口气，感到一种从未有过的轻松，同时也为自己有幸参与这一系列庄重肃穆的活动、见证这历史瞬间而感到特别的自豪。

难忘的经历

钱玉林

原载上海市人民政府外事办公室、上海国际问题研究院世博工作总结《亲历世博外事》(2010 年 11 月)。

钱玉林，时任上海市人民政府外事办公室政策法规研究处处长、上海世博会外事工作指挥部办公室信息调研组组长。

我参与了上海世博会的申办、筹备和举办工作。这八年难忘的世博时光，是我从事上海外事工作 30 多年中最为宝贵的人生经历。

2010 年初始，世博外事工作进入临战状态。我担任上海市外办信息调研专报组组长。我们组的主要任务是开展世博外事调研，世博会规章选编，起草领导讲话稿、会议汇报稿和市领导外事活动谈话参考材料等，后来又临时增加了一项难度较高的工作，即敏感问题处置。这项工作源于市外办和上海国际问题研究院编发的一期《世博外事专报》。该专报反映了有关地图的问题，引起市领导的高度重视。俞正声书记作了重要批示，杨雄常务副市长和唐登杰副市长先后召开专题会议，提出了明确要求。那时恰好在春节前夕，大家都在准备过年。根据领导的意见，我立即起草市外办关于敏感问题处置的方案，提出了处置范围、原则、工作流程、人员分工和与世博局建立相关工作机制的设想。报经领导同意后，我于大年三十和年初四两次与世博局主题演绎部负责人商量沟通，确定了市外办和世博局敏感问题处置工作机制的具体操作事宜。与此同时，市外办请上海国际问题研究院院长杨洁勉牵头组建了专家队伍，着重对发现的问题进行审核判断，提出处置意见建议。春节一过，市外办李铭俊主任马上召开专家组会议，沟通情况，明确要求，正式启动了敏感问题处置工作。

刚开始时，我感到这项工作的政策性很强，对于举办一届"成功、精彩、难忘"的世博会十分重要，但对这项工作的量有多大、难度有多高，确实难以预料。进入角色后，尤其是世博会开幕前协助外交部和组织专家几次巡馆后，发现世博会不仅是世界各国展示先进科技、经济发展、多元文化和城市发展理念的平台，也是一些国家为了本国利益明争暗斗的没有硝烟的战场。有些参展方通过地图、文字、图片、影视等形式，用心良苦地展示政治、宗教等敏感问题，有的涉及中国领土、主权等核心利益，有的涉及其他国家间的历史、政治、宗教、文化争端，数量众多，错综复杂。我深感参与这项工作责任重大，挑战性很强。

我参与的第一个棘手案例是 B 国馆方、Y 国馆方参展争端。临近世博会开幕的 4 月，B 国馆方及其兄弟邻国馆方多次向我方提出，Y 国馆内有幅展示某市全景的壁画，其中包括位于城东某山的某寺，严重侵犯了 B 国人民的利益，伤害了全体兄弟邻国人民的感情，希望中方尽快处理此事，否则全体邻国可能集体退展。事实上，某市地位问题历来极其敏感复杂，某寺对 B 国、兄弟邻国都具有特殊的重要地位。因此，B 国馆方等国家对 Y 国家馆的壁画反应十分强烈，提出的要求几乎没有商量的余地。而 Y 国馆方起先的态度也十分强硬，坚决不同意修改壁画内容。我外交部和上海市委、市政府对此十分重视，对妥善处置这一问题提出明确意见；市外办多次协助外交部和世博局组织有关专家赶赴现场查看，及时提出处理意见和建议；中国政府总代表华君铎反复做 Y 国馆方工作。经过多方大量艰苦沟通，Y 国馆方最后同意将某寺等敏感内容作模糊处理，使这场争端在世博会开幕前成功化解。

在处置工作中有个小插曲。在某壁画上有一段希伯来文。是否涉及政治敏感内容，当时无人知晓。外交部要求马上找人翻译。任务十分紧急。我马上请中东问题著名专家朱威烈教授帮忙。经他推荐，我联系了上海外国语大学杨阳老师，并连夜派人将那段文字送往杨老师家中翻译。使我很感动的是，杨老师译风严谨，不长的一段文字，花了几个小时翻译。那晚，我组负责其他工作的几位同志都主动留下来协助处理这项工作。当我们将译文报告外交部时，已是深夜。参与的同志虽已紧张工作几个小时，但大家毫无怨言，都为能给世博会出力感到很有意义。

世博会进入常态运行后，敏感问题呈现了新的特点。一是数量增多，仅 7 月头两周就频发 8 起；二是内容复杂，有的拟在馆内播放"人权故事"短片，有的准备召开涉华司法议题的研讨会，有的欲举行同性恋主题派对活动；三是形式多样，开幕前的敏感问题主要出现于展示中，开幕后（尤其是后半阶段），敏感问题主要反映在论坛、活动中；四是参与主体多元，既有官方机构，也有非政府组织，还有外方借用中方名义直接操办的，背景复杂；五是园区内向园区外延伸，有的馆借文化交流之名，准备将馆内部分展示项目移到社区举行。根据市外办领导的意见，我对这些新情况进行了分析研究，提出了进一步加强世博涉外敏感问题处置工作的几点建议。之后，市外办和世博局领导马上召开涉博敏感问题处理工作专题会议，进一步明确各相关部门的工作职责，研究确定了相关对策措施，使世博敏感问题得到及时、妥善、有效处置。

世博会期间，市外办参与处置的敏感问题共 74 起。对量大难度高的敏感问题能妥善处置、有效化解，我认为有以下几个重要原因。

一是各级领导高度重视。对干扰、影响平安办博的重大敏感问题，外交部和上海市委、市政府以及外事工作指挥部领导都有重要批示，或召开专题会议研究，提出明确意见。比如，8 月下旬，俞正声书记亲自主持召开研究尼泊尔"和平之火"活动的专题会议，韩正市长等多位市领导参加，确定了对策措施，既避免了在园区内举行有宗教色彩的活动，又满足了尼方在馆日活动期间展示"和平之火"的要求，进一步加深了中尼友好关系。

二是依法依章处置。对敏感问题，我们坚持按照世博会一般规章、特殊规章以及国际惯例、相关规章等依法处置。9 月下旬，有个外国媒体社团计划在某馆内召开"××××自由论坛"。此议题与世博主题毫不相干，我方在处置中按照世博会有关规章与馆方总代表沟通磋商，使馆方取消了这项活动。在园区内无法举行的情况下，该社团又将论坛改到园区外一个展览场所举行。市外办获此情况后，李铭俊主任、范宇飞副主任立即召集有关部门研究制定处置对策，报经市领导和外交部同意后，由有关部门依据展览场所承租合同规定妥善处理了此事。

三是建立有效的工作机制。市外办和世博局建立了涉博敏感问题工作机制，把握问题发现、判断审核、请示报告、妥善处置四个环节。世博局主题演绎部和我这个组是世博局和市外办两个具体工作部门。在整个世博会筹备和举办期间，两个工作团队相互职责明确，配合默契，使敏感问题都得到了及时、有效的处置。

四是专家智力支撑。上海国际问题研究院组建了一支以本院骨干力量为主体，上海社科院和部分高校专家学者参加的专家队伍共37人，开展世博外事调研，梳理世博会期间可能出现的敏感问题，配合有关部门巡查敏感问题，对发现的问题进行审核判断并提出处置建议，对世博会期间国际热点问题加强研判，为世博外交外事积极提供智力支撑，发挥了不可替代的重要作用。

五是多方合力。敏感问题处置是一项系统工作，涉及许多部门的参与和支持，包含许多同志的智慧和艰辛。就市外办来说，涉外安全、综合协调、领事、新闻等部门都发挥了积极作用，世博局参与这项工作的部门更多。除市外办、世博局外，公安、安全、宣传等单位都恪尽职守，大力配合，共同确保敏感问题妥善解决，既维护了国家利益，又确保世博会平安运行，也没有引发国际舆论炒作。

这些有益的经验和做法是上海外事工作的宝贵财富，值得在今后工作中不断探索完善和发扬光大。

上海世博会已圆满落幕，世博场景却仍历历在目。我参与世博外事工作，付出很多，收获不少。感受最深的是，做一名优秀的外事干部真不容易，要树立国家意识、有政治敏感性、掌握对外政策、熟悉外事业务、善于与外国人交往、严格遵守外事纪律，这些都值得用自己的一生去学习、去感悟、去修炼。

以我点滴工作，推介真实中国

遇建浩

原载上海市人民政府外事办公室、上海国际问题研究院世博工作总结《亲历世博外事》(2010 年 11 月)。

遇建浩，时任上海市人民对外友好协会秘书长兼欧美处处长。

　　我参与的世博外事接待工作主要分两部分：一是参加政要团组的接待，二是参加友好团体参访组的接待工作。上海世博会对中国、对上海、对公共外交、对民间友好交往工作来说，都是一个很大的舞台，是一次难得的机遇。从欧美地区来看，2010 年我们接待了四个国家的 115 批来访团组、1 714 人次，其中世博团组就有 101 批、1 540 人次。而这还只是我们对外友好协会欧美处的统计数字。

　　上到政要，下到普通的老百姓，来到中国、上海，通过世博会，对中国、对上海的印象都更深刻了，友谊也更深了。我们接待的外宾很多是曾经来过的。他们以前来的时候就说，你们 2010 年办世博会，我们到时还要来。也有的外宾是第一次访华，第一次访问上海，上海世博会对他们产生的印象和冲击力就更强烈了。他们根本没有想到中国、上海的发展是这么快，令人震惊。因为他在本国听到的、看到的，和我们的现实有很大的差异。西方媒体对我们的报道往往是有偏见的，包括美国的一些州长、市长、议员，他们对中国根本就不了解。外宾来了之后就会觉得，在这里看到的和在国内听到的完全不一样，百闻不如一见。他们感到很惊讶，对中国印象很深，由衷赞叹中国的发展真是太快了。

世博会对中国的总体外交作出了巨大的贡献。数百万外国人来上海参观世博会，对中国和上海的印象发生了很大的变化。这种变化不是我们说的，说中国怎么好、上海怎么好，而是他们自己亲眼看到的。我们接了很多团，他们从下飞机开始，一路上就不停地拍照，对所看到的一切感到很惊讶。如果你带他们到东方明珠、到外滩一看，那他们的惊讶程度更是不一般。他们对中国、对上海的感想是由衷的，不是违心的，这个我们能感觉到。阿根廷总统克里斯蒂娜盛赞上海是座美丽的城市，她说："上海无论是城市的外观还是管理能力都令人惊叹，对于我们来说，上海简直就是圣诞节中的城市。"除了在市领导的会见中，我们平时也会主动向外宾介绍上海的发展。有时候外宾会随机提出问题，我们就实事求是地给予回答，无论是成绩还是问题，都不回避。在工作中，如果不是原则性问题，我们就尽量满足外宾的合理和正常的要求。比如黑山总统武亚诺维奇访问上海时，原先的日程没有安排游江。来上海后，他听说浦江的夜景非常美，临时提出想去游江，我们就马上安排，总统对此非常满意。如果我们在工作中很死板，他会认为我们没有诚意，给他看的都是好的，或者给他看的都是事先安排的，并非真实的情况。如果我们满足了他临时提的要求，他就不会对我们有所顾虑了。我们无论接什么级别的团，都应该在最短的时间内让外宾尽可能更多地了解上海、了解中国，让外宾满意。当然这个满意是有原则的，在原则问题上绝不能让步。我们每个人的一言一行都代表中国，代表上海。外宾感到满意后，不仅赞叹上海的城市建设，而且认为中国人是变了，变得更加从容自信、更人性化、更加友好。

有一个例子可以和大家分享。2010年8月，新加坡总统纳丹到上海，三次入世博园参观，这超出了我们事先的安排。他们的先遣组来时双方已经谈好，安排两次入园。另外根据总统的喜好，还专门安排了浦江游览。结果总统在世博园两天的参观意犹未尽。他不顾86岁高龄，要求第三次入园参观，不去游江了。我们毫不犹豫，临时改变计划。类似的情况很多，基本上每个团都有这样或那样的变化。外事工作中，变是肯定的。特别是遇到高级的团，一旦有变化，安保、交通的工作难度就很大。我们就努力和各方沟通、协调，确保外事任务完满完成。

还有一个例子。肯尼亚总统来了之后，既出席开幕式，又是国事访问，胡锦涛主席还要会见。许多活动挤在一起，随团活动的人又多，也是变化不断。晚上出席活动，在演出快结束的时候，外方突然提出第二天一早要入园。当时已经很晚了，联系起来难度非常大，因为大家都在开幕式上，而总统车队入园牵涉到方方面面，包括人员、车辆、安保、园区安排等一系列问题。但他提出来想看，这是好事情。如果说一个总统来看世博会，只看一次就没有兴趣了，那说明我们办的世博会没有吸引力。如果他想看，说明世博会办得精彩、令人流连忘返，说明我们成功了。从这个角度来看，外宾提出的希望、要求越多，我们应该越高兴。但是另一方面，对安保部门的同志来说，责任就更大。当天晚上，我们有关人员连夜去把路线走了一遍。我们不厌其烦的工作精神让外宾很感动。他们感到，中国人不是在"做秀"，是真诚友好的。通过我们的工作，他们感觉到我们是真正的朋友。在外事接待工作中，如果我们能把工作做细，外宾就会很感动，双方的友谊就能进步加深。我始终认为，做工作一定要真心实意，不能应付差事。我们做工作就是要多交朋友，不管他们对中国持什么态度，来的都是客，我们都要认真对待，从点滴入手，体现中国人的热情友好和真诚的友谊，用我们的实际行动去改变他们对中国的看法。

外事接待工作是对外交往与合作、经济建设和社会发展的重要环节，我们的出发点就是要为国家大局服务，要让外宾更加了解中国，加深双方之间的友谊。我们在参观安排上，根据来访团的不同而有所侧重。对于不同类型的人，我们有不同的接待方案。每一个团来，我们都要先看看是不是第一次来。如果是第一次来，我们通常会安排一些常规的参观路线。如果是以前来过，这些项目就不再安排了，不能反复给人家看同样的内容。有些是固定的项目，比如说加拿大的家访团，每次来我们都安排他们参观上海的社区，亲自去看看中国的实际情况，到普通市民家里去做客，用半天的时间了解上海普通老百姓的生活，让他们感受一个更真实的上海、更真实的中国。这些外宾都是普通的加拿大市民，通过加中友的协会组织起来到中国访问。其中有很多人没有来过中国，对中国也不了解。来了之后，他们对中国的印象大为改观，对中国的兴趣大增。很多人回去以后就加入了加中友好协会，成为会员。类似的活动还有上海国际青少年互动友谊营，这是一个年度性的国际青少年交流项目。在此期间，我们安排国外的青少年到上海市民家里做一天上海人，让他们更深入一点儿，住在普通市民家里面，同吃同乐，让他们感受上海人的家庭和上海人的生活。这一安排深受外国青少年的喜爱，现在已延长至两天。这样的活动非常有意义。

如果外宾来过很多次了，上海已经看得差不多了，没有新的亮点，我们就安排到周边的苏州、杭州等地参观。光了解上海还不够，会对中国产生以偏概全的印象。而且不仅沿海地区要让他们看,西部欠发达的地区也要让他们看,给他们展现一个客观、真实的中国。

世博会的轰轰烈烈给外宾留下了深刻的印象,但我们同时还告诉他们,中国还有很多不发达的地方。中国的发展引起了世界的关注,有人把我们想得太好,有人把我们想得太坏,上海世博会提供了一个平台,让世界更多地了解一个真实的中国;同时也给我们外事工作者提供了很好的机会,把一个真实的中国推向世界。

以人为本，追求精致

刘伟东

原载上海市人民政府外事办公室、上海国际问题研究院世博工作总结《亲历世博外事》(2010 年 11 月)。

刘伟东，时任上海市人民政府外事办公室组织人事处处长、上海世博会外事工作指挥部办公室人力资源组组长。

青年是国家的未来。借助上海世博会的平台，让港澳青年更了解祖国的进步和发展，心向祖国，对于"一国两制"的成功实践具有重要的意义。

我非常荣幸在世博期间与我们的团队承担了接待港澳学生上海世博会参访团的任务。我们可以自豪地说，整个接待活动成功、圆满、精彩。这个团共 4 000 余人，是个大型代表团。在上海市政府外办的接待史上，这是为数不多的大团案例，对于这个团的接待工作，应该说我们下了大功夫，投入了大精力，取得了预期的效果，当然也得到了领导的认可。习近平、俞正声、杨晓渡等中央和上海市领导均对此活动给予充分肯定与评价："成功组织 4 000 名港澳学生参观上海世博会并取得预期效果，实属不易。上海大局观念强，会同有关方面精心组织、周密安排，圆满完成了任务。""以对国家高度负责，为上海和世博争光的精神，以人为本精益求精的服务与保障出色地完成了工作任务，取得了很好的成效，并创造了不少经验。"我们在各级领导的关心指导下，圆满完成党中央、国务院交给上海的任务，这是我们工作团队和所有志愿者共同努力的结果，虽然非常辛苦，大家顶烈日，冒酷暑，加班加点，连续作战一个多月，但我们收获颇丰，倍感光荣。

我是在2010年7月20日接到接待港澳学生世博参访团这个任务的，当时离参访团来沪只有20多天的时间。在如此短的时间里要完成从总体接待方案的制定到落实，史无前例，困难是难以想象的。我从处里抽出几位同志组成核心团队，迅速协调各接待方面，出主意、想办法，充分运用现有的经验和自身的特点和优势，一个星期内就拿出了一个符合接待港澳学生特点的总体方案。而后又几易其稿，不断完善，最终成形。同时我们专门为参访团制作了图文并茂的参访团活动指南等物品。这些工作均得到各级领导的赞扬。

港澳工作是一个特别的内事，事关"一国两制"政策的成功实施。工作中我们都以特殊的标准来严格要求这次接待工作。在整个活动中，我们贯彻"安全第一、集中管理、分组活动"的原则，除了保证参观顺利安全，我们主要体现两个注重：一是以人为本；二是参访细节。以人为本，体现在各个环节，比如我们不断根据同学的需求和现场的状况改进接待方案，包括停车安排、调整菜单、病号关怀等，实际上我们的方案每天都在改进更新。第一批学生参观世博期间，大雨不期而至，我们当机立断，迅速组织力量和调度园区巴士把学生送到场馆和出口，保证了当天参访的顺利完成。得知参观期间恰逢部分港澳学生生日，我立刻与相关部门协商，制作生日蛋糕，在世博中心为这些学生庆贺，现场

2 000多人在金厅同唱生日快乐，气氛非常热烈，令人难忘。有的学生当场流下了激动的眼泪，传递了上海与港澳、人与人之间的温暖情意。韩正市长与港澳同学的见面，也体现了东道主和国家对港澳学生的关怀，更表达了祖国希望他们成为港澳和国家栋梁的期待。

对港澳青年参访团的关心应追求"润物细无声、一泓清泉滋润心田"的效果。我们特别强调接待工作在细节上下功夫，这主要表现在对各个参观环节的安排上，不断追求立意创新。在参观中国馆后，我们还特意增加了对各省区市馆的参观，这样安排的目的就是要让港澳学生增加对祖国的认识，使他们对祖国的幅员辽阔、欣欣向荣、多民族多元化的现状有一个直观的了解，同时也强化他们对祖国的热爱和认同感，传承我们中华文明的精神传统。组织方安排港澳同学乘坐高铁，在上海安排参观外滩、东方明珠、科技园区与高科技企业等，都旨在强化同学对祖国的了解。

从现有的反馈来看，这次活动应该说取得了预期的效果。有个小故事很能说明问题。一天，活动结束后，我去医院探望一位感冒发烧的香港同学，老师告诉我，这位同学在来沪的火车上已感觉不适，但她仍坚持第二天参观中国馆，因为她说这是她此行最大的心愿，若不能如愿，将留下不可弥补的遗憾。这位同学的行为其实非常真实地反映了港澳同学对祖国的感情。在沪港澳学生联欢活动中，大家一起高唱国歌、《五星红旗》，我真切地感受到了港澳同学的真情流露，感受到他们对祖国发自内心的认同感和身为中国人的自豪感。在一些互动环节中，港澳学生和上海学生非常默契，几乎不存在隔阂。临别之际，许多港澳学生纷纷留言，表达他们对世博的震撼和对上海的留恋。这些再一次证明我们"以人为本，注重细节"的接待工作取得了成功。

20世纪80年代中期，我作为团干部参加过中日3 000青年大联欢，记忆犹新。这次作为港澳办工作人员组织接待港澳学生参访团，感慨万千。深感沪港两地青少年的交流应进一步加强，双方交流合作的空间很大。港澳学生身上有很多值得上海青少年学习的地方，例如他们的童子军组织、吃苦耐劳、纪律严明、训练有素，是港澳学生高素质表现的一个证明；港澳值得上海学习的地方很多，例如在会展业方面，香港的会展业已相当成熟，上海的会展业还在发展之中，在管理和人才方面尚有很大的提高空间；其他如城市管理等诸多方面都有值得我们学习和借鉴的地方。

世博期间，在参与开闭幕式、馆日等接待工作过程中，我还深切地感觉到，不仅我们把世博会当成公共外交的平台，其他一些国家和团组也在充分地利用这个平台做公共外交的工作，宣传他们的价值观和理念。例如俄罗斯馆开馆之前，俄工贸部部长与俄罗斯馆馆长反复研究开馆事宜，在馆内一待就是几个小时，能看出来他们非常想用这个平台来感染和影响每一个参观俄罗斯馆的人，这也是一个大国的软实力所在。

世博会对上海外事干部的培养同样意义重大。我们的年轻干部在世博外事工作中经受了考验，队伍得到了锻炼，我们在接待港澳学生参访团时大胆使用没有接待经验的年轻人，以此作为培养锻炼干部的平台。世博期间借调的300多名各单位的外事干部经过世博外事工作的锻炼，业务能力也有了很大的提高。我们通过对新人有意识的起用、培养，为上海的外事队伍补充了新鲜血液。世博会为发现新的外事人才提供了机会，外办人力资源组也借此机会重建了全市外事人才的数据库。无论专职外事干部，还是其他岗位的人员，通过参与世博外事工作，在实践中锻炼了业务，提高了能力，这对今后干部队伍阶梯式发展是大有裨益的。

由交流而融合，经学习而成长

颜艳秋

原载上海市人民政府外事办公室、上海
国际问题研究院世博工作总结《亲历世
博外事》(2010 年 11 月)。

颜艳秋，时任上海市人民政府外事办公
室欧非处处长、上海世博会外事工作指
挥部办公室友城组组长。

上海的国际友城工作从一开始就有着明确的目标定位，即充当对外
交往中的桥梁和平台，以便更好地服务于国家总体外交和全市的经济社
会发展。尽管如此，如何把握重心和抓手，使友城工作的效应最大化，
仍是我们在实际工作中面临的困惑和难点。上海世博会不但丰富了友城
工作的内涵，而且极大地开拓了我们的视野，使我们在倾情付出的同时
无数次品味到收获的喜悦。就我个人而言，感受最深的当属众多国际友
城在世博上的精彩展示，以及各城市的工作人员所体现的专业精神。法
国罗阿大区就是一个非常好的例子。

2010 年 5 月 14 日晚近 11 点，我和同事走出设在上海世博园区城市
最佳实践区的法国罗阿大区馆。第二天是罗阿展馆的特别活动日，罗阿
大区主席、上海市市长韩正以及两地各界人士 200 余人将出席。为确保

活动顺利，双方工作人员再一次对现场的讲台、布景、灯光、摄影位置等进行调试和完善。活动当天，罗阿展馆热闹非凡，充满了热情欢快的节日气氛。当两地领导人步出展馆，置身于法方赠予上海世博会的绚丽玫瑰园时，周围的游客纷纷围拢过来，表达热情的问候。此情此景给我留下了难忘的回忆。

作为上海的国际友城，罗阿大区对本届世博会投入了1 800万欧元，先后有1 000多位各界代表来沪参观并出席交流活动。罗阿展馆的特别日活动为之后的13场主题周活动拉开了序幕。在短短六个月中，几乎每两周就有一个主题周，每次都有大区副主席或主管部门负责人出席，上海方面也有相应的官员、专家和代表出席。双方就经济、环保、电影、旅游、体育等领域的问题进行了面对面的探讨。这些交流再次印证了"百闻不如一见"的真理，许多初次来沪的罗阿朋友发现，原来上海与他们之前想象的非常不同，是这样一座充满活力的现代都市，原来这里的人们对改善城市生态环境、提升人文精神、积聚创新能力也同样给予了高度关注，这里也有独树一帜的动漫风格、发展迅速的旅游市场……于是，由轻视变为尊重，由漫不经心转而产生真诚的交流意向。

同时，我方也从案例和专家介绍中对罗阿大区有了更为丰富的认识。例如，根据罗方专家的研究，六七层高度的公寓楼所容纳的住户与20多层的高楼是一样的，因为高楼需要更宽的间距，而在公寓楼中还可以设置更多的公共交流平台。这是否说明我们的城市高度可以适当降低，使都市人能够更接近红花绿树，闻到青草的芳香，徜徉在清澈的湖畔？这又能否促进社区的守望相助精神，拉近人与人之间的距离呢？我由此想到，"城市，让生活更美好"也许意味着我们并不应总是向前奔跑，有时应放慢脚步，以更加严谨的态度来对待生活中的细节，将更加关切的目光投向生活在城市中的个人——不仅关注人的物质需要，也同样关注人的精神渴求。

世博即将闭幕时，我问罗阿大区代表魏桑塔女士，在她看来，哪个主题周最为成功？她回答是"体育周"。活动期间，罗阿在馆外搭建了一堵攀岩墙和一块地滚球场，吸引了众多观众亲自参与，一试身手。这种积极的互动正是罗阿展馆追求的最佳效果。活动期间，环法自行车赛"五连冠"得主、法国著名登山家及多位奥运冠军也前来助阵。其中有一位曾获残奥会游泳冠军的运动员，不仅经常独自坐着轮椅从普通入口进入展区，而且每天坚持到游泳馆锻炼以保持良好的竞技状态。他那种坦然自信、乐观独立的态度给人留下了深刻的印象。我不由想到，一座城市的美好不仅在于有多少座地标性建筑，还在于生活在城市中的人所托起的精神高度。

罗阿馆举行的"体育周"使我进一步体会到罗阿大区主席凯拉纳的一段话："只有使普普通通的市民广泛参与到我们的活动当中，深入认识和了解我们，才能为我们同上海未来更多更广的合作打下坚实的基础。"设在罗阿展馆四楼的法国餐厅在世博期间的实践，对这番话进行了又一次精彩的诠释。餐厅由罗阿大区一所著名的餐饮学院开设，因其价格适中、味道纯正而广受参观者的喜爱。难得的是，餐厅的厨师助理和部分服务生是就读于上海商学院旅游专科的学生。上海和罗阿大区在西餐厨师的培训方面有着长期的合作，此次两地政府经过多方协调，使餐厅不仅提供美食，也成为培训中国学生的又一个平台。对方认为这种形式的合作更容易拉近双方民众的距离，也使双方都觉得彼此的合作不但有利，而且有趣。我想，今后我们的友城工作应该多借鉴类似的方式方法，共同探索互惠共赢的合作新路。

当然，成功的友城展示案例不仅有罗阿大区，其他一些城市也都以其独到之处给了我们很多感触和启发。例如汉堡馆看似平淡无奇，但它体现的建筑节能理念，特别是对每一环节都一丝不苟的精神，都需要我们细心体察。再如瑞士的巴塞尔、日内瓦和苏黎世三座城市，共同以水为主题进行了案例展示，体现了超越城市自身利益考虑的合作精神，也值得我们深思。再举一个克罗地亚萨格勒布市的例子。2010年是上海和萨市结好30周年，萨市市长特地邀请该市著名室内乐团来沪演出。尽管初来上海，但四位克罗地亚乐手谢绝了我们接待方安排的参观日程，专心排练。几天时间里，他们所到的地方就是宾馆、排练场、音乐厅。他们虔诚的艺术追求和敬业精神深深地感动了我们，他们呈现出来的精湛技艺也获得了观众的尊重和欣赏。有人曾经问我：萨格勒布是一个小城，人口面积、经济体量都无法与上海相比，为何能同上海结为友城？我的感想是"尺有所短，寸有所长"，城市生活有不同的侧面，有些城市虽规模较小，但有其独特的闪光点。学人所长、补己所短，正是我们友城交往中的一个重要方向。

此外，我们同非洲友城在本届世博会上的合作也值得进一步思考。我们在非洲一共有五个友城，其中四个城市的市长在世博期间来访。纳米比亚温德和克市市长在访问中表示，应该让孩子们来参观，因为上海世博会是面向未来的盛会，而未来是孩子们的。在双方市政府的支持下，10名温德和克市高中学生来到上海参观世博，有的学生兴奋地表示以后要学中文，争取到上海来深造。这些学生大都是当地模仿市政厅架构建立的"少年市政厅"的成员，虽然年纪不大，却个个观点鲜明，谈锋机敏，很有点未来政治家的样子。这使我想到，非洲新一代的处事作风已经有别于他们的前辈，他们从气质举止、文化素养到现实追求，都突破了我们对非洲的传统理解。这或许需要我们以新的眼光和角度去认识非洲，以新的姿态和途径去迎接并且走近非洲。

本届世博会极大地激发了全世界对城市生活的热情、向往和想象，也深刻地启发了人们对未来的思考和探索。世博过后，我们需要更多的时间去了解、思索和实践。今后，随着更多的人进入城市生活，如何建设更美好的城市，如何让城市里的生活更美好，这是我们和世界上其他所有城市共同面对的问题。国际友城在本届世博上的案例展示和活动组织，不仅为演绎世博主题提供了样板，也为开展今后的国际城市合作树立了范例。为了城市更美好的远景，我们无疑需要更多的理解、交流与合作，这正是国际友城交往的重要意义所在。

如同朋友相处一样，国际友城交往的特点是它的长期性和连续性。表面上看是一次亲切的访问、一场热闹的活动，但更多的工作要在访问和活动之后继续进行。如何延续世博效应？如何具体落实双方《交流合作备忘录》的内容？如何进一步拓宽双方交流合作的领域？如何使友城工作的成果更好地服务于国家外交？如何让更多的普通人了解真实的上海、真实的中国？所有这些问题都要求我们进一步做好跟踪调研和思路创新工作，以便为上海的对外交往开辟更加广阔的天地，为国家总体外交作出更加积极的贡献。

架起同国际友城之间的心灵之桥

叶　靓

原载上海市人民政府外事办公室、上海国际问题研究院世博工作总结《亲历世博外事》(2010年11月)。

叶靓，时任上海市人民政府外事办公室亚大处处长。

　　国际友城工作一直是上海市外事工作的一个重要内容。此次以世博为平台，上海市友城工作水平又有了一个显著的提升，不但原来交往热络的友城关系更进了一步，以往较少开展实质性活动的沉寂多年的友城关系也被"激活"。相信每个外事工作者都会为自己昨日的付出和今日的成绩感到骄傲，同时还会有许多启迪和感悟，值得人们做进一步的总结与思考。

一、心与心的沟通是友城交往的关键

　　我接触国际友城工作已有10多年的时间。随着时间的推移，我越发深切地感到，人与人之间心灵的沟通才是友城工作成功的关键。只有想对方所想，释对方所疑，并且使各自的民众通过各种渠道，尽可能近距离地接触和交流，才能达到真正的相互理解，进而产生共鸣。这不但是双方在各领域展开密切合作的基础，也是我们服务国家外交的最好体现。世博期间就有两个非常好的例子。

2010 年 7 月下旬，日本大阪府和大阪市联合组织了一个 560 多人的代表团访沪，与我们共同举办"上海—大阪结好周年庆祝活动"。其中最为感人的当属在城市最佳实践区大阪案例馆举行的"大阪特别日"暨中日联欢活动。之前，上海曾长期从事对日交流的许多老同志已纷纷题诗、题字，作为礼物送给日方。活动当天，来自日本的市民身着和服，跳起了具有大阪特色的民族舞蹈，同时我方很多长期积极参与对日交流的团体和民众也加入其中。大家抛开往日的矜持，载歌载舞，整个场面非常热烈，令人真正感受到了 30 多年来经由中日双方几代人努力才取得的如此丰硕的友谊果实，以及双方民众对友谊和美好生活的共同追求。事后，一些日方朋友还专门写来了感谢信，表示要进一步推动上海同大阪的友城往来。

另一个例子是新西兰达尼丁市代表团来访。过去五年来，达市市长陈永豪一直非常重视同上海的友城交往，与上海市领导和各界人士都建立了深厚的友谊。此次达市在世博园举办了为期三天的推介活动，两地各界进行了深入的交流。在访问最后一天的离别晚宴上，他对上海的发展和上海世博会赞不绝口。在活动行将结束之际，他提议双方同唱友谊之歌。在他的热情感染下，在场的所有中新嘉宾都起身高歌《友谊地久天长》，为此次友城活动刻下了难忘的一幕。作为 2010 年上海"白玉兰荣誉奖"的获得者，陈永豪最近写信告诉我们，尽管他已离开市长的岗位，但今后还会经常来上海访问。同时，他也会督促新任市长继续发展同上海的友城关系。

这两个例子都说明，技术交流、经贸往来等务实合作固然重要，但要成为真正的朋友，还需要踏踏实实地搞好每一次接待工作，特别是要多进行人与人之间的沟通和交流，通过真情互动，才会真正架起双方的心灵之桥。在这一点上，我们的友城工作有着非常好的传统和深厚的积累。我作为友城组的一员，有责任接过接力棒，把这项工作做得更好。

二、奉献精神是职业素养的最基本要求

世博期间，亚大处共组织接待或参与接待了 74 批来访团组 2 446 人次。由于亚大地区的国情各异，工作压力的确较大。但重压之下，大家表现出的更多是兴奋和充足的干劲，个人得失早就被抛诸脑后，上上下下形成了一股合力。例如，在 2010 中国国际友城大会召开之际，世博会已经进行了四个多月，大家身体早已非常疲惫，亚大处有三分之二的同志得了重感冒，很多同志发着高烧仍坚守岗位。我们的任务之一是组织 800 位与会嘉宾分两批参观世博。不少早场嘉宾在参观完中国馆等展馆后仍流连忘返，希望自行留下参观。但为了确保下一场活动的有序开展，我们做了耐心的说服工作。我们指着高温下挥洒着热汗排队的群众，请他们体谅普通观众的辛苦，如果他们再占用贵宾资源就是对普通观众的不公。结果得到了他们的充分理解和支持，按计划出园。在安排下午自由参观的时候，大家顶着烈日挥舞着小旗，引导人群有序地从停车场前往检票口检票入园。

从凌晨 5 点出门到晚上近 10 点回到家里，我们的同志都没有一句怨言，生病的同志也只是简单地喝几口水，服下随身携带的药片，没有一人提出身体不适不能坚持下去。整个世博期间，类似的事还有很多。

这使我看到，我们的队伍有着强烈的责任感，是乐于奉献的。何谓"职业素养"？我认为除了专业能力之外，这种"亏了小我、成就大我"的集体主义精神或许才是最重要的。

三、未来上海的友城工作需要加大规划和投入力度

随着"后世博时代"的来临，我们的友城工作正面临着更加艰巨的任务和挑战。友城工作在整个外事工作中到底应该如何定位？未来上海的国际友城工作如何开展？在哪些领域和议题上可以找到新的增长点？对于这些问题，我在过去半年里进行了较多的思考，大致可以归纳为以下四点。

首先，以往的友城工作从最初联络到具体接待，主要由外办一家负责，既不利于调动其他部门的积极性，也使外办在操作过程中遇到渠道不畅、反馈不及时等情况。今后，应该积极倡导"友城工作是为整个上海服务的"这样一种观念，尽快建立各部门统筹、共享、共同参与的友城工作机制，使我们的友城工作从规划到具体落实都能上一个新台阶。

其次，随着信息化社会的迅速发展，我们在工作中遇到的新知识、新问题也层出不穷。仅凭我们自己的力量应对各种情况，不免捉襟见肘。因此，应加强同各专业机构、研究部门的联动机制，及时补充专业化的信息，以便开展更高层次的友城交流。比如，我们要加强同一些友城之间的交往，但这些城市未来经济发展前景如何？在哪些领域上可以与我们互通有无、取长补短？我们又该如何把握同这些友城发展关系的节奏？这些问题无不需要非常专业的调研工作，才能得到真正科学合理的答案。

再次，可以考虑让各区县更多参与到友城工作中来，甚至达到区县同友城之间的"对接"。许多区县在世博接待活动中表现出了自己独特的优势和良好的组织能力。例如，泰国的清迈代表团在参观奉贤农业示范区后大受启发，请求该区派人赴泰国直接指导那里的农业。再如，虹口区是第二次世界大战期间流亡犹太人的重要收容地和中转站，以色列人对那里很有感情。这一次，该区就非常出色地接待了好几个来自以色列的代表团。

最后，恐怕也是最重要的，是要根据新形势和新情况及时调整外事工作的一些习惯做法。就亚大处来说，联系的不少国家和地区经济都欠发达，自然灾害频发。当这些国家的代表看到中国特别是上海的发展成就时，自然会对我们有更多的期待。然而面对日益增强的国际责任，我们尚缺乏专项的援助资金。此外，由于没有固定的活动场所，每次举行友城交流活动都要找经费、找场地。今后，假如能在世博园区（如城市最佳实践区）给我们的城市对外交流留出一块场地，将大大提高外事工作的效率。

其实，友城工作需要投入的物质资源并不一定很多，但对上海的发展甚至国家外交的贡献却可能是非常大的。我们只有用心去感受，去交往，用真情换真意，才能搭起一座连接国际友城同我们之间的心灵之桥，也才能使友城工作发挥最大的作用。

确保世博外交的信息畅通

陈　晖

原载上海市人民政府外事办公室、上海国际问题研究院世博工作总结《亲历世博外事》(2010 年 11 月)。

陈晖，时任上海市人民政府外事办公室秘书处副处长、上海世博会外事工作指挥部办公室秘书组组长。

　　我是 1997 年进入上海市人民政府外事办公室的。世博会作为国家"公共外交"的平台，使上海外事第一次全面融入国家的总体外交。作为一名外事工作者，我在深感自豪的同时，更感到了肩负的责任重大。

　　在世博会筹办和举办阶段，我和我的团队主要负责世博外事工作的简报和信息沟通工作。对我们而言，最大的挑战主要是如何在世博会持续时间长、重大活动密集和来沪的中外领导人规格高等情况下，保持信息沟通的顺畅。时间长，不仅是 184 天，其实早在 2008 年我们就已介入世博筹办工作，这与以往活动只有两三天、筹办时间不过数月相比，是不可同日而语的；活动密集，也不仅是开幕式、中国国家馆日和闭幕式，而是每天都在发生的各类外国馆日活动、友城交流活动和重要团组来访；中外领导规格高，更是史无前例，中央领导悉数出席世博会重要活动，并有 100 位外国国家元首和政府首脑来沪参加其馆日或参观世博会，这个数字是 2009 年一年的 8 倍。以往的重大外事活动，我们多是临时召集一些有写作基础的同志，承担简报信息的编写工作，短则三五天，长的不过个把月。而此次注定这个工作机构以及相关工作机制必须是长期的。

回首 184 天的历程，我感到我们的工作总体还是成功、有效的。2010 年 8 月，世博会执委会在全国范围内开展了世博信息工作评比，外事指挥部办公室被评为优秀单位。能取得这样的成绩，主要是因为以下几点。

首先，全市的工作机制非常有效。我们一直在探索建立上海的大外事工作机制，世博会在这方面做了很好的尝试。上海世博会工作领导小组下设的外事工作指挥部，有 43 家成员单位，涵盖了与世博外事工作直接相关的部门。指挥部办公室设在上海市外办，这使得外办在全市外事工作中的指导、协调作用得到了充分体现，也使信息沟通工作变得非常必要。比如，中央外交部和上海市委、市政府的有关指示精神和要求，需要及时传达各单位；世博会众多外国代表团来访，接待工作涉及全市方方面面，相关接待标准和要求等需要统一；18 个区县在与外国参展方开展交流和参与外国政要、友城等接待工作时，相关工作也要统筹。我们通过简报、会议纪要等形式，加强了各单位之间的信息沟通。整个世博会期间，我们编发的《世博会外事工作简报》就达 117 期，是以往信息编发量的 3 倍多；召开全体成员单位会议 5 次，各类协调会议更是多达 100 多次，有力促进了各单位的信息沟通和工作交流。

其次，与外交部的信息沟通非常顺畅。外事工作指挥部在选择办公地点时，首先考虑的就是与外交部联系方便。自 2010 年 4 月开始，外交部前方工作组入住浦东某酒店，与外事指挥部办公室同楼。这一安排可保证信息的随时沟通，如果电话打不通，也可以直接上下楼找人；有问题需要协商，约一下马上就可到会议室。此外，外交部和上海市外办还各确定了一位联络员，负责工作层面的联系，外交部是国际司的一位副处长，上海市外办就是我。世博会期间，这样的协调沟通随时都在进行，其中比较正式、由双方领导参加的工作例会平均1—2周举行一次。这一制度对确保世博会外事的顺畅至关重要，因为世博会是国家主办、上海承办，许多重要的方案、决策等须由外交部等中央有关部门来定。许多重要的工作方案、处置意见和应对办法等，都是通过双方便捷的沟通之后得到及时、顺利的实施。有一次，某国部长来沪出席其国家馆日活动，当晚我们得知他计划在第二天的致辞中提及与邻国的领土纷争，并且措辞强硬。市外办领导带领我们迅速与外交部及有关方面联系，听取处置的指导意见。仅仅半个小时，我们与外交部及其前方工作组和中国政府总代表等方面进行了几轮的联系和磋商，明确了处置意见，并迅速赶往这位部长那里，当晚就妥善处理了此事。这在平时是难以想象和实现的。

再次，信息工作的内容和方式有了进一步的深化。与以往不同，世博会期间我们不是单纯编发信息，而是直接参与到具体的工作中去，及时掌握第一手的工作信息。4 000名港澳学生来沪参访世博会，编写信息的同志直接参与了组织工作，编写的简报及时准确。特别是该团上午离开，我们下午就将工作总结报市世博会工作领导小组，并由他们转报中央。习近平、刘延东和俞正声等领导先后批示，充分肯定了接待工作取得的成绩。在开闭幕式、中国国家馆日等重大活动中，我们更是积极参与了有关方案的制定、实施和组织工作；对其他单位以及外办其他处室工作中遇到的重大和普遍问题，也积极安排与外交部和上海相关方面沟通协调。可以说，世博会期间各类重要的会议基本是由我们组织和安排的，这样我们对全局的工作就做到了如指掌，编发的信息和反映的问题也比较及时和准确。

最后，这种信息沟通也促进了地方外事全面融入国家外交的进程。由于信息沟通及时、顺畅、有效，外交部对上海方面的工作充分信任，许多重要的工作方案、处置意见和应对措施，外交部总会在第一时间获得上海方面提出的意见和建议，对这些意见和建议也给予充分尊重和肯定，这令我们倍感欣慰。

世博外交为中国外交和上海地方外事都留下了丰富的遗产，需要认真加以总结和提炼，以推动国家外交和地方外事的全面发展。对信息沟通工作而言，主要有以下几方面。

首先，如何保持世博会期间形成的良好工作机制。世博会之后，外交部和上海、市外办和市相关单位之间，可借鉴世博会期间的做法，建立常态情况下及时、有效的沟通机制。世博会期间的沟通非常有效，世博会之后双方也应建立常态下的定期沟通机制，毕竟上海作为中国的外交重镇，承担的国家外事任务更多一些。中央一些部委与上海等地建立了部、市（省）合作机制，我们可以从沟通机制开始，逐步探索和发展类似的合作机制。此外，市外办和各单位之间的沟通协调机制也需健全，世博会之后，上海市的对外交往势必增强，沟通协调势在必行。

其次，如何进一步发挥外事部门的工作积极性和主动性。世博会期间，市领导多次提醒我们，重大活动方案的制定不能等，要积极主动并争取中央有关部门的指导。为此，无论是开闭幕式，还是中国国家馆日，我们从一开始就千方百计收集各方信息，主动了解中央有关要求，并先拟定几套方案供中央有关部门审定。在其他方面，比如涉外敏感问题和事件的处置等，我们也是先提出处置意见，然后听取外交部等中央部门的指导。在此过程中，全市外事部门的工作积极性、主动性、自信心和处置水平得到了提高。我们要积极、主动思考如何根据上海的实际，提出地方外事配合国家总体外交和全市经济社会发展的新举措、新思路，继续走在全国外事工作的前列。

第三，如何继续提高外事干部队伍的整体素质和水平。外事工作方面遇到的问题可谓多种多样，解决这些问题有时很难简单套用现有的政策和规定，而是要对这些政策和规定有更深刻的领会和理解。而工作中的开拓创新，更需要对政策和规定的把握。以前我们常讲"外事无小事，事事需请示"，但实际工作中，有时情况紧急，容不得你请示，必须立刻作出判断和处置，需要我们的广大干部包括基层外事干部具备应对各类涉外情况和处置涉外事件的能力。

最后是如何建立区域联动机制。随着长三角地区经济圈的形成和一体化进程的加快，建立外事工作的区域联动机制也显得非常迫切。这次世博会期间，外交部根据上海的建议，建立了全国地方外办世博会沟通协调机制，并在重要国际贵宾接待、涉外事件处置等方面发挥了积极作用。世博会之后，如何进一步推进这一机制，至少在长三角地区建立和完善外事工作的联动机制，也是需要研究和考虑的。

借世博契机，促民间外交

汪小澍

原载上海市人民政府外事办公室、上海国际问题研究院世博工作总结《亲历世博外事》（2010 年 11 月）。

汪小澍，时任上海市人民对外友好协会常务副会长、上海世博会外事工作指挥部办公室副主任。

近年来，随着国际格局的变化和中国发展的深入，中国的外部舆论氛围及合作环境出现了日趋复杂的局面与挑战。2010 年上海世博会全球瞩目，既是各国加强政府外交、首脑外交的重要机会，也是开展公共外交、民间外交的难得平台。因此，2010 年是上海展示年，更是国际交流年，可有效增进中国了解世界、世界了解中国以及各国相互了解，为中国总体外交提供全方位、多层次的支撑和推动。国际关系归根结底是人际关系。"人相知，在知心。"对于国家交往而言，这个"心"在很大程度上就是民心，即公众对别国的认知度和亲近感。国家关系的健康平稳发展，政府合作的持续有效推进，离不开民间理解和社会支持，需要不断培育"草根"基础与人文资源。

上海市人民对外友好协会作为上海公共外交和民间外交的主力军，

抓住世博机遇，依托传统优势，以城市为主题、民间为主体、文化为主轴，积极开展形式多样的交流活动与合作项目。例如，日本与上海距离近，交往多，曾几次举办世博会，同上海渊源深厚，对世博情有独钟，在所有参展国中，态度最积极主动，项目最全面丰富，交流最频繁密集，参观者人数也是位居各国之首。2010 年 5 月 1 日，我会接待的第一个世博外国友好组织参访团来自日本，实属必然。世博期间，我会在日本馆和园区内外，组织了"孙中山与梅屋庄吉文物史料展"、"与地球握手——上海世博"互动艺术、"中日青年摇滚音乐会"、"百人二胡演奏会"、"中日友好儿童绘画展"、日本茶道、和服表演、"鲁迅与国际友人"等文化交流活动。"与地球握手"互动艺术项目在日本前期活动的参与人数就超过了 10 万，由此可见世博的影响和民间的热情。

人们常说，国家关系的未来在青年。围绕世博，我会与亚欧基金会、西班牙"马德里全球"等机构组织了"第二届亚欧城市青年领导人对话"，与上海市青年联合会举办了 12 个国家 160 名青少年参与的"我与世博同行"2010 上海国际青少年互动友谊营，与上海市慈善基金会、意大利政府世博总代表处和驻沪总领馆策划了有 150 位孤残儿童参加的"小星星，世博行"慈善公益活动，意在努力体现孩子喜爱的世博才是最好的世博，孩子喜爱的城市才是最好的城市；旨在激发青春活力，推动世界和平，不断培养民间外交的传承人、国际合作的促进者。

民间交往的桥梁是文化，世博本身就是东西方文化交流的成果。上海世博为中国及国际文化交流史谱写了精彩篇章。2010 年适逢日中友好协会成立 60 周年，该协会由鲁迅先生的好友内山完造先生创建，宗旨是促进中日友好事业。鲁迅是 20 世纪中国文化伟人，一生致力于中外文化交流，结交了数百位外国友人，有 60 多位是日本友人，构成其创作、生活极为重要的组成部分。我会与鲁迅纪念馆合作，邀请鲁迅日本友人的后代、从事鲁迅研究的日本学者访问上海，参观世博，举办展览，深化合作。上海市人民对外友好协会将开展五年之久，和上海戏剧学院、静安区人民政府合作的"戏剧大道"上海文化建设项目与世博文化交流活动相结合，以繁荣上海文化事业，深化国际文化合作。协会有意将新近从法国征集的戏剧大师雨果、莫里哀雕像的赠送仪式安排在世博法国馆内举行，邀请法中友协领导人、雕像艺术家来沪参访，并由法国众议长在出席法国国家馆日活动时亲临揭幕，借助世博效应，扩大民间外交影响，提升文化合作层次。同时，经过几年的努力，协会还在世博期间，举行了美国戏剧大师奥尼尔雕像的安放仪式，为中美文化交流与合作增添了新的内容。奥尼尔曾四次获得普利策奖，是美国戏剧界唯一获得诺贝尔文学奖的作家。他的创作思想和艺术理论，影响了中国现代话剧，带来了中国戏剧革命，催生了中国戏剧大师。奥尼尔也是位文化使者，对东方文化尤其是中国文化兴趣浓厚，他的戏剧思想和艺术风格也受其影响。

地方民间外交是国家总体外交的一个组成部分，可为地方外事甚至首脑外交创造资源和提供服务。为配合外交大局，协会将地方对外合作项目与国家首脑外交、建交周年庆典及外国国家馆日活动相衔接。斯洛伐克总统在沪出席该国国家馆日活动的当天下午，饶有兴趣地亲临在大光明电影院举行的《邬达克——改变上海面貌的建筑师》纪录片全球首映式，并致辞希望加强斯中两国关系及与上海的交流合作。邬达克出生于斯洛伐克，20 世纪 20 年代来到上海，并生活工作了 30 年，设计建造了 60 个作品，其中近半数被列为上海优秀近代建筑，有些成为老上海的标志，是上海城市性格和历史风貌的重要象征。他被誉为当时最著名、最多产的"上海建筑师"。意大利是下届世博会东道国，2010年又是中意建交40周年，协会为此与意方友好组织、参展部门开展了一系列交流活动，取得了良好效果。

2010年正值中印建交60周年。在世博会期间，印度总统帕蒂尔女士首次正式访华，来沪参观，并出席了以她本人名义向上海赠送泰戈尔雕像的揭幕仪式。关于泰戈尔雕像落户上海还有一段故事。记得一年前，我与印度新任驻沪总领事戴思锐女士会面，探讨进一步发挥上海优势，扩大和深化中印在文化、教育领域的交流与合作。戴思锐女士表示，她年轻时有个梦想，如果有朝一日能到上海工作，希望将泰戈尔雕像带到上海。我说："我年轻时也有个梦想，就是能访问世界文明古国，后来因职业和工作关系，有幸实现了梦想，甚感欣慰。我本人和上海友协愿意全力玉成此事，共圆此梦，让泰戈尔重回沪上，永久与上海相伴，见证中印友谊的发展。"泰戈尔是享誉世界的印度诗人、文学家、哲学家，他曾三次访华，三度来沪，是印度文化的杰出使者、中国人民的伟大朋友，并与中国诗人徐志摩建立了忘年之交，结下了深厚友谊。他在上海时曾说："相信我的前世一定是一个中国人。""我非客人到访，而是游子重归。""我心里是明白的，我在哪里找到朋友，便在哪里获得新生。"此后，协会得知卢湾区政府为了发展文化事业、美化城区环境，成立了"城市雕塑委员会"，便主动联系接洽，牵线搭桥，组织落实具体事宜。2009年年底，雕像制作完毕，运抵上海。2010年初，在与戴思锐女士商讨雕像安放时间和仪式时，协会建议，可考虑将此事作为双方设计世博活动、建交纪念、高层访问的一项内容，以扩大影响，提升层次，促进合作。最后，这一地方民间国际文化交流项目进入了外国元首的正式访问日程内容，泰戈尔雕像成为印度总统送给中国和上海人民的一份厚礼。2011年是泰戈尔诞辰150周年，仙逝70周年。目前，泰戈尔雕像坐落于南昌路和茂名路路口的公共绿地，它既是中印交流的历史财富，又是双方合作的现实资源；既是两国人民的"精神纽带"，又是中外游客的观光景点。

上海世博会是有史以来参展方和参观者最多、园区面积最大的科技文化盛会，也是国际社会内容最丰富、时间最集中的对华公共外交舞台。7 300多万参观者中，近95%是中国人。上海世博会游人如梭、长队似龙的空前盛况，充分表明各国参展方演绎科技文化的成功、中国参观者了解世界文明的渴望，既震撼了中国，也感动了世界。各国国家元首、政府首脑、各级官员身体力行。芬兰总统哈洛宁女士素有"平民总统"之称，口碑甚好。结束芬兰馆的参观后，她与守候在出口处的中国游客主动握手寒暄，欣然合影留念。在走向车队的途中，她非常细心地发现有一位衣着普通的中国游客几次试图从远处拍照，因警卫遮挡而未能实现。于是，她主动放慢脚步，摆好姿势，满足了这位游客的愿望，充分展示了和蔼可亲、平易近人的领袖风范。这一细微平常之举，给我留下了深刻的印象。

亲历世博的三个"没想到"

杨洁勉

原载上海市人民政府外事办公室、上海国际问题研究院世博工作总结《亲历世博外事》（2010 年 11 月）。

杨洁勉，时任上海国际问题研究院院长、上海世博会外事工作指挥部办公室副主任。

我是在 2002 年初正式参与上海世博会相关工作的，但我同世博会的关系还可以向前追溯到 1984 年。是年夏季，我利用在美国留学的暑假，独身一人，用 45 天的时间乘坐长途汽车周游美国，正在举办世博会的新奥尔良是其中一站。当来接站的友人邀我同往参观时，我才开始对世博会略知一二。我站在馆内，环顾四周林林总总的场馆和展示，盼望着中国能早日主办一届世博会。现在回顾本人八年申博备博办博的历程，可以说有三个"没想到"。

第一个"没想到"是本人成为申博的陈述人。上海国际问题研究院从 1999 年起就是"2010 年上海世博会申办工作筹备小组"的成员单位，但我的直接参与则在一年半后，且颇具"戏剧性"。2002 年 1 月 22 日，随团访美的我正在丹佛大学参加中美关系研讨会，国内突然来电话说有紧急任务需立即提前返沪，但因当时风雪来袭，航班受阻，最后还是搭乘原航班匆忙回国。到上海后才知道，领导要我担任陈述人（共 14 位），为国际展览局考察"中国申办 2010 年世博会"作陈述。据说，陈述人必须具备三个条件：一是熟悉业务，要以最有效的方式在有限的时间内有针对性地回答；二是既要有一定身份，还要具有国际视野和外语能力；三是应变能力强，要以友好、沟通、交流的态度回答考察团成员的提问，而不是与之辩论。本人当然并不完全符合上述条件，但在生我养我的城市和育我教我的祖国需要之时，我只有全力以赴，争取不辱使命。我作为继上海市领导后的第一位陈述人，主要论述"举办地的政治、经济、社会环境"问题，并获得了考察团的一致好评。我想，成功有三个原因：一是祖国强大和上海发展，特别是在我陈述的前夜，国家主席江泽民和国务院总理朱镕基就相关问题已对考察团作出了透彻的解答；二是领导的关心，早在上海正式申博之前，我已经多次聆听老市长汪道涵关于上海办博意义的精辟分析，在申博过程中又得到了上海市委书记黄菊的关心和鼓励，上海市外办党组书记李宣海更是对我信任有加，委以重任；三是同志们的支持。陈述人是支坚强的团队，当时集中了全市各方精英相互切磋。此外还有支撑队伍，专门负责提供各种材料和数据，上海国际问题研究院专家赵干城是模拟考察团成员专门"挑刺"，学术室主任赵念渝也主动帮忙练兵，而市外办李清平副处长则帮助我收集整理有关市情等。

第二个"没想到"是世博会为国研院服务总体外交和上海经济社会发展提供了如此广阔的平台。2002 年 12 月 3 日上海申博成功后，我们进入"举全国之力"和"集世界智慧"的备博阶段。上海国际问题研究院在上海市外办的领导下，为成功、精彩、难忘的世博会作出了智库应有的贡献。其一，上海国际问题研究院充分发挥专业知识和学者作用，通过总体形势观察和具体案例分析，在为领导部门进行宏观决策和微观把握时做到了"信得过、用得上"。俞正声书记、韩正市长、刘云耕主任、冯国勤主席等主要市领导都对本院工作高度重视和肯定。我们的分管领导唐登杰副市长、沙海林副秘书长和李铭俊主任更是从各方面给予指导和支持。中国政府总代表华君铎、世博会执委会专职副主任钟燕群、世博局局长洪浩等领导也支持我们的涉博工作。其二，上海国际问题研究院在备博办博期间，发挥了国内外广泛网络关系的独特作用。如我在率团出访印度、孟加拉国、泰国、英国、匈牙利、古巴等国时，不仅做所在国的工作，还同我驻外使领馆共同研究联动方案，获得了很好的效果。此外，我们还主动与中国浦东干部学院大使班、中国人民对外友好协会、前外交官联谊会、中国国际问题研究所、中国现代国际关系研究院等合作，加强了京沪联动。此外，我还抽空与 20 余位驻沪总领事和外国馆的总代表交流，征询意见，听取批评，做好宣传，进行解释。其三，拓宽了同国外的交流和合作。在世博期间，我们接待了 37 批外国现政要和前政要、重要专家学者和各界人士，举行规模以上的市内、国内和国际会议 30 次。通过这些学术交流活动，增加了世博会的软实力和学术含量，丰富和充实了中国办博的意义和影响。

第三个"没想到"是本人在八年备博办博期间能够为世博竭尽绵薄之力。在这八年期间，我先后承担了上海世博局主题沟通专家组成员、世博论坛顾问、《世界百位名人谈上海世博》负责人、《上海宣言》主要起草人、世博外事指挥部办公室副主任兼专家组组长等工作。在学术外交方面，我陪同俞正声书记接待了美国国务卿希拉里、伊朗总统内贾德、欧盟"外长"阿什顿、俄罗斯总统梅德韦杰夫等外国政要，陪同华建敏副委员长、董建华副主席、唐家璇前国务委员等在世博期间的活动，在院内接待了巴基斯坦外长库雷希、斯里兰卡外长佩里斯、巴基斯坦前总理阿齐兹、英国前首相布莱尔、约旦前首相宰哈比、联合国副秘书长沙祖康、非盟主席让·平等，还在涉博活动中与菲律宾总统阿罗约、日本前首相鸠山、美国前国务卿奥尔布赖特等进行了有益的互动。在学术研究方面，本人还以上海世博会为核心，形成世博外交理论、世博和上海国际化大都市建设、世博和上海大外事建设同心三圆的学术特色，这在国内外同类研究中先行了一步。此外，我还有幸参加了世博会的开幕式、中国国家馆日、闭幕式等重大活动，与胡锦涛主席、吴邦国委员长、温家宝总理等同聚一堂，共庆盛会，亲身感受到祖国的强大和世界的进步，此情此景，终生难忘。

世博会是加深相互理解的硕大平台

徐波

原载上海市人民政府外事办公室、上海国际问题研究院世博工作总结《亲历世博外事》(2010 年 11 月)。

徐波，时任上海世博会中国政府总代表助理。

在全球化时代，虽然传统媒体和新媒体搭起了一座座沟通的桥梁，但囿于不同的民族、历史、文化、宗教和价值观的巨大差异，各国的人们在相互理解方面还有很大的不足，仍需要付出巨大的努力。加强相互理解当然可以通过各种途径，但从实际效果来看，世博会无疑是加深相互理解的一种有效途径。我认为世博会的文化交流大致可以归纳为以下四个特点。

一、各国的文化个性中有共性，都有对美好生活的追求

人们发现，在承认各国文化之间巨大差异的同时，通过世博会还发现了彼此之间的不谋而合。例如几个世纪以来，法国阿尔萨斯大区的民间吉祥物是一种外貌与中国仙鹤相似的水鸟——白鹳。世博会上，阿尔萨斯案例馆特别借助鸟类的文化符号，将"白鹳"与"仙鹤"的形象类

比，表达法国与中国的共通点。

这并非孤例。"邮票王国"列支敦士登为上海世博会发行的小全张纪念邮票，呈现了中西文化的不期而遇。这枚小全张上，1840年中国画家创作的《观潮图》与同一年由欧洲画家创作的田园派油画，不约而同选择了树木与山川的元素，笔触之相似，堪称异曲同工。

曾经在北京奥运会上惊鸿一现的"青花瓷"符号，在上海世博会的半年展期内也成为人们增进理解的"桥梁"。在葡萄牙馆，中国明清两代青花瓷的标志性纹样，以千变万化的姿态被投影在一个巨型瓷盘造景中。在捷克馆内，与青花瓷颇为相似的捷克瓷，组成了倒挂的艺术装置。

对于世博会推动各国之间的相互理解，正如国际展览局名誉主席、中国前驻法大使吴建民所说："交流促进理解，理解有利于改善国家关系。交流也是生产力。"

二、尽管肤色不同、语言不同，但人类的内心是有相同之处的

英国知名电视选秀节目《达人》的首季冠军、拥有美妙歌喉的销售员保罗·珀特斯通过英语注音，用中文唱响《茉莉花》，激起现场经久不息的掌声。《茉莉花》是中国申办世博会期间所使用的重要曲目。上海世博会开幕后，《茉莉花》被不同肤色、不同国家的人们以不同方式演绎、咏唱。世博会开幕伊始，来自巴西的"吗哇咔乐团"就购买了中国民族乐器，演出拉美版《茉莉花》。7月，2 010名中外民间歌手在酷暑中引吭高歌《茉莉花》。日本馆的镇馆之宝——机器人演奏小提琴，所演奏的曲子也是《茉莉花》。直至金秋，美妙的歌声仍响彻上海的夜空。在闭幕式上，更有150多位外国参展方馆长同声高唱《茉莉花》。

世界与中国的沟通，当然不是只通过一曲《茉莉花》。汉语在上海世博会上直接成为人们沟通的桥梁。上海世博会官方参展者多达246个，盛会几乎成为世界各地"中国通"们的一次大聚会。流利的汉语，令这场世界与中国的"对话"变得更加顺畅。我在德国馆听到一位小伙子讲解的中文很流利，以为他有中国血统，问下来却知其父亲是德国人，母亲为日本人，这样的例子比比皆是。

不仅是普通话，令人叫绝的还有外国人用中国方言演唱。芬兰籍伊朗人艾哲罗曾在诺基亚苏州分公司任职，因爱上苏州而在退休后留了下来，以至于观众得以在苏州案例馆中听到他用正宗的苏州话演唱的《枫桥夜泊》。

三、跨文化交流为人们相互学习、借鉴和融汇提供了路径

即使无法用语言沟通，人们在世博园里的交流途径还是很多的，而且效果非常明显。加拿大馆传媒总监督柏珍妮是一名政府工作人员，在世博会前根本没有来过中国。但通过半年的世博会，她对未来充满了希望。不仅是她本人，连她的同事也对未来产生了美好的憧憬。我们是举全国之力办世博，而阿富汗由于饱受战乱之苦，其展馆全部展品都是馆长的个人收藏。他以一己之力支撑了阿富汗的参展，但同样收到了良好的效果。

在世博园，从亚洲到欧洲，从北半球到南半球，往往只是"一步之遥"。人们怀着发自内心的善意与渴望，以世博会的名义聚集在同一个舞台上。世界各博物馆的顶级珍宝，有330件集中在世博会博物馆和城市足迹馆，这是有史以来绝无仅有的。本届世博会上，还留下了这样一些经典记忆：朝鲜馆工作人员微笑着出售纪念邮票；索马里馆馆长常常

吆喝"这里没有海盗！"；西班牙馆既有充满力与美的弗拉明戈舞，也有笑容可掬的"米宝宝"。此外，世博舞台上还有神秘而富有想象力的黎巴嫩歌舞，宛如天籁的南非索韦托合唱团歌声，震撼人心的"非洲心跳"布隆迪大鼓……

"各美其美，美人之美，美美与共，天下大同。"这是中国著名社会学家费孝通的美好设想。上海世博会将这位老人当年的愿景浓缩在了184天、5.28平方公里之中。

见证救援智利33名矿工生命的"凤凰一号"救生舱千里迢迢来到中国，科学救援和人道主义在上海世博会再次得到颂扬。在智利馆方面看来，"凤凰一号"的到来，也是促进智中两国友谊的一种方式。事实上，上海三一重工的设备在智利这场69天的持久救援中也显示了身手。

"合作"作为世博会的理念之一，始终贯穿在世博会筹办与举办期间。沙特馆"月亮船"就是一个例证。45岁的王振军领衔设计了这座令人印象深刻的国家馆。"月亮船"的创意源于《一千零一夜》，是从全球20个国家的40个方案中脱颖而出的。直到签合同时，王振军才第一次来到沙特阿拉伯。

四、拒绝文明冲突，推动文化合作

"你中有我，我中有你"是世博会这座微缩"地球村"的真实写照。世博园绝大部分场馆的建设者来自中国，法国馆甚至邀请旅法著名画家严培明把该馆中国建筑工人的孩子形象，用油画笔一一记录，成为独一无二的珍贵展品。

即使是在富有浓郁中国风格的"东方之冠"内，也有来自外部世界的智慧。"同一屋檐下"展区的互动表演，最初源自一位美国设计师的创意。其手绘的图纸，至今还陈列在中国馆的贵宾长廊里。

上海馆的 8 分钟电影，从诞生到运行，不只是上海本土团队管理，还有包括德国、美国、奥地利、瑞士的工程师，可谓"海纳百川"。

本届世博会唯一的主题秀《城市之窗》，也是世界各国艺术家共同合作的结晶。主题秀导演来自西班牙，灯光设计源自加拿大太阳马戏的指定团队，音乐设计师则来自美国百老汇剧场。

据上海世博局活动部统计，包括韩国、日本、德国、波兰、奥地利、葡萄牙、挪威、芬兰、丹麦、斐济、阿根廷等国的艺术家，纷纷在世博会与中方合作，推出全新的歌舞表演、音乐会、舞台剧等。美国馆还邀请中国福利会少年宫小伙伴艺术团的孩子们赴美合作编排全新舞蹈剧目《红线》。罗马尼亚馆的主要展示内容之一就是民族风情浓郁的歌舞，而且在表演过程中总是会邀请现场观众加入，如此互动使欢乐的气氛一次次达到高潮。

世博会还只是合作的一个开端，人与人的相识、相知，多元文化之间的相遇，正在制造出更多新机遇。在本届世博会期间首演的《茶》《少林武僧传奇》等计划赴海外巡演，中国多个省区市的非物质文化遗产传承人在结束世博会展出后，获得了超出以往的大额订单。更多的文化"多边合作"正在产生几何级数的效应，辐射全球。

在当今世界上，除世博会外还没有其他任何活动能提供一个与之相似、能通过创造力、和平、教育和对话来促进发展与合作的平台。世博会是促进各国相互理解的有效途径。如此超大规模、超长周期的盛大节日，是人类史上空前而且很可能是绝后的交流活动，对未来社会的影响深度和范围将会大大超出我们的想象。

有朋切磋乐无穷
——参与世博学术交流的感悟

俞新天

原载上海市人民政府外事办公室、上海国际问题研究院世博工作总结《亲历世博外事》(2010 年 11 月)。

俞新天，时任上海国际问题研究院学术委员会主任、研究员。

  2010 年上海世博会已圆满结束，但是它留下了永远的记忆与怀念。在这场规模恢弘的交响乐中，学术交流也是不可缺少的奏鸣曲。作为庞大乐队中的竖琴手，我们有幸奏响美妙的音符。

  5 月 1 日，世博会开幕后的第一天，我佩戴着主题专家团队的胸卡，来到了安检门口。安检小伙子笑容可掬，告诉我不必排队，可以直接走工作人员入口。我突然热泪盈眶，回想起从申博到办博的日日夜夜。2001 年，申博办公室的汪均益主任来找我，邀请上海国际问题研究院作为 17 个发起单位之一，参加申博工作，从此我们便与上海世博会结下了不解之缘。2007 年，世博局邀请我作为主题沟通专家组组长，组织全市专家，阅读与回复所有外国参展方的主题陈述，提出意见和建议。时间紧，任务重，具有挑战性，我和同行兴奋地投入，用我们的专业知识为世博外交服务。不少参展主题陈述涉及了国际关系的敏感问题，必须提出来，避免争端，为此，我也曾直接与外交官沟通。某国的主题陈述，大讲宇宙星云，与主题相去甚远。世博局官员和我到北京与该国大使交谈。我说，贵国经济如此繁荣成功，观众都想知道成功的奥秘。大使紧绷的脸终于微笑了。后来他们更改了设计方案。当我徜徉园中，看着美轮美奂的展馆，感叹纸上的主题设计演化为精彩的展览，充满对人类智慧的信心。

当天下午，我受邀参加了一个欧洲展馆的活动，该国副总理为开馆剪彩。该国的主题陈述是最晚发过来的，离开馆不到一个月。我与该国总领事一起晚餐，我提出了回避敏感争端的问题，总领事表示一定解决。在和谐的气氛中，该国高官庆祝开馆，庆祝世博会开幕。我们谈到了经济危机对该国的冲击，以及中国与该国的合作应对，不断为真诚的友谊干杯。后来，该展馆荣获了奖励，我也分享了快乐。世博会期间，我参加了不少展馆的活动，深感从申博到备博，学术外交和学术交流都发挥了一定的作用，作出了相当的贡献。

学术外交和学术交流是世博会的重要内容，除了主题论坛外，各种学术讨论、学术互访频繁进行，在世博园内外迸射出思想火花与友好情感。美国普林斯顿大学伍德罗·威尔逊公共与国际事务学院院长斯劳特教授是国务卿希拉里·克林顿的密友，曾在我院做过数月的访问学者，当时我们曾一起餐叙。她说，在考虑自己的学术假期时，她毫不犹豫地选择中国，因为中国将愈益重要，而她原先对中国了解太少。她回国后不久便担任美国国务院政策规划司司长，看来在中国的体验是她的政治和思想准备。2010年5月她再次来我院，是随国务卿在繁忙的公务后休假。她告诉我们，她可以去亚洲其他国家，那里也都盛情邀请她，但是她的儿子、家人、亲戚都对上海印象太好，非要来看世博会不可，于是她再次选择上海。她们一直为美国馆启动太晚而忧虑，结果却十分成功。她说世博会"不可想象""令人着迷"。我们都开怀大笑，主办方与参展方都有强烈的成就感，这种互利共赢的感觉真是妙不可言。她详细介绍了奥巴马政府的"3D"战略（发展、防务、外交），并通报了即将公布的首份政府安全报告的设想。我院专家学者也阐述了自己的观点，提出了推进中美关系的政策建议。

艾森豪威尔交流计划是美国在艾森豪威尔总统支持下为世界"成长中的领导"专设的项目。5月11日，其董事会主席鲍威尔将军率其部下赴沪演讲，参观世博会，并会见参加过交流计划的成员。我是1997年参加项目的成员。接到通知后我立即报告院领导，院里决定，以我院名义参加活动，并宴请美国客人和中国成员。鲍威尔兴致盎然，风趣幽默。当我问他如何减少中美人民的误解时，他回答，关键要做青年的工作。有些老人受冷战思维影响，难以改变态度，但青年人没有成见，充满希望。他介绍了自己专门主持一个中美青年交流项目的体会。这次活动也为我院中青年参加艾森豪威尔交流项目铺平了道路。

上海世博会的一大亮点是台湾地区的参与，我们与台湾各界的互动程度也达到空前的密切。9月16日，台湾海基会江丙坤董事长一行访沪。江董事长说，他到过大陆许多次，这是第一次率海基会董事会访问，董事中还真有首次登陆的成员。他们此行的目的是与海协会的理事加强往来，同时观看世博会。我作为海协会的理事，参加了国台办和上海领导主办的会见和宴请，宴请后又去浦江夜游。浦江两岸火树银花，流光溢彩，大家一起合影留念，畅叙下一步加强两岸关系和沪台合作的问题，尽兴而归。

世博会为上海留下了丰富的资产，学术外交和学术交流现在是，将来也是上海的优势。让中国的上海成为世界思想和文化的荟萃创新中心，是我们学人的光荣使命。

拓展世博学术外交内涵，服务上海城市发展

林拓

原载上海市人民政府外事办公室、上海国际问题研究院世博工作总结《亲历世博外事》(2010 年 11 月)。

林拓，时任华东师范大学世博研究院院长、教授。

上海世博会如何更好地推动文明进步，中国如何以世博会为契机更好地发展，这是我和华东师范大学世博研究院同仁多年来一直萦绕于心的问题。为此，除了对世博会本身的研究，研究者还能做些什么，这是我们后来展开世博学术外交的朴素动机。世博学术外交的发展，必须站在中国发展、中国与世界关系、中国外交的历史新起点的高度，进行战略谋划与布局，而上海世博会正提供了重大历史机遇。

如果说，"国之交在于民相亲"，那么，国之和则需要思相融。世博外交的对象很多，而世博会参展国总代表作为参展国委派的专门代表，既熟悉本国发展，又大多是全程亲历参博的重要人物，他们对上海世博会的态度和评价，在参展国内部乃至国际社会都具有重要影响，故而各国总代表是我们学术外交的重要群体对象。我们的世博会学术外交得以展开，要向上海世博会中国政府总代表华君铎先生、助理徐波先生，世

博局论坛部、国际参展部等以及有关方面的同志给予的指导和大力支持，致以诚挚的感谢和敬意！

在交流方面，注重世博学术外交的对象、议题与方式的三位一体至关重要。为此，我们主要采用三种方式：一是论坛，这是为世博总代表、专家学者和各界精英搭建的交流智慧的平台。9月11日，我们举办"后世博的中国影响"论坛，邀请世博总代表联席会议主席、联合国、中、美、加、英、印、南非等世博总代表出席演讲，反响热烈。二是邀请世博总代表参与有关活动，深化合作，使总代表们更好地了解中国进步及和平发展的大众意愿。

第三种方式是重中之重：面对面的访谈对话。我们先后与联合国、欧盟及50多个国家总代表们亲切深入地探讨交流。我们对议题的凝练，既重视国际关注度与重要性，更强调在不同国家的文明与发展语境中展开，引发各界关注，努力形成有助于中国发展的更广泛共识，收获的成果与友谊令我们振奋。

对话访谈促进了对上海世博历史意义的进一步思考。土耳其总代表厄兹索伊在访谈后专门来电强调"中国复兴了世博会"；哥伦比亚总代表古斯塔沃表示"上海世博会是打开21世纪的钥匙"。

对话访谈促进了对中国发展认识的进一步深化。巴西副总代表舍费尔认为"推动世界进步的动力正从西方向东方转移，东方动力在中国"；挪威总代表毕立新指出"我们感受到与欧洲媒体报道不一样的中国"。

对话访谈促进了后世博交流的进一步拓展。波兰副总代表马尔柴夫斯基坦言，他们在世博会前精心筹划，但对世博会后如何增进中波友谊尚未考虑充分。我们对此提出若干建议，他当即兴奋地表示赞同，决定采取相应举措。

对话访谈促进了城市发展经验的进一步分享。德国总代表施米茨认为"城市平衡，上海将来可成典范"；英国馆副馆长马丁认为要从自然中探索城市发展力量。

随着对话访谈的逐步升温，总代表们对此越加重视。阿尔及利亚总代表萨利姆让全体人员一起参加对话；奥地利副总代表穆娥不顾寒风，兴致盎然地与我们畅谈数个小时；坦桑尼亚政府总代表马普里在访谈后还发来亲切的感谢信。

从事世博学术外交是一段令人难以忘怀的经历，我们与许多国家总代表建立了深厚友谊。其中，联合国助理秘书长、国际海洋组织主席、世博会联合国总代表贝楠先生是我最早结识，也是交往最深的一位。贝楠先生学识渊博，既是经济学博士，又是海洋学专家，曾任发展中国家（77 国集团）联络办事处负责人等职务，拥有近 30 年外交经验。

鉴于贝楠先生在参加上海世博会各国总代表中的重要地位，我们举办"后世博的中国影响"论坛时专门邀请他做演讲嘉宾，他不仅欣然应允，还偕夫人一同出席。论坛临时增加 100 多个座位仍无法满足需要，许多听众只能站着听。各位嘉宾展开热烈讨论，贝楠先生的见解令我为之一振："上海世博会俨然是所有国家共同建立的影响深远的智慧银行，将在各个领域发挥长期影响。"后来，这一理念被大量转载引用，也直接启发我们进一步拓展世博学术外交。

不久，华东师范大学与《新民晚报》发起"世博·城市·未来——2 010 个为什么"活动，旨在鼓励青少年的求索精神。我们再次邀请贝楠先生作为启动仪式贵宾，他愉快应邀并为此推迟其他安排。出席此次仪式的嘉宾还有上海市委常委、宣传部部长、本次活动组委会主任杨振武，上海市青少年科普促进会理事长、华东师范大学校长、本次活动组委会副主任俞立中，市委宣传部副部长、市政府新闻办主任、活动组委会执行主任宋超，市科技党委书记、活动组委会副主任陈克宏，团市委书记、活动组委会副主任潘敏等。待贝楠先生亲手按下寓意"智慧点亮城市"的浦江景观灯按钮，他激动地与我握手拥抱，说："我看到了中国政府对儿童发展的重视，儿童正是联合国关注的重要方面。"在他那写满沧桑和智慧的脸上，我深切地感受到他难以言状的兴奋和对中国未来希望的关切。他还热情地邀请我们出席联合国馆日活动。

此后，我们与贝楠先生交往更加密切。实际上，我们开展高校学者与世博总代表的大规模面对面的对话交流，与他的鼓励是分不开的。作为访谈的首位嘉宾，他就上海世博会对联合国工作的促进、对世界的影响等问题进行了探讨。访谈结束时，他感慨道："在上海的六个月，改变了我的生活及我对未来的看法。"

当贝楠先生了解到"后世博的中国影响"论坛被中新网、网易、凤凰网等40多家国内外媒体广泛报道，又获悉与世博总代表们的访谈对话在人民网与《新民晚报》连载，《解放日报》分上下期刊登，《参考消息》以"世博特刊"刊载世博院专访与专文等，非常高兴，他表示将与中国公众更好地交流与分享。

如今，贝楠先生已经返回联合国，但我们的情谊与合作却不断深化，他还主动提出，提供联合国数据库等资源，希望与我们展开学术合作。用他的话作总结最为合适："这仅仅是开始，远非结束！"

饮水思源感旧知，举杯祝寿谱新曲

吴寄南

原载上海市人民政府外事办公室、上海
国际问题研究院世博工作总结《亲历世
博外事》(2010 年 11 月)。

吴寄南，时任上海国际问题研究院学术
委员会副主任、研究员。

我与世博结缘可以追溯到 20 年前。是时，我正在日本综合研究开发机构（NIRA）担任客座研究员。NIRA 理事长是曾任国土厅事务次官的下河边淳，他告诉我，东京有一个名为"汪道涵学校"的学习会，由曾经会见过上海市市长汪道涵，并为他的人格魅力所折服的著名学者组成。下河边淳本人就是其成员之一。"汪道涵学校"在 20 世纪 80 年代曾先后向汪道涵市长提出开发浦东、举办世博会等一系列建议。这是我第一次从日本友人口中了解到汪老在日本的崇高声望，也第一次听说世博会。

回国以后，我有幸经常在东方编译所或吴兴路的办公室，聆听汪老纵论天下大事。汪老在提到世博会时总是动情地强调，奥运会管几年，世博会能管几十年。我知道，汪老曾就上海举办世博会问题专门向中央写过报告。而促使他如此执着追求和坚持的背后，就有包括"汪道涵学校"在内的日本众多有识之士的热忱推荐。

随着时间的推移，有关日本学者与上海世博会的悠长渊源在我脑海里逐渐清晰起来：1984 年 9 月，日本长期信用银行访华团在北京拜访了时任国务院副总理的中日友协名誉会长王震。团长竹内宏郑重建议中国可考虑在上海举办世博会，王震当即让他找上海市市长汪道涵详细介绍世博会。竹内宏一行随即赶赴上海，向汪道涵市长详细介绍了日本举办大阪世博会、冲绳世博会的经验。此后，竹内宏便牵头组织了由日本长期信用银行、新日铁、JTB、日本交通公司等单位组成的"上海世博会可行性调查团"，频频往返于东京与上海之间，与上海社科院等单位的专家进行具体磋商。汪老本人也多次赴日实地考察，终于形成了有关世博会的战略构思并身体力行地付诸实施。

2010 年 5 月，举世瞩目的上海世博会终于拉开了帷幕。每当我驻足浦江两岸的世博园区，目睹各场馆前人头攒动、热闹非凡的场景时，总是默默念叨：要是汪老在天之灵能看到这幅盛况该有多好，要是当年倡言上海举办世博会的日本友人能看到这一天的到来该有多好！

一次偶然的机会，我得悉已届耄耋之年的竹内宏将随前日本长期信用银行同事组成的参访团来沪参观世博会。于是，我立即向上海国际问题研究院的领导呼吁，能否请市领导和世博局领导会见竹内宏，表示感谢。

这一建议得到了领导的高度重视。上海市政协副主席、世博会执委会副主任周汉民特意拨冗宴请竹内宏一行。席间，竹内宏向周汉民详细介绍了当年他和汪道涵市长磋商世博会问题的经过，以及这次实地观摩上海世博会的感受。周汉民代表上海世博会领导向竹内宏先生表示诚挚的感谢。他当场发出邀请，如果竹内宏先生愿意的话，上海方面将在 9

月中旬在世博园区为他做八十大寿。竹内宏听到这一建议先是愣了一愣，随即不住地点头，欣然表示接受。

我受命具体筹划和安排这场特殊的寿宴。我回忆起竹内宏在分手时不断地自言自语："想不到这么多年过去了，中国人还记得我这个老人做过的事情！"我想，不应该把这场寿宴当成一次普通的外事宴请。这不仅是对竹内宏个人的一种好意，更是对日本学术界以及日本各界人士从改革开放以来以各种方式帮助中国人民的由衷感谢，也是对未来进一步推动和发展两国相互理解和友谊的一种期盼。一定要做足文章，用好这一契机。

首先，要大力弘扬中方"饮水不忘掘井人"的传统美德。上海世博会最早是日本友人建议的历史缘由，《文汇报》等报刊在 2010 年初已有报道，但日本媒体尚未有这方面的报道。恰逢我多年的挚友、日本《朝日新闻》主笔船桥洋一来沪参观世博会，我在与他餐叙时介绍了竹内宏与汪老的这段佳话，也介绍了中方决定为竹内宏在世博园区祝寿的设想。船桥听了很受感动，当即与《朝日新闻》上海支局长奥寺淳通电话，要求他就这一问题作深度采访。7 月 5 日，《朝日新闻》发表了奥寺淳撰写的长篇报道，详细介绍了竹内宏当年向中方倡议的由来和世博会的筹备经过。

其次，是就世博会后续利用问题与日本学者深入交换意见。9 月 14 日，上海国际问题研究院、上海交通大学、上海市日本研究交流协会与日本国财团法人霞山会联合举行了以"上海世博会的社会经济效果的分析及国际比较"为题的学术研讨会。爱知世博会日本政府总代表市桥康吉、东京市政调查会主任研究员五石敬路、日本贸易振兴会上海事务所所长大西康雄、上海图书馆馆长吴建中、上海世博局研究中心主任季路德等中日双方的专家、学者围绕上海世博会的特征、世博会社会经济效果以及加快上海迈向国际大都市的步伐问题展开了热烈的讨论。由于日程衔接的问题，竹内宏先生未能赶上出席，但当晚在上海有关团体举行的中日学者、企业家中秋联谊会上，他与出席会议的中日双方代表进行了有益的互动。

最后，"重头戏"当然是竹内宏夫妇访沪并出席世博园区的祝寿宴。9 月 15 日中午，周汉民副主席在百忙中拨冗为竹内宏先生举行了一场别开生面而又感人肺腑的生日宴会。陪宴的还有上海国际问题研究院院长杨洁勉、市外办综合处副处长张雪莲、日本产业联合馆馆长秋冈荣子、静冈县上海事务所所长野村芳一等人。

寿宴设在"云餐厅"著名的"88"号房间。这是一间可以凭窗远眺浦江两岸世博园区全景的 VIP 餐厅。东道主特意用烛形灯泡在天花板的穹顶上围成一圈，餐厅内洋溢着浓郁的寿庆气氛。周汉民副主席首先举杯向竹内宏祝贺说："到目前为止，世博局还从未在园区内举行过祝寿宴，更不用说为一位远道而来的外国友人祝寿了。但我们有充分的理由为竹内先生您举行这场生日宴会。中国自古就有'饮水不忘掘井人'的传统。上海世博会如今能闪亮登场，竹内宏先生功不可没。今年 6 月，我听说您随团来沪参观世博会，特意在市政协俱乐部宴请了代表团一行，并且表示一定会在您八十大寿之际在世博园区隆重举行祝寿宴会。今天，我终于将三个月前的这一承诺付诸实施了。今天一整天，我都在开会。听说我中午要请假为您祝寿，与会的上海市领导都让我代他们向您表示祝贺。"

竹内说："其实，最早提出中国应该举办世博会的是日本长期信用银行的一位同事。我们来中国前已经有一个腹案。我不过是代表长期信用银行正式向中方建议罢了。上海世博会能够成功举办，首先是中国政府的决断有力，同时也是包括上海在内的全国人民的共同努力。如果说日本人在其中有什么贡献的话，也不能归于我个人。日本长期信用银行的团队、新日铁、JTB、日本交通公司等许多家企业、许多人一起作出了努力。堺屋太一先生在日本非常有名，他也为上海世博会出了不少力。"

竹内说："这次看了世博会的中国馆，印象最深的还是动感的《清明上河图》。我觉得，北宋的开封已经是一个非常现代化、国际化的大都市。画面中骑骆驼人一眼就看出来是西域人。日本人对上海一直有着一种憧憬，认为上海是东西方文化的接点，是最有活力、最有包容精神的城市。这次看了浦东的夜景，觉得比曼哈顿还气派，希望上海能成为世界的中心。"

周汉民副主席说："这次世博会上，日本推出国家馆、企业联合馆和大阪馆三大展馆，办得都很出色，为世博会的成功作出了贡献。中日两国是一衣带水的邻邦，中国非常重视进一步推进两国战略互惠关系。希望竹内先生能把中国人民这份心意传达给广大的日本国民。"

时间不知不觉地流逝，终于到了上生日蛋糕的时候。当服务员推出饰有"80"字样的蛋糕时，全场气氛顿时活跃起来。在掌声中，竹内先生将蛋糕切成一块块让在座的所有客人分享八十诞辰喜悦。摄影师赶紧按下快门，将这一瞬间变成了一份永久的纪念。

为世博贡献智力支撑

赵干城

原载上海市人民政府外事办公室、上海
国际问题研究院世博工作总结《亲历世
博外事》（2010 年 11 月）。

赵干城，时任上海国际问题研究院国际
战略研究所执行所长、南亚研究中心
主任。

　　随着举办世博的脚步越来越近，上海国际问题研究院作为上海市政府领导下的主要智库之一，也进入了临战状态。在院领导的全面部署下，我院全体研究人员都对这一空前盛会充满了期待，同时也清楚地意识到我们的职责，这从世博会申办的那一天起，就已经以各种形式体现在我院所接受的各项任务和提出的各种建议之中。简而言之，作为一个智库，我们可以向一届"成功、精彩、难忘"的世博会提供的最重要贡献，是我们所拥有的专业知识，由此为世博会提供智力支撑。这个意识，经我院领导的临战动员和全面部署，已经渗透入每一个研究人员的心中。

　　2010 年元旦刚过，关于世博筹办的消息在各大媒体上逐渐增多，显示了上海人民对即将来临的盛会充满了期待。1 月初，在电视和平面媒体几乎同时出现的一条报道引起了我的注意。由于我长期从事印度外交政策和中印关系的研究，对两国间存在的领土争端有较敏感的意识，而这条报道恰好与此有关。报道说，上海有一家公司已经完成了世界上最大的十字绣中国地图，面积有 36 平方米，据称将在世博会中国馆里展出。虽然我无从判断这条消息的真实性，但职业直觉告诉我，由于当今世界上各国间存在着诸多尚未解决的领土争端，因此如果在世博会期间展示地图，很容易引起争议，引起纠纷。以中国与印度的争端为例，无论哪个国家展示何种形式的地图，都势必牵涉到如何解读两国间尚未解决的边界问题，而这不是世博会应当承担的使命，世博会不可能是一个让各国阐述复杂争议和立场的合适场所。基于上述判断，我立即写了一个情况反映，建议有关部门慎重对待和处理世博会参展方可能展示地图的复杂情况。院领导迅即将此提交有关部门。

这份关于世博会应慎重处理地图展示问题的情况反映，引起了领导的关注。上海市委书记俞正声立即要求有关部门查清情况。为此市委办公厅召集我院人员和有关部门商讨，并达成了一致意见。这份情况反映以及世博会组委会的处理意见也引起了中央有关部门的关注，先后有多位领导就此作出批示，要求对世博会可能出现的敏感问题加以关注，及早提出预案。随着世博会的临近，相关的措施和机构陆续建立，围绕可能出现的敏感问题建立了处理机制，为确保世博会的顺利举办提供了重要的保证。在专家咨询方面，则由我院牵头，在上海市政府外办的领导下，成立了专家咨询组，确保世博会期间若出现类似地图争议或其他政治争议时，及时向有关部门提供专业咨询意见。

在上海国际问题研究院领导的统一部署下，我参与了各项相关的活动。自上述情况建议提出后，我也先后参加了各项协调和研究活动。给我留下很深印象的是，对于敏感问题，领导部门高度重视，对各种可能出现的问题都提出了指导意见。如上海世博会中国政府总代表华君铎大使亲自出面，与印度等国的代表就最易出现的地图敏感问题进行交流，提出我方的意见，得到外方的赞赏。又如巴基斯坦展馆曾考虑展示产业分布地区图，其中涉及与印度有争议的克什米尔问题。我参加了有关部门召开的中巴双方协调会，最后大家都从大局出发，化解了可能出现的问题。

世博会召开前夕，我参加了外交部的检查活动，在相关展馆中仔细查看展示内容。遵照中央的有关指示，根据顺利办博、减少争议的精神，就各方可能存在的问题提出我们的看法，大部分得到了参展方的尊重，为世博会的顺利召开奠定了基础。世博会展示期间，针对不时冒出的一些具有较大偶然性的事件与问题，我们也在世博外事领导小组的领导下，及时提出专业人员的意见。我长期从事印度和南亚问题的研究，这个地区纠葛较多，国家之间存在着各种尚未解决的问题，包括领土、民族、宗教等领域的纠纷。当然，很多其实是小问题，比如某首在巴基斯坦展馆播放的歌曲，印度方面认为是印度作曲家的专利，非巴基斯坦歌曲等，我们掌握的原则是只要涉及方不提申诉，一般不主动提及。涉及方如果提出申诉，我们则尽量请有关各方多协商，以保证整个世博会期间不出敏感问题。至于前述的中国地图展示，正如我国政府总代表对印度代表所说的那样，中国不会利用世博会这个平台通过展示地图来强调与邻国有争议的领土或其他问题，因为我们办博的宗旨是促进各国人民的相互了解和友谊，而不是要用世博会来解决什么纠纷。

在上海国际问题研究院的组织和领导下，我们这些平时主要坐在书斋里埋头搞研究的人员都积极参与了世博会的活动。回想起来，当年申博时我就有幸加入有关部门组建的团队，参加了模拟国际展览局考察团的工作，与来自上海市其他专业部门的专家一起，利用英语优势，模仿国际展览局将派出的专家向我申办人员提出各种可能的模拟问题，以便检验申博中我方所做的准备，对各种可能出现的问题做好充分的预案。在周汉民的领导下，这个模拟团前后工作了相当长时间，为正式申博做了一定的铺垫工作。因为这个缘故，我对世博会一直都比较关注，衷心希望我们能够顺利办博，成功办博，为国家和民族的复兴增添新的动力。所以当温家宝总理宣布世博会闭幕时，我的心里也充满了自豪感，在荧屏上看到各国代表洋溢着快乐的笑脸时，我想我们能够为世博会提供点智力支撑，正是为了创造这种和谐的气氛，让世界更好地了解中国。我们做到了。我们将继续努力！

一分耕耘，一分收获
——参与上海世博会的体会

严安林

原载上海市人民政府外事办公室、上海
国际问题研究院世博工作总结《亲历世
博外事》（2010 年 11 月）。

严安林，时任上海国际问题研究院台港
澳研究所执行所长、研究员。

作为一名学者参与上海世博会，我有两点印象很深刻。

一是上海世博会既是一场世界文明的盛会，是中国人民与国际友人共同的嘉年华，同时又是政治性、政策性相当强的国际性活动，园区内外存在着各种敏感的政治性问题。比如，2010 年 4 月 20 日、21 日，在世博园开园前的预展中，本人与外交部港澳台司的有关同志在巡视世博园涉台事务展区时，发现非洲某个国家馆内所展出的整幅世界地图上，该国与中国大陆的面积被涂上红色，其他均为另一颜色——白色，其中存在的问题是海南岛与台湾岛也与菲律宾、日本等一种颜色。这当然是需要参展方予以改正的，最后通过相关途径提出并得到了解决。世博园区里的指路标志、导览图等，一开始都将"中国馆""台湾馆"等相提并论，违背一个中国的原则与政策，经过多次提出意见，最后都有所改正，用"中国国家馆""台湾馆"或者"香港馆""上海馆"等比较清晰的词汇，避免了出现政治问题。

让我印象深刻的第二点是，举办这样规模的国际性盛会真的是需要全国人民的大力支持，需要上海人民的辛勤付出，需要我们办博工作者一丝不苟的工作，来不得半点马虎。世博会期间，我根据上海市外办和上海国际问题研究院的安排，担任了区县世博会涉外事务闵行区的专家联系人，而闵行区承担非洲的塞拉利昂、塞舌尔、乍得，美洲的加拿大，亚洲的阿曼、塞浦路斯、塔吉克斯坦、叙利亚以及法语国家商务论坛、公共交通国际联合会等 11 个国家和国际组织的馆日和荣誉日活动。每次活动前，区里都要对参加活动的所有人员进行该国家或国际组织的情况介绍与相关教育。我和我的团队成员童立群、张哲馨要做这方面的材料准备工作，尤其是要准备这些国家的宗教、风俗、民情等方面的详细情况。区里的要求是"越详细越好""越具体越好"。而我们也总是在各馆日、荣誉日之前较长的一段时间里准备好有关信息与材料，因此受到了闵行区政府的充分肯定。11 月 10 日，该区外事办专门发来了感谢信表示："在长达半年的世博会举办期间，严博士和他的团队，全力支持、主动参与，以最大的热情、最高的效率，用丰富而渊博的专业知识，为我区的世博外事活动提供了丰富的、宝贵的各国背景资料。""闵行区世博会外事活动组织有序而又精彩纷呈，这样的成功离不开严安林博士和他团队的默默付出，他们为上海世博会的成功、精彩、难忘作出了一份贡献，为闵行区赢得了崇高荣誉。"

具体活动筹备过程的辛苦与精细，我举个例子来说明。上海世博会举办期间，为了让参展方人员了解上海，有一个系列性活动——"世博进社区"。世博会组织方邀请参展方人员到上海各地区参观、考察、游览，闵行区承担了 8 月 9 日 120 多位参展方人员到七宝镇的参观考察活动。这是一个工作量相当大的活动，我应闵行区的邀请，全程参与了整个活动的筹备工作，从拟定参观与落实活动的流程、具体参观活动的每一个细节（包括内容、时间安排、导览）、饮食、安全保卫等。因为担心不同宗教信仰及对颜色的禁忌等，甚至每一位参观者所佩戴胸卡的颜色，都是经过细心考虑、精心准备的，有三种不同颜色以作区别。7月中旬，我就与闵行区的领导，世博局国际参展部、党群工作部等部门领导到七宝镇实地踩点，计算时间。

总之，一分耕耘，一分收获。上海世博会的成功、精彩与难忘，是建立在许许多多组织者与参与者的艰苦劳动与付出之上的。这一点，我们有很深的体会。

上海市政协参与世博外交的回忆

王军玮

原载上海市人民政府外事办公室、上海
国际问题研究院世博工作总结《亲历世
博外事》（2010 年 11 月）。

王军玮，时任上海市政协办公厅外事处
处长、对外友好委员会办公室主任。

上海市政协对外友好委员会是上海市政协对外交流的一个重要窗口和平台，其工作主要是对上海的对外开放和外事工作提出意见建议，开辟多种多样的对外交流渠道，组织和推动具有政协特色的对外友好活动，积极加强与世界各国的交往，广交朋友。市政协对外友好委员会在2010年世博会期间积极参与世博外交，发挥了对外交往多元化的作用。我们抓住世博机遇，开展公共外交，通过各种方式，借助各种平台，开拓创新，拓展对外交流交往渠道，并积极投入上海市总体外事工作中，为上海的对外交往、友城工作贡献力量。世博会期间，市政协共接待了14批外国团组、224人次，市政协各级领导出席各类外事活动共110次。

在市政协对外友好委员会所接待的外宾中，有相当一部分是第一次来到中国，对中国文化不甚了解，甚至有误解。如果不是因为世博会，他们也不一定会如此集中地来到上海。所以，接待工作的重要目标之一就是向他们展现真实的中国。184 天的世博盛会为中国外交提供了广阔的活动空间，它向世界进一步展示了一个真实的中国形象，表达了中国与世界各国交流互鉴、互相融合、共同发展的理念和愿望。我们接待的一些美国议员以前对中国关注较少，现在中国发展得越来越好，引起了他们的兴趣，希望借上海世博会的契机，亲身来感受中国的现状。来过之后，他们对中国的积极看法明显增多。

事实上，从 2008 年北京奥运会以来，外部世界已开始逐渐改变原先对中国的印象，上海世博会紧随其后，可以在更广的范围内向外宾展示中国。市政协积极实施"友好世博"计划，通过"请进来"有效开展公共外交。世博会期间，我们邀请接待了八批外国来访团组，并接待了六批全国政协邀请的外国团组。外宾来自各个层次和不同背景，很多企业界的朋友也纷至沓来。世博会举办前夕，部分世界 500 强企业领导人通过相关渠道向我们提出希望出席世博会开幕式、参观世博会。我们克服外宾参加开幕式时间紧、程序多的困难，积极与世博外事接待指挥部沟通协商，最终成功邀请了索迪斯、太古、法国液化空气集团、路易·威登、通用汽车公司等在内国际知名企业全球总裁和高管出席 4 月30 日晚的上海世博会开幕式，并在 5 月 1 日开园当天参观世博会。他们对中国的省区市发展很感兴趣，在参观中国馆的过程中，特别注重看省区市馆，了解当地文化。从企业发展的角度来看，他们非常看重中国的投资环境和市场。

我们在接待外宾的过程中，比较注重针对他们不同的背景和要求。比如爱沙尼亚塔林市市长，曾经担任过爱沙尼亚总理，以前来过中国，觉得中国变化很大。作为市长，他也想组织一些大型活动，因此很想了解上海市的组织管理、地方政府的一些管理机制等，吸取经验。对此，我们都尽力地加以满足。外宾很佩服中国的组织能力，能够管理这样一个超大型城市，成功举办各种大型活动和赛事。

我们了解到，日本东京都议会议员希望参观世博，我们就积极促进日中友好议员联盟来沪参观世博会的工作，并联合科技成果转化促进会等机构，与外方开展环保、水务领域的友好交流。我们应约安排日本众议员、前环境大臣、防卫大臣小池百合子等前政要来沪观博，并安排市政协有关领导出席小池百合子在上海倡导、举办的"清凉走秀"活动。此外，根据外事接待获取的信息，推动英国利物浦来访企业家团体和意大利国家创新技术推广署与科技成果转化促进会开展对口交流，并签订了合作框架备忘录。这些针对客人专业特点安排的对口交流，满足了来宾的专业交流需求，使双边的友好交流具有充实的专业内容，成为世博外交的有机组成部分。

世博会期间，我们还配合全国政协接待外国政要高访团。我们与各方事先沟通，做好方案，保障外方活动的圆满完成。如德国联邦参议院议长带来了 73 人的庞大代表团，主要目的是来沪出席世博会"不来梅市活动周"。德方提出了包括拜访上海市政协领导、上海市政府领导在内的一系列活动要求，还安排了与上海周边地区部分市长的会见、出席中德友城活动签约仪式、观看文艺演出、巡馆等诸多项目，两天内三次进出世博园。落实访问日程紧，手续烦琐。面对这样一个规格高、人员多、活动项目多的高访团，市政协办公厅外事处积极与全国政协办公厅外事局、德国领馆、不来梅市驻沪商务代表处、市外办、世博局等各个机构沟通、协调，克服了重重困难，保障代表团访问取得了圆满的成功。

9 月上旬，出席"21 世纪论坛 2010 年会议"的尼日利亚前总统、俄罗斯前总理、欧盟经社委员会主席等重要贵宾同一天访问上海。为了接待好有关政要，我们认真策划好每一个细节。在安排市政协领导会见外宾时，因为是几批外宾连续会见，连更换席卡、茶水所需的几分钟都纳入计划；在安排参观世博园时，以15分钟为时间间隔，几批代表团分别入园，交叉参观；在安排展馆参观时，既要考虑各国来宾希望观看本国展馆的需求，又要体现世博的世界性和多样性，细致入微，环环相扣，使接待活动得以圆满完成。

在服务世博的过程中，我们也在不断寻找新的发展天地，发现新的对外交流渠道，努力宣传人民政协的履职工作。前不久，市政协承担了接待津巴布韦副总理库佩的任务。我们针对来宾分管的业务领域，主动安排一系列业务参访活动，帮助津方充分、深入地了解中国的经济、文化、社会与建设成就。同时，也翔实介绍了具有中国特色的社会主义民主政治制度，加深了津方与中国的友谊和感情。在接待德国参议院议长的过程中，我们主动宣传中国特色的社会主义民主政治，宣传人民政协的履职工作。外方对中国的多党合作、政治协商制度和上海市政协积极开展对世博会的民主监督等工作表示了浓厚的兴趣。

地方外事工作中包含公共外交，公共外交的核心就是让世界了解中国。在与外宾接触的过程中，用自己的语言介绍描述比较准确真实的中国，这是我们政协的一项重要工作。尽管公共外交在中国是一项全新的工作，有许多领域需要去开拓和探索，但上海世博会丰富的公共外交实践，给我们留下了一笔巨大的财富，我们从中可以看到公共外交有着广阔的发展空间、多种多样的表现形式和丰富多彩的业务内容。人民政协作为开展公共外交的一个重要主体，在后世博阶段，我们要发挥自身优势，进一步开展公共外交的研究、传播和实践，共同开拓公共外交的新局面，为国家总体外交和上海经济社会发展作出新贡献。

做好民间外交，推动中日交流

王加新

原载上海市人民政府外事办公室、上海
国际问题研究院世博工作总结《亲历世
博外事》(2010 年 11 月)。

王加新，时任上海市人民对外友好协会
日本处处长。

　　日本是中国近邻，从 20 世纪 70 年代大阪世博会到 2005 年爱知世
博会的 30 多年间，日本举办了许多次各种各样的博览会，有着比较深
的世博情结。当时，上海作为友好城市也参与过一些活动，如 1989 年
的横滨博览会、1990 年的大阪花博会，以及 2005 年爱知世博会。因此，
日本对上海办世博会非常重视。他们一方面希望利用这个机会加强双边
交往；另一方面，也想借机宣传一下日本，特别是在旅游方面。这次世
博会上三种类型的馆，国家馆、产业馆、城市最佳案例馆，日本都有。
日本政治家也非常重视此次世博会，我们参与接待的就有前首相鸠山由
纪夫、福田康夫，前参议长江田五月，日中友好议员联盟会长高村正度
等。在此次世博会接待的 425 万名境外人士中，日本就有 53.7 万，虽然
比预计的人数少了一半，但以单个国家计算，仍是最多的。对于友协日
本处来说，我们接待的日本民间友好团组就有三四十批次。总的来说，

日本参与世博的态度比较积极，尽管 7 月、8 月上海天气炎热，场地拥挤，他们还是积极来参观上海世博会。

值得一提的案例是，通过我们的努力，"孙中山与日本友人梅屋庄吉文物史料展"8 月在日本馆成功举办。梅屋庄吉是日本民间对华友好人士，始终坚定不移地对孙中山领导的革命活动给予支持。这次活动前后筹备了两年，我方为展览提供了大量的资料。2008 年 11 月 11 日，市友协和孙中山故居纪念馆联合在上海孙中山故居主办了"孙中山与日本友人梅屋庄吉文物史料展"，梅屋庄吉的曾外孙女小坂文乃专程来沪出席开幕式。展览一结束，大家就决定两年后在上海世博会期间再次举办展览，让两国更多的人了解这段中日友好的历史。经过申请，日本政府同意把展览放在日本馆举办。梅屋庄吉的曾外孙女小坂文乃为此积极奔波，最后邀请到日本前首相福田康夫出席在世博园展览的开幕式，现任民主党干事长、时任日本外相的冈田克也出席了活动。在日本馆的展览持续了一个星期，有数万人前去参观，取得了非常好的效果。

还有日本各个地方的友好团体和人士，也和我们有过非常多的接触，希望在参与上海世博会方面得到我们的协助。其中一位曾经参加过爱知世博会的日本雕塑家，请参观者自己用陶土制作手印，再烧制成艺术品进行展示，希望能到上海世博会来展示他的艺术。但是，他的申请没有通过世博局的审查。为了能参加上海世博会，他不仅花费了自己的大量积蓄，还到处拉赞助，筹集了许多资金，精神非常可贵。他的展览主题是"与地球握手"，这与上海世博会"城市，让生活更美好"的主题也是比较契合的。我们从中积极协调，他终于得以在鲁迅公园进行宣传活动，组织群众参与制作手印。此后又在世博园日本馆进行了展示，这些作品今后还将展出。这也是一个非常好的增进中日民间交流的活动。

我们还协助知名的旅日二胡演奏家张滨实现了在上海世博演出的愿望。张滨出生于中国辽宁省，是一名专业演奏者，于 1992 年赴日。在日本多年，张滨一直致力于将二胡演奏技巧和中国传统音乐中的丰富内涵传达给日本的爱好者。张滨说："在世博园还在施工时，我在卢浦大桥上看到那一片工地，当时就在想，希望将来能到上海世博会来演出。"8 月 12 日，张滨领衔名古屋市演奏团在世博会园区综艺大厅呈现了一场演奏会。该演奏团由日本东海地区四县的小学生以及名古屋市普通市民组成，大约 100 人。其中部分成员还曾参与 2005 年日本爱知世博会的演出。当天演奏的主题为"日中友好世界和平"，吸引了约 1 000 名观众前来观看。当天正好是缔结《中日和平友好条约》的纪念日，现场不少观众都被张滨演奏团的演奏所感动，留下了泪水。张滨表示："我的梦想是把爱知世博会所带给我的感动传递到上海来，这个梦想终于在今天实现了，我感到十分开心。我希望成为中日友好交流的桥梁。"

大阪的和装学院是日本以宣传、传承日本和服为主的最大的组织，经我会的协助，同市妇联合作在世博会举行了一场别开生面的和服展。市妇联为此派出了 30 名女性模特，和服展取得了圆满的成功。

2010 年 9 月初以后，由于钓鱼岛事件，中日之间双边关系进入敏感时期。其中大阪知事桥下彻来沪参加世博高峰论坛更是引起了各界的广泛关注。律师出身的桥下彻 38 岁当选大阪府知事，被认为是日本政坛的一颗新星。今年，他接连访问了中国的几个城市，并出席了上海世博会大阪活动周的仪式。我们在接待桥下彻的过程中，既高度重视，又以平常心来对待。他对我们安排的参观活动非常满意，认为既周到，又深入，不只是让他在表面上看看。比如在参观田子坊时，我们不仅安排区里领导给他介绍面上的情况，还安排经营者跟他见面。在一个小小的田子坊，就碰到了六七个做生意的日本人。桥下彻感慨地说，中日经济上的联系是无法割断的，我们只有将关系一个一个地建立起来，才能推动中日关系的总体发展。就民间和地方层面来说，我们还是要一点点来做，加强交流与合作。同样，在参观华为电器时，桥下彻也对我们细致周到的安排非常满意，他不仅祝贺世博成功，最后还参加了大阪馆的闭幕式并对媒体发表友好的讲话。他在出席高峰论坛全体会议之后的平行论坛上，围绕"城市可持续发展——大阪案例"进行了发言，非常专业，也很友好。回去后，对于日本部分新闻媒体曲解他关于上海世博会谈话的负面报道，大阪府还专门来信向我们进行解释说明，表示已经向有关媒体提出抗议，知事并没有说报纸所报道的那些话，如此不实的报道影响了知事希望推动民间交流，推动大阪和上海交流的心情和意愿，并强调："你们应充分理解这一情况，并向有关方面反映。"

通过这次接待，我们深刻体会到，尽管中日两国的国家关系出现了暂时困难，但民间关系不能断。友协工作当然首先要为国家总体外交服务，但民间交往有自身特点，要强调多样性和灵活性。在双边关系敏感时期，友协更要出面做好民间外交工作，这可以在一定程度上化解因双边政治关系对峙而带来的负面影响。世博结束后，许多日本的友好团体都发来贺电和贺信，对世博会的成功举办表示祝贺。总的来说，我们以世博为舞台，促进中日民间友好的目的达到了。

推动青年交流，播种中日友谊

钟晓敏

原载上海市人民政府外事办公室、上海
国际问题研究院世博工作总结《亲历世
博外事》(2010 年 11 月)。

钟晓敏，时任共青团上海市委副书记。

日本青年世博访问团是温家宝总理访日时发出邀请的、为了增进两国青年了解的友好交流团。负责接待单位为全国青联，上海青联是具体承办单位。在世博会的最后十多天中，我有幸参加并具体负责了该团的接待工作，算是一个亲历者。

总的来看，这次接待日本青年世博访问团有三个特点。第一个特点是，背景和时间都比较复杂。这个阶段的中日关系处于比较紧张微妙的状态。访问团原定 2010 年 9 月来上海，但 9 月初因为钓鱼岛撞船事件而被推迟了，后来再次确定来访之前，国内部分地方的反日情绪依然存在，因此显得比较敏感。另外一个复杂之处在于世博会正处于收尾阶段，各方都要确保世博会精彩、难忘、成功。在这样的情况下，在上海市委、市政府的重视和领导下，在相关委办局的大力支持下，工作组作了周密的部署，根本目标是从促进两国青少年友好的角度去开展工作。

就像吴寄南老师在培训志愿者时所说的那样，日本其实也是分两派的，有右翼分子，也有友好人士，我们还是要从促进两国的和平和友好出发。通过这次活动，我们也学到了如何把握外交原则。

这个团的第二个特点是成员比较复杂。由于出现波折和时间调整，原定 1 000 人的日本青年世博访问团最后减少到 677 人。我们对 677 个团员进行了成分分析。总团长是日本外务省政务官菊田真纪子（副部长级）女士，在中国的黑龙江大学读的研究生，对中国比较了解。菊田真纪子连任了几届议员。从网上了解的信息看，她对中国的言论历来是比较友好的。团员以民间为主，近 80% 是来自日本 20 多所比较著名的大学的学生，还有 20% 多来自日本各个县，包括社会各行各业的人员。由于活动的推迟和重新集结的时间较紧，团员在日本国内也没有集中过，直接从各地飞到上海。因此作为日方具体负责组织活动的日中友好协会的负责人员对团员也不甚熟悉，从而使整个团的凝聚力总体显得比较散。

第三特点是整个团的日程安排一波三折。不仅是来的时间推迟、人员数减少、人员结构比较散，更节外生枝的是，原定的访问时间是 10 月 27 日到 30 日，但没想到 30 日台风袭击东京，所有飞往东京的航班取消，以至于最后访问团中有 240 左右的成员是在 31 日下午 5 点 38 分才全部离开上海。30 日上午对于我们接待工作真是一场考验，本来已经把他们送到机场了，有的都已经进关，就等着上飞机。而在确认航班取消以后并且实在当日无法改签后，一系列问题随之而来，滞留的团员必须从机场回来。工作组迅速投入紧张的应变状态，在各方面的积极支持下，安排酒店住宿、车辆交通，还有回来以后下午和晚上的活动安排。由于 31 日晚上还有闭幕式，也是非常重要的事情，团员们也都有各自在国内的安排，因此，能否在 31 日改签成功成为工作组的重大挑战。最后，在各部门的配合下，经过艰苦努力，我们终于将四个东航航班和两个国航航班改签成功。为了确保在机票超售的情况下拿到登机牌，第二天我们提早到机场办手续，终于在离世博会闭幕式三小时前将访问团的成员全部送走。总体上来说，这次接待是顺利的、安全的，我们对于突发事件的应对还是成功的，但是过程也是非常"惊险"的。

近年来，团市委开展的中外青年交流的活动很多，即使不在世博期间，跟各个国家青年团的接触也特别多。中日之间的青年交流活动，动辄就是百人团、千人团。但是，这次日本青年世博访问团的接待工作与以往相比，非常特别。由于中日关系的敏感复杂，加上世博最后冲刺阶段的要求，更有国内外民众的关注，所以我们这次接待工作如何做到不卑不亢、有礼有节，以促进两国青年的了解和友谊为根本出发点，体现在接待的每个环节和细节中。在这样一个较大规模的接待中，难免有团员肠胃不适、晕车，甚至醉酒等意外情况发生，我们都给予了较好的处理。特别值得一提的是，来自同济大学、交通大学、复旦大学、上海外国语大学、华东师范大学的 130 名志愿者的辛勤奉献。一方面，志愿者积极做好路线引导等服务，毕竟这个团人数太多，将近 700 人，在任何一个活动中都很容易走散，尤其在园区。另一方面，此次日本青年来访的一个很大目的是与我们的青年交流，增进双方的了解。这 130 名志愿者就代表了上海的青年，尤其是大学生，他们每天很早就开始陪同参观，和日本青年开展了积极的交流。事实证明，这些志愿者是非常不错的，从许多活动当中都能看出他们和日本青年的交流非常愉快。比如，参观完世博园后的招待晚宴氛围就相当好，两国青年一起上台唱些大家耳熟能详的歌曲，如《北国之春》、邓丽君的《我只在乎你》，气氛非常友好。到了第三天晚上分别时，大家都依依不舍，有的还流下了眼泪，互留电子邮件地址，希望继续保持这种友谊。

年轻人的交流是播种友谊的非常好的载体。尽管两国关系出现了一些波折，但我们在接待日本青年世博访问团时，还是从中日两国关系的大局出发，特别是从推动两国青少年交流出发，精心安排，圆满完成了接待工作，实践证明也取得了非常好的效果。日本青年总体很朴实，他们在上海参观得很高兴。我们在参观点的安排上，就是要让日本青年看到中国的发展，看到中国人民的友好。他们看了东方明珠、洋山深水港、东海大桥、外滩两岸和世博园的夜景，都很兴奋。他们频频发出"宏伟、壮观"的感叹。与此同时，他们也看到了我们客观存在的一些还有待改进的地方，如路上翻越栏杆等不文明行为。同样，我们也认识到了日本青年的长处和不足。可以说，通过交流，中日青年对彼此有了真实的认识。

世博，中非友谊的见证

陈锦田

原载《上海世博会主题演绎你我他》，
东方出版中心 2011 年版。

陈锦田，原上海世博会事务协调局非洲
联合馆管理部部长。

作为非洲联合馆管理部的部长，我的工作是协调开展具体的参展事务，工作对象是 42 个非洲国家、1 个国际组织（非盟）参展方，包括国家领导人、外交官以及普通的工作人员。对于非洲联合馆来说，中国政府作为组织者，和 43 个非洲参展方之间是合作关系，我们合作的具体内容就是共同举办各种与展示相关的活动，将展示项目做好。

从公共外交角度回顾非洲联合馆的整个参展过程，我觉得我们达到了一般意义上的对外交往所无法达成的效果。首先，非洲国家从未如此大规模地参展，这在世博会的历史上绝无仅有。其次，在参展过程中，非洲人对中国有了更多的了解。从大的方面来说，我们在世博期间的对非交往，服务并提升了中国与非洲国家的关系。我们常常说"外事无小事"，在实际工作中我对这句话有着更加深切的理解。世博期间，这一

"外事"工作已经完全融入在我们与非洲伙伴半年多的共事中，在此过程中加深了彼此的了解，结下了深厚的友谊。

非洲国家的参展工作人员在即将离开上海世博时都感慨颇深，对中国留下了深刻的印象。其中有几位颇具代表性。一是刚果总代表，他说，通过世博会，学会了什么叫纪律和管理，对于中国的集体主义和办事的严谨程度印象深刻。二是埃塞俄比亚总代表，他在中国看到如此之多的志愿者尽心竭力地为世博会服务，为中国人的民族向心力而赞叹。三是非盟总代表，他认为在未来10—20年，广大非洲人民都会谈论上海世博会，这是他们难以忘怀的经历，可以影响整整一代人。四是贝宁的工作人员多罗泰，他多次要求加入中国共产党，并递交了入党申请书，尽管没有被批准，但他仍悄戴党徽。这完全是他自己在与中国工作人员接触中萌发的念头。多罗泰曾经好奇地问中方工作人员，这样忙碌的工作，加班是家常便饭，是否有加班工资。而我们往往回答他说，为了办好世博这是我们应该做的，党员更应该无私付出，哪里还会计较个人的利益得失？如此朴素的回答反映出中国人的民族与国家自豪感，此外，中国人的组织行动能力都让多罗泰非常钦佩，感觉到在我们党领导、培育下的人才能做到这样无私奉献。他被中国人以自己国家为荣、强烈的民族自豪感、无私的奉献精神所深深感染。正是在这样的潜移默化中，我们的党员在这位非洲年轻人的心目中树立了良好的形象。我们的临时党支部、团支部开展了丰富多彩的活动，包括互相交流和体育活动等。我们处理事情非常灵活，用国际化的语言、方式来请43个参展方合作办好非洲馆的各项活动，对非洲伙伴产生了积极的影响。可以说，公共外交在这里得到了充分的体现。

从我的角度来看，中非交往传统上在官方层面较多。但现在非洲国家大多实现了领导人的代际更替，新一代领导人不像老一代那样对中国有特殊的感情。新一代非洲人对中国的民众了解程度也不多。世博会是一个契机，可在非洲新一代面前树立中国的正面形象。这也就是公共外交的意义所在，是一种自下而上传递中国信息、树立中国形象的途径。在协调非洲馆的各项事务时，我们首先强调一体化，彼此真心相待，将展览事务做好。任何事情都不是针对特定国家，而是就事论事。参展事务本身非常庞杂，和一般礼节性的外交事务有所不同。参展事务是非常具体的、实际的，涉及各个层面的细节。其次，我们把文化交流作为重头戏。在1 000多名非洲馆的外方工作人员中，大约有三分之一对中国略有了解，其中大约有10—20人会说汉语，或是在中国有工作、学习的经历，其他的则几乎没有了解。针对这一情况，我们非洲馆每个月都组织若干活动，基本有两类。一是传统文化，使非洲工作人员了解中国的传统礼仪、宗教信仰，由此入手，体验中国传统节日的庆祝方式。二是日常生活，比如组织他们去上海郊县农家乐，走进社区、残疾人家庭、社会福利院等。以往非洲人对中国的了解基本来自欧美媒体的报道，其中不乏"妖魔化"的描述，通过这样亲身的体会，可纠正他们以前的错误信息，于无形中塑造真实中国的形象。非洲的外交官和工作人员在与我们的交流中得出一个重要的共识：非洲国家可借鉴学习中国的发展道路，由此找到适合非洲的发展模式。对他们来说，西方国家多年的殖民统治向他们灌输的政治、经济发展理念，并不一定适用。而中国带给他们的是真挚的友谊和实实在在的政治、经济利益。

总之，上海世博会为中国人民与非洲人民的直接交流接触提供了特殊平台。其特殊性在于：首先，彼此接触时间特别长，从筹备、试运行到正式运行阶段，经历半年多；其次，双方的了解是全方位的，从生活、学习到宗教信仰等；最后，接触的人员层次是全面的，既有职业外交官，也有留学生和商人等。这样的接触与交流是其他任何形式的外交都无法取代的。

从世博会到进博会

进博会国家馆面面观

张洪涛

原载个人微信公众号（2018 年 11 月 13 日）。

张洪涛，原上海世博会事务协调局办公室主管。

2018 年 11 月 5 日，中国国际进口博览会在上海开幕了。在世界经济大潮波澜起伏、贸易争端日益激烈的今天，作为世界上第一个以进口为主题的大型国家级展会，这届进博会意义自然非同一般。一直记得前总理温家宝所说的一句话"一日观世博，胜读十年书"。于是办博多年的我，带着对上海世博会的美好回忆，几度走进这枚巨大的四叶草，去亲身体验进博会的巨大魅力。

一、直面中国馆

最想去看的是东道国馆，我们端庄大气、高调靓丽的中国馆区，面积有 1 500 平方米，其中还包含了港澳台三个"馆中馆"。

中国馆造型采用斗拱、飞檐等传统建筑元素，再配上山水国画，看上去中国韵味十足。展馆从四面都能进入，营造了通透、大气、开放的氛围，还兼顾了国际视野和现代风格。它以"创新、协调、绿色、开放、共享"的新发展理念为主线，在开阔的空间里，依次展示了高铁、大飞机、青蒿素、超级计算机、电子商务、移动支付、农民丰收节、"绿水青山就是金山银山"、港珠澳大桥、中欧班列等展项。

在创新发展展区，放置了一个高铁模拟驾驶室，观众可以亲自体验驾驶高铁的过程。这个展项引起了很多观众的关注和互动。其中保护知识产权方面整整用了一面展墙。用这样的展示方式来回应国际关切，给我留下了深刻的印象。

展区内有骨科手术机器人，精准度可以达到1毫米以内，也称为亚毫米的精度，这样才能在非常狭小的颈椎骨头空间里进行手术，而不损伤脊神经、脊髓和血管。这填补了颈椎机器人手术的国际空白。临床700多天内，它已在40余家医院进行了4 500多例手术。

港澳台展区以"香港进""澳门荟""台湾亲"为主题进行了展示。香港展区的VR（虚拟现实）引人入胜，还有一小队青年学生在馆内为观众奉献了口琴合奏的曲子。澳门展区着重表现澳门作为葡语国家的世界交流中心、与世界各国的紧密联系，以及回归祖国后与大陆合作交流日益密切。台湾展区着重体现了大陆对台释放的利好政策，主要以展板形式体现。

二、观外国国家馆

这次进博会共有172个国家、地区和国际组织参展。我走访了81个国家馆。其中大多数国家参与过上海世博会，虽然规模小了很多，但还能依稀看到八年前世博会展馆的影子。

加拿大馆利用木材搭建出巨大的装饰墙，很有艺术感。一枚红色的枫叶造型，体现了枫叶之国和他们所拥有的丰富自然资源。用木头搭建的几何状的展示橱窗里，摆满了展品，非常新颖别致。

印度尼西亚馆、太平洋岛国馆都以流线型展台，在展架上摆满了水果酒、贝壳制品、手工艺品、民族服饰、生物保健品等。海边小木屋、白色的遮阳伞、小型的棕榈树等展项，营造出蓝天碧水沙滩的氛围，吸引观众前去他们国家观光旅游。

乌兹别克斯坦展馆外表是浅蓝色的精美花纹图案、草绿色的圆顶建筑以及弧线向上飞扬的飘窗，一如世博会时的建筑风格。展品是动物毛皮制品、奶制品、布艺和服饰。他们最喜欢的是蓝色、白色和绿色。因为蓝色是突厥人的颜色，也是帖木儿旗帜的颜色，象征永恒的天空和纯净的水；白色象征和平、出门平安的祈愿；绿色则为自然、新生命的颜色，也是伊斯兰的颜色。

阿富汗馆也具有民族风格，让观众最感兴趣的是地毯。这些人工编织的地毯花样很多，做工精美，据说可以使用100年不变色。他们还展出了精美的玉石和原石。

乌克兰馆以米黄色调的木质结构为主，干净整洁，很有现代感。工作人员男的着深蓝色西装，女的穿深蓝色传统裙装。

红白色调为主的墨西哥馆，把空间分成了一个个小空间，着重表现国家在经济增长、技术创新和招商引资方面的巨大优势。看着这场景，我禁不住想起了上海世博会上那一片色彩缤纷的风筝馆，多少美好往事在心中！

紧接着来到了巴西馆，同阳光一样明亮的黄色闪入眼帘。黄、蓝、绿是他们国旗上的色调，也是他们最爱的色彩。巴西不光足球水平名扬世界，他们的桑巴舞也为世人津津乐道。国家馆每天都少不了安排几场桑巴舞和桑巴鼓表演，现场非常有人气。

匈牙利馆重点展示了文化、旅游、投资与贸易环境、科技创新和农业发展等。值得一提的是匈牙利馆的招商手册做得非常精致，希望更多中国人去他们国家进行投资。

埃及馆作为主宾国展馆之一，古色古香，洋溢着古埃及文明的气息。无处不在的三角造型、富丽堂皇的金色、极具特色的雕像……尼罗河畔金字塔的元素随处可见。

英国馆的主题是"非凡创新在英国"，这次他们也带来了顶尖科技，融入"英伦风"的展品中。展示内容涉及高端制造业、机器人、汽车、医疗、美食、旅游服务等。馆外还不时有媒体采访。忽然想起了世博会英国馆的"种子圣殿"，是当之无愧的非凡设计、非凡创新。创新的基因一直在英国传承。

捷克馆本次参展带来很多本国的知名品牌，汽车、飞机零配件、钢琴以及精美的玻璃制品，还带来了大家童年记忆《鼹鼠的故事》的"主人公"——圆头圆脑的小鼹鼠。不过他们的啤酒更受欢迎。据说开幕当天在捷克馆，捷克总统用捷克产钢琴即兴演奏了一曲，并邀请习近平主席品尝了捷克啤酒。

南非近年来发展特别快，在很多非洲国家还停留在非洲大草原、非洲鼓和非洲雕刻的时候，他们已经迈出了走向现代化的步伐。这次南非馆展示了很多机械和能源方面的设备，还有风力发电、汽车制造、矿藏开发、游艇设计和绿色种植技术。

俄罗斯馆以白色为主色调，简洁明快地展示着俄罗斯的核电、旅游、体育等产业。展区中央的互动屏上有俄罗斯木业的有趣介绍，触碰屏幕就能看到锯木、颗粒、纸浆、家具生产等的制作过程。参观当天，还有幸见到很多俄罗斯青少年穿着民族服饰进行了表演。

老挝馆、柬埔寨馆、尼泊尔馆、缅甸馆都采用了他们国家最形象的民族色彩和建筑进行展示。老挝馆的传统特色屋顶模型十分抢眼，他们这次带来了浓缩的老挝传统文化和现代化成就的产品。中老铁路项目沙盘展现了中老共建"一带一路"、实现共同发展的美好愿景。旁边的柬埔寨馆、尼泊尔馆、缅甸馆也是古色古香，展现了浓郁的南亚风情。

以色列、瑞典、葡萄牙、塞内加尔、加勒比等国的展馆设计非常简洁，现代感很强。其中以色列的一部影片，开篇是习近平主席访问以色列、李克强总理接待以色列总理内塔尼亚胡的镜头，以此表现他们与中国的政治交往、经济和技术合作。3分钟的影片是为本次进博会量身定做的，非常接地气。接待观众的服务人员居然是驻上海大使馆负责审核签证的工作人员，不免让人有些受宠若惊啊！

与八年前世博会期间的民族风格完全不同，波兰馆这次用的都是非常靓丽的色彩，很像商业街的橱窗。鲜红的橱窗里摆放着琳琅满目的波兰商品。做工最精美的是一个白玉石的桌子，上面撒满了琥珀色的玉石。很多人以为是玻璃碎了一桌子，用手触碰后才发现桌面是如此的光滑，与玉石浑然一体，堪称艺术装置作品。

还有富有西欧风格的西班牙馆，郁金香的形象随处可见。

我特意关注了一下各国展馆的文化演出。委内瑞拉馆有穿着民族传统服饰的一大群演员在表演"魔鬼舞"，旨在表现他们民族奔放的热情。澳大利亚馆的土著居民拿着最著名的传统乐器迪吉里杜管，吹的低音犹如低吟的山风，充满神秘的泛音，又像是群蜂乱舞，具有十分厚重的音响效果。还有之前介绍过的俄罗斯、巴西等展馆。不过,进博会的文化演出场地和场次比世博会少很多,毕竟世博会是文化搭台,经济唱戏。

还有一些比较有特色的展馆,如摩洛哥馆等,就不一一介绍了。

不管是进博会,还是八年前的上海世博会,都是我们国家主动打开大门,了解世界,增加交往的窗口。我想,进博会以后年年都要举办,规模也一定会越来越大。进博会,期待来年再见!

我看进博会肯尼亚国家馆

林晓盈

原载《上海外事》2018年第10期（增刊）。

林晓盈，时任上海市人民政府外事办公室副处长。

多年前，一部由梅丽尔·斯特里普和罗伯特·雷德福主演的影片《走出非洲》让我爱上了肯尼亚。影片中，女主角凯伦为了得到一个男爵夫人的名分而远嫁肯尼亚，与英国探险家邓尼斯产生了炽烈的感情。她的那句名言深深地印在我的记忆中。凯伦说："我觉得自己快坚持不下去了的时候，就努力再往前挪一步。这个时候，我感到一切困难都迎刃而解了。"多年的工作经历使我越来越体会到，只有执着，才能迎来"柳暗花明又一村"的美景，编织令人终生难忘的记忆。凯伦在肯尼亚讲的那句话也成为了我的座右铭。

没想到与肯尼亚的缘分就此开始了。2010年上海世博会开幕式时，我接待了肯尼亚总统齐贝吉，并陪同肯尼亚副总理兼财政部长、肯尼亚开国总统乔莫·肯雅塔之子乌胡鲁·肯雅塔在亲水平台观看盛大的世博会开幕式烟花表演。当时的许多场景至今记忆犹新。八年时光匆匆而过，在首届中国国际进口博览会期间，我又有幸作为上海联络员参与接待了已经连任总统的肯雅塔。

肯雅塔总统五十开外，身材高大，平易近人又行事果断。在过去五年，他同习近平主席进行了四次会面，两次共同提升中肯关系定位。肯雅塔总统希望学习中国的治国理政经验，实现肯尼亚这一东非经济社会发展最具活力的国家的"四大发展目标"。仅2018年，他就两次来华访问，分别于9月出席中非合作论坛北京峰会，时隔两月又受邀出席进博会开幕式。这充分显示了肯尼亚愿深化同中国的全面战略合作伙伴关系的良好意愿。在与习主席的双边会谈中，肯雅塔表示，很高兴来华出席首届中国国际进口博览会，期待着以此为契机加强肯中经贸关系，同时也非常感谢中方主动开放市场这一重大创举，并将非洲作为中国对外开放的重要方向。

作为上海联络员，我的主要职责是配合好外交部的主联，与警卫、酒店、车队等方方面面密切合作，并且做好相关专场活动的高官引领工作。与肯尼亚代表团相处的三天令我难忘。这是一群有着黝黑的皮肤和明亮清澈的目光，热情奔放、淳朴乐观、爱笑又爱生活的朋友。

最令我难忘的是跟随肯尼亚高官们参观肯尼亚国家馆的经历。开幕式后，按照礼宾流程，我引领肯尼亚外交部长莫妮卡·朱马女士，工业、贸易和合作部长彼得·穆尼亚和驻华大使金扬久伊等人，在领导人巡馆之前先行前往肯尼亚国家馆。还未及抵达，阵阵清香就已扑面而来。与其他国家馆明显不同的是，总面积136平方米的肯尼亚国家馆用鲜花装扮一新，姹紫嫣红，煞是好看，虽在金秋时节，却好似春回大地。娇艳的玫瑰有的含苞欲放，有的争奇斗艳，牢牢吸引住我的目光，不禁令我驻足拍照留念。

肯尼亚工业、贸易和合作部长彼得·穆尼亚见此，自豪地对我介绍说："你可能不知道吧，如果你在情人节收到一束芬芳的玫瑰，它们很有可能就是来自肯尼亚的玫瑰。因为肯尼亚是世界上第三大鲜花出口国，占据欧盟销售量的35%。目前肯尼亚的玫瑰先是出口到荷兰，再分销到欧盟各个国家。"

后来，我又了解到，中国市场广阔，消费者众多，电商发达，近年来，中国已成为肯尼亚玫瑰增长最快的消费市场。肯尼亚玫瑰花头大、花期长、色彩鲜艳，深得中国消费者的喜爱。从采摘、清关、空运，仅需一两天，新鲜的肯尼亚玫瑰就可以送到中国消费者手中了。

看到我惊讶的目光，肯尼亚高官们很是得意、自豪，你一言我一语，不断地向我推荐说："我们肯尼亚国家馆还展示了红茶、咖啡、坚果、手工纺织品、服饰和家用装饰品、蔬菜干、番茄制品、辣椒酱等好多产品呢。"据了解，此次肯尼亚国家馆的参展展品来自70家肯尼亚公司，品类非常丰富。食品品类中最不容错过的当属红茶了。肯尼亚很多区域海拔在1 500米到2 700米之间，茶区就分布在高海拔的高原丘陵地带。这里阳光明媚，蓝天白云之下，翠绿的茶园高低起伏，如同一幅美丽的油画。再加上肯尼亚雨水丰沛，光照充足，土壤也十分肥沃，所以非常适合茶叶生长。他们生动的描述刺激了我的味蕾，我的眼前似乎已经出现了一幕场景：沏上一杯红润、醇厚的肯尼亚红茶，再来一把坚果，度过悠闲的午后，真是惬意啊。肯尼亚是全球第一大茶叶出口国，而中国则是第一大茶叶消费国。相信我的这一梦想在不久的将来就会实现的。

除了食品，肯尼亚国家馆还特别介绍了肯尼亚丰富的旅游资源。旅游是肯尼亚的支柱产业。肯尼亚有着45个国家公园，有着引人入胜的民族风俗，有着被列入《世界遗产名录》的自然遗产的东非大裂谷的湖泊系统，还有着尼罗河的源头维多利亚湖。在肯尼亚，游客们既可以领略到非洲著名的五大兽（即狮子、猎豹、犀牛、野牛、大象）的风采，也可以在肯尼亚第二大城、东非最大港口蒙巴萨的白沙滩上欣赏日落。难怪肯尼亚国家馆的主题口号与此次进博会的主题口号竟有一半是吻合的："Buy from Kenya, Build Kenya Now; New Era, Shared Future. （来肯尼亚买买买，建设一个新的肯尼亚；新时代，共享未来。）"

非洲发展智库专家、肯尼亚经济学家戴维·欧未若认为，习近平主席在进博会开幕式上的主旨演讲中提到的"将进一步降低关税，提升通关便利化水平"等激发进口潜力的举措振奋人心，增强了非洲出口企业的信心。肯尼亚外交部亚澳司司长克里斯托弗·奇卡表示，首届中国国际进口博览会展示了中国向世界开放市场的巨大努力和诚意，各国都将在博览会上向这个巨大的市场展示各自的优势产品："我认为，非洲国家特别是肯尼亚需要这个博览会。"的确，此次进博会就是解决中肯贸易不平衡问题的最佳契机，相信肯尼亚出口到中国市场具有巨大的潜力，而农产品以及旅游业正是关键的两个领域。

在进博会这个大舞台上，无论是甘甜浓郁的埃塞俄比亚咖啡，还是香气绕鼻的加纳可可，抑或是鲜嫩多汁的纳米比亚牡蛎，再或是南非红酒、卢旺达木雕等非洲特产，只要非洲企业能够瞄准进博会这一契机，未来在庞大的中国市场分一杯羹，他们必将大有可为。

我在世博会和进博会这两场对于中国和上海至关重要的外交盛事中，有幸两次接待了肯尼亚总统代表团，真是少有的缘分。肯尼亚国歌中唱道："世界上万物的上帝，保佑祖国，保佑这土地。上帝你最公平合理，让我们在团结中自由和平地居住，让祖国境内物产丰富。"有朝一日，我愿能亲自到这片神奇大陆，或就着一壶红茶，沉醉于玫瑰园馥郁的芬芳，或伴着热情的非洲鼓点，驰骋在广袤的非洲大草原上。相信无论是动物大迁徙的壮烈震撼、纳库鲁湖畔火烈鸟的自由浪漫，还是蒙内铁路、蒙巴萨港口的雄伟繁荣，都将成为我生命中难忘的记忆。

对进博会的两点思考

季路德

原载个人微信公众号（2018 年 5 月 24 日）。

季路德，原上海世博会事务协调局主题演绎部部长，时任上海国际问题研究院研究员。

进博会是 2018 年中国四大主场外交活动的压轴戏。一方面，这样一个展览放在上海，充分说明中央对上海的信任；另一方面，上海也承担了巨大的责任，这个项目必须成功、精彩，不能逊色，更不能失败。

我首次接触这个项目是在 2017 年 6 月，那时进博会在哪个城市举办还没有确定。我所在的上海市会展行业协会在 2017 年 6 月举办了一次国际会展行业 CEO 峰会。在那次峰会上，"上海会展业国际顾问"等国际会展行业的著名人士，就"如何举办中国国际进口博览会"等议题进行座谈。中央决定上海作为进博会的举办城市之后，市商务委会展业处、国家会展中心的朋友曾和我联系，询问 2010 年上海世博会的若干做法。因为上海曾经成功举办了世博会，这是迄今为止上海举办过的最大规模的国际盛会，其经验教训理应为以后上海举办的大型国际盛会所借鉴。于是，我开始关注进博会，并有意识地把世博会和进博会进行比较。目前，进博会正在紧锣密鼓、争分夺秒地筹备，从中央到地方，很多人为此殚精竭虑、日夜难眠。我的思考是希望能为这个项目添一小块瓦。我相信，很多参与过上海世博会的人，都有类似的想法。

一、两大博览会比较

总体上讲，这两大博览会，相似点都是国际级别的重大项目，涉及的政府部门和企业机构多，社会民众动员面广，工作条块系统复杂，常规管理和应急管理交错。不同点也很多，特别值得注意的是上海世博会从申办到举办，酝酿、策划、筹备期长达 11 年，而进博会从宣布到开幕，只有 18 个月，基本上就是边思考边策划边操作。这种情况下，借鉴上海世博会的经验教训，避免进博会走弯路，极为重要。

两大博览会的具体比较如下。

（一）相似点

第一，定位功能。

两大博览会都是重要的公共外交平台。上海世博会的各参与国都没有简单地把这个项目当成老百姓玩玩的嘉年华；同样，参加进博会的各国政府也不会单纯地依据经济动机来到中国。世博会、进博会的举办和参与，都是国家决策的结果，都意味着在经济、文化交流的背后，表达国家意志、传递外交信息、明确本国在国际社会的姿态。

正如前总理温家宝所说："我们确实把举办上海世博会当作一件大事来办，因为这给了我们一个机会，就是让世界了解中国，也让中国了解世界。"习近平主席在 2018 年 4 月 10 日的博鳌论坛上指出，这不是一般性的会展，而是我们主动开放市场的重大政策宣示和行动。

第二，运作机制。

两大博览会都是政府背景下的企业运作。上海世博会和进博会都是重大国际盛事，都需要大量资源，包括行政资源（含外交资源）和财力资源。由于其明确的政府背景，所以一定是政府主导，由政府来依托现有的管理规则，进行社会资源的动员和组织。但另一方面，项目运作必须考虑价值规律，要市场化运作，不能由政府无限制投入财政资金，因此必须有一个能承担有限责任的工商法律主体，要成立专司项目的企业。

例如，上海世博会由上海世博局具体操作。根据政府项目市场化运作的要求，经国务院财政部批复同意，专门为上海世博局制定实施了上海世博会会计核算办法，根据这个核算办法，上海世博局能够开展世博会项目运营，做好经济合同的审核和资金的支付，能够对赞助收入、门票收入进行现金管理。

第三，组织体制。

两大博览会都是由地方提供保障的国家项目。这两个项目都是国家级的，都是中央政府向国际社会的表态，包括邀请、承诺；而项目发生地都在上海。因此都是在中央政府领导下，由地方政府配合实施。

上海世博会的工作机制是：国务院层面成立了世博会组委会，上海市层面成立了世博会执委会，上海市组建了承担具体筹办、举办业务的上海世博局。

进博会也是这样，中央和地方政府都有相应的领导决策层、工作操作层。

因此，两个项目都要解决中央和地方两级政府机构、行政机构和具体承办者两类主体的职责分工问题。

（二）不同点

第一，项目周期。

世博会是一次性项目，组织机构是临时性的；进博会是长期机构，需要长期化、机制化。世博的一次性使得很多工作环节特事特办，对正常的企业和政府机构来说，就是挑战规则和程序。进博会是长期存在的，因此要在合理范围内，按照各条线办事程序的规则来开展工作，如果有创新，就要机制化、常态化。

第二，项目内容。

世博会主要是文化交流，参加者多为普通民众，进博会主要是经济贸易交流，参加者多为商人，因此世博会的社会动员面更广，更平民化，而进博会更强调专业。要明确进博会存在的目的，是政治意志指导下的经济行为，有硬性规定的经济指标。

第三，项目国际化的动因。

虽然两者都是国际化程度很高的项目，但是世博会有明确的国际规则，就组织者而言，属于"被动的国际化"，而进博会是"主动的国际化"，正因为如此，进博会需要更加重视与各参展方的沟通，防止在无意识中，把我们的想法强加给对方。

二、如何理解"保障"工作

进博会的主办单位是商务部和上海市政府。为此，上海市政府已于2017年11月成立了"中国国际进口博览会城市保障领导小组"。大致来说，商务部负责招商、招展、论坛，上海市政府负责保障工作。

这个分工总体上应该符合现实需求。但"保障"是一个很宽泛的概念，如果对"保障"工作的理解不到位，机制不合理，就可能出现"保障工作"和"保障对象"两张皮的现象，"保障"者不清楚具体需求，"被保障"者迟迟得不到保障。

说到保障，首先想到的是"辅助业务"对"核心业务"的保障。比如，招展是进博会的核心业务，为了提高招展效果，必须开展社会推介，营造有利于进博会的舆论氛围，提高知晓度。这里，宣传就是一种保障。又比如，招展之后要布展，现场施工就需要许许多多辅助类工作。展览开始之后，几万人、几十万人的"吃、住、行、游、购、娱"需要得到满足。因此，保障，首先是指辅助业务与核心业务的关系。核心业务和辅助业务必须紧密结合。

所有的业务都需要消耗资源，于是，出现了第二层意义的"保障"，即资源保障。进博会在上海举行，大量的工作人员和志愿者要由上海来提供；大量的物质耗材要在上海就地解决；大量的科技需求要在上海探索、试验、装备。资源的提供方和使用方也必须紧密结合。

当越来越多的人、财、物，为了一个共同目标集中在一起时，就产生了第三种"保障"，即制度保障。这是统筹所有资源、确保信息畅通、按期落实计划的体制安排。上海世博会在举办时，2 700 多名专职人员统一在世博局的领导下，全市许多部门、单位对世博会的支撑统一在一个指挥部的指挥下。

为了科学分工，为了理顺关系，为了有更加合理的顶层设计，就需要有第四种保障，即智力保障。应该有一个"冷班子"，不承担具体任务，但密切关注工作进展，关注形势发展，随时发现问题，提出对策建议。

显然，不能孤立地来看"保障"。保障应该和其他工作板块连成一体，服从同一个逻辑出发点，都是为了满足客户的最终需求。否则，保障工作本身也得不到保障，遑论核心业务？

当然，在讨论如何提供有效保障时，要看到两个博览会的一个有趣区别：世博会是一次性的项目，如果错了，就没有纠正机会；而进博会是长期的，今年如果有不足之处，只要不是致命的，今年得 60 分，及格，然后继续探索，明年 70 分、80 分，逐步趋于完善。

从世博到进博
——本土元素如何全球表达

金　涛

原载《解放日报》"朝花周刊"（2018 年
12 月 6 日）。

金涛，原上海世博会事务协调局活动部
副部长，时任上海申迪文化发展研究院
副理事长。

　　刚刚落幕的进博会，仿佛让国人又重温了八年前上海世博会的盛
景：百川入海，千帆过境，万商云集。一个世界级的博览会对于这座国
际化城市的里程碑意义，不言而喻。

　　作为世界经贸史上的一大创举，中国国际进口博览会必将在文化层
面带来极其深远的影响。首先是磁场效应。主动打开国门吸纳万国商
品，短短一周，吸引全球资本、技术和品牌，足以彰显中国吞吐世界的
文化包容力。其次是持久的平台效应。进博会面向全球、永不落幕的开
放姿态，不仅创新了各个国家和地区间的经济互动模式，也会促进更加
多元和深层的跨文化沟通和合作。最后是绝佳的窗口效应。利用这个契
机，全球文明的最新成果、优秀企业的尖端技术、知名品牌的国家形象
都在这里汇聚、展示和传播，离不开背后的文化创新。进博会将世界各
地的商品和服务集合到了一起，为人们之间的情感交流和观念碰撞提供

了独一无二的方式，它在塑造企业品牌、推广国家形象、传递价值观方面，手段更为直接，受众更为精准，效果更为直观。

一、本土元素：进博会上如何讲述故事

近十年来，当代博览会出现了不同于传统的变化。参展者的行为由单纯的展览产品变为更加依赖影像展示，参观者的心态也从一般的猎奇变为更加注重体验，组织者的理念从技术至上变为更加注重创意领先。这种趋势也鲜明反映在首届进博会的各国展馆中。

30万平方米的展区，表面是卖场，实质是秀场。许多国家和地区的展台，竞相用本地特色文化元素和符号来演绎和传播国家（城市）文化形象。我们看到，各个国家馆对"国情"的影像演绎，以旅游风情、商业广告、历史人文和科技教育为外表形式，核心的国家叙事则在三个不同层面上展开。

第一层面是器物。大部分亚非、部分东欧及至中美洲发展中国家基本上展示的内容离不开独特物产、丰厚历史和天然环境。如亚非国家馆展示的埃塞俄比亚的咖啡、赞比亚的蜂蜜、冈比亚的民族服饰、南苏丹的手工艺品、坦桑尼亚的蓝宝石、印度尼西亚独有的巴迪克蜡染技术等，埃及带来的图坦卡蒙法老和阿努比斯来世之神，希腊、塞尔维亚讲述以古罗马遗产为标志的地中海历史，中美洲、南太平洋国家展示以水果为特色、以蓝色为基调的热带风情。器物不仅代表国家的自然特产，还反映本土文化传统，传播国家的人文特质，是最基本的手段。

第二层面是技术。以日本及欧美为代表，工业化程度高的国家更擅长展示的是技术。作为明星展品，德国企业研发的"金牛座"龙门铣，

在进博会上带给观众的视觉震撼，生动诠释了"德国制造"的概念，融庞大体形和精密技术于一身，巧妙迎合了观众对"镇馆之宝"的期许。德国馆集中展现了"工业4.0"的最新成果，塑造了智能制造尖端的国家形象。擅长文化演绎的英国馆，借助新一代虚拟现实（VR）与增强现实（AR）技术，让观众踏上360度的3D视频和音频之旅，置身于盛大的管弦乐队表演"现场"，感受"非凡创新在英国"的主题。此外，以芬兰为代表的北欧国家对可再生、可循环材料等新型环保概念和技术的展示也独具特色。技术素来代表博览会的科技含量，反映人类追求进步的主旨，代表国家和企业的硬实力。

第三层面是故事。人们不仅渴望鲜活的展品、尖端的技术，更期望了解背后生动的故事。能否演绎好各自的故事，是比展示技术更能打动人心的绝活。不同于世博会"以展馆为中心"的宏大叙事，强调"以物品为本"的进博会，国家馆（其实是展台）的故事能力不太突出。给我留下较深印象的是日本。进博会上，日本没有设单独国家馆，但他们以"All JAPAN"为统一标识，以"匠心 × 创新"为主题，展现日本特有的国民文化。在智能和高端制造展区，三菱电机的六轴机器人的表演令人难忘。灯光展柜里悬挂数百只红色千纸鹤，一只灵活的机械臂举着一把折扇，似人手一般纤细翻转，做出各种复杂动作，优雅从容，完全不会和千纸鹤碰撞，寓意这种精密手臂姿态控制与编程技术能在多种情况下代替人的手臂。这个创意的亮点在于，人类的科技再创新，也离不开本土文化传统。让机器人如坂东玉三郎般翩翩起舞，表演日本歌舞伎中传统的扇子舞，借东方文化的含蓄和高雅，展示"科技之美"，实在令人叹服。

主题演绎也是衡量进博会国家馆创意水平的重要标志。这个脱胎于世博会的概念，意即任何创意都有策展者希望传递的核心理念，即主题。这个主题需要清晰的逻辑去表达，需要合适的载体去呈现。遍巡进博会各个国家馆，主题呈现又有多种情况，有的以旅游推广为主题，例如，西班牙的"将成为你的一部分"、土耳其的"与土耳其一起展翅高飞"；有的以文化特色为主题，例如，捷克的"满是故事"、玻利维亚的"南半球的心脏"；有的以发展愿景为主题，例如，荷兰的"携手共建宜居城市"、俄罗斯的"俄罗斯制造"、韩国的"创新的起点"、法国的"创造"、加拿大的"悦享最加，健康生活"；等等。大部分展台受条件所限，没有充分对主题进行演绎，使主题停留在口号层面。主题演绎比较富于整体感的是英国，在"非凡创意在英国"的主题统一引领下，英国馆集中展示了其在医疗和生命科学、金融、教育、文化创意、食品和农业、航空航天、汽车及人工智能等多个领域的创新成果，主脉清晰，杂而不乱。而同样颇具创意的当数新西兰，展馆主题是"看见我们的光"，源于"Light"的设计理念，"Light"在英语中包含了"光"和"轻"两层意思，"光"象征着新西兰开阔、澄澈的地理环境，"轻"代表了新西兰人对于环境的尊重与保护。展馆内几乎没有什么实物，通过数字技术展现毛利文化、城市和自然环境，既减少了布展的能耗和撤展的排放，又巧妙地暗合了新西兰倡导的纯净主题，做得灵动而轻盈。

文化符号的运用是体现本土特色的重要手段。例如，足球元素随处可见。意大利馆、德国馆带来了全部顶级联赛俱乐部的队服，巴西馆带来了桑托斯队的签名，法国馆用新科世界冠军巨幅照为展馆宣传，英国馆更是带来了英超的冠军杯，比利时布鲁日港打造了"蓝精灵"地铁列车，捷克馆用动画片"鼹鼠"作为吉祥物，日本福冈酱油企业请来了著名的"熊本熊"。文化符号是拉近时空距离、建立情感联结的最佳载体。

二、终极价值：文化沟通、理解和合作

进博会是物的盛宴，亦是人的欢聚。进博会提出了"永不落幕"的口号，和所有世界级博览会一样，它的成果不仅仅体现在订单数量上。它在促进全球文化沟通、理解和合作方面，有更为重要的价值。

第一，进博会的本质在沟通。一个多世纪以来，人们从世界各地汇聚到一个地方，展示各自带来的产品和技艺，夸耀各自的故乡和祖国，认识不同的人群和文化。这样的聚会充满着各种动机，又蕴含了一个朴素道理：人类需要交流，族群需要沟通，感情需要表达。进博会满足了人类最基本的需求，那就是交往，人们要在交往中分享生存的经验，在沟通中学会彼此欣赏，在表达中满足自我实现。这是进博会永恒的价值。

第二，进博会的价值在理解。进博会促进信息交换、商品交易和企业交流同时，也有助于文化理解。日本的工业美学背后是世博文化。战后日本通过五次举办博览会重新融入世界，伴随世博会诞生的大批优秀企业和品牌走向全球。博览会是日本经济的助推器、国民教育的播种机，并造就了影响几代日本人的世博文化，讲究效率、崇尚创新、追求卓越和走向全球，是日本制造之魂。"德国制造"的背后亦有文化基因，德国人性格低调踏实，崇尚实业，德国制造业的强大体现在细分和精密上，多达 2 300 多个世界品牌，反映了民族文化中独特的工具理性。

第三，进博会的效应在合作。当今世界，国与国之间、区域之间的经济贸易与交流有赖于更多的合作，这种跨文化层面的合作不仅给世界带来无限商机，更给世界带来信任和理解。进博会汇聚了所有参展国家

和地区的独到文化及智慧，使之交融和互动，产生共鸣。我们要利用好进博会契机，通过商贸、论坛等各类活动，增强中华文化和各国文化交流，用文化的方式同世界各国人民开展平等友好、富有感性的交往，向全球展现中国面向变动世界的开放，融入多元世界的包容，建设美好世界的创新姿态。

走好主场外交的最后一公里
——首届进博会要客组联络员工作小记

励仿夏

原载《上海外事》2018 年第 10 期
（增刊）。

励仿夏，时任上海市外办欧非处（友城
办）副处长。

首届中国国际进口博览会于 2018 年 11 月 5 日至 10 日在上海成功举办，共有 172 个国家、地区和国际组织参会，3 600 多家企业参展，超过 40 万名境内外采购商到会。这是习近平总书记亲自谋划、亲自提出、亲自部署推动的，是迄今为止世界上第一个以进口为主题的国际级展会，是国际贸易发展史上的一大壮举，更是中国 2018 年四大主场外交的收官之作。展会期间，共有 168 个副部级以上外宾团组来沪，400 多批次外宾团组密集抵离上海。习近平主席等中央领导以及近 400 位中外嘉宾出席欢迎宴会，1 500 余位中外嘉宾出席开幕式。

在首届进博会这个浩大的工程中，作为上海市政府外办的一分子，我有幸成为进博会外事活动保障组之要客组的一名联络员，参与接待了捷克总统米洛什·泽曼所率的庞大代表团，亲历了要客组从联络员培训动员大会、组建各代表团北京和上海联络员工作团队、接待外方先遣组访沪和会谈、一级团两个专场活动多次演练、冲刺阶段的各种报批及食宿行的安排，到最后正式接团以及接团完成后的总结和归档等事宜的全过程。

还记得进博会倒计时100天之际，市外办张小松主任在政要贵宾接待联络员培训动员大会上讲过，进博会对于上海而言，是继APEC、上合、世博会、亚信峰会之后，上海迎来的又一次全球领导人密集到访上海的盛事，希望上海联络员发扬"店小二"的精神，配合好外交部、商务部做好政要贵宾接待工作，以高度的责任感、使命感和光荣感投入工作。而外交部礼宾司的参赞们多次引用秦刚副部长关于联络员职能的表述：联络员是万里长城的最后一公里，也是足球比赛的临门一脚，是主办方与外方代表团之间信息沟通的链条，重要的桥梁，有时甚至是化解矛盾的消防员。充分有效地发挥好联络员机制，是成功办会的关键。

总体感觉，我们这次主场外交的联络员工作是按着精心设计的轨道顺利流转的，是在整个进博会各个工作组的有力保障和支撑下得以圆满完成的。在此过程中，感谢中方团队伙伴的尽心尽力，也感谢捷克团队的全力配合。谨以此文回顾进博会要客组联络员工作的点滴，与各位同事们共勉。

一、同甘共苦的进博会"一哥一姐"们

这次进博会一共迎来了16个一级政要团，为了便于统筹协调工作，要客组建立了一个代号为"一哥一姐群"的微信群，当然我们的在线沟通都是用暗语的，注意信息保密，而我们这些"一哥一姐"相互间也都心领神会，沟通无障碍。联络员办公室实时发布工作通知，而每个联络员也都就团组的个性和共性问题进行及时反馈和积极建议，偶尔也"吐吐槽"，大家抱团取暖，这个微信群对联络员工作的整体推进起到了关

键作用。

和我一起接待捷克总统团共有驻捷克大使、外交部主联一名、商务部联络员一名、上海联络员四名、新闻联络员一名、八局随卫组长一名、卫士长一名、上海警卫局随卫六名及驻地警卫几十名、随团医疗急救小组、食药监局人员，以及锦江国宾车队资深驾驶员们。可以说，这个庞大的工作团队中的每一个人都非常努力地履行自己的职责，默契配合，互帮互助。而代表团下榻的浦东文华东方酒店从总经理到每一位员工也都努力提供最优质的服务。我们联络员在接团最前沿，而我们的背后是进博会要客组、开幕式组、宴会组、双边组、外媒组、机场组、车辆组、人力资源和证件组等各小组的全力保障和支撑，从而让我们遇事不慌、底气十足。

捷克团的外交部主联年纪虽轻，但外交经验很丰富，高强度的工作下依旧保持活力和热情，在可以争取的范围内充分顾及外方的需求，并且擅长"在最合适的时机，打出关键的信息，做关键的动作"，与他合作让我受益良多。举个例子。习近平主席赠泽曼总统的国礼是掐丝珐琅手杖，外交部确定这次国礼都通过礼宾渠道交换，至于何时交换就由主联自定了。由于泽曼总统腿脚不便而一直用手杖，我们的主联在两位领导人双边会谈前及时和捷克总统府礼宾司司长交换了国礼，并且还特别提醒我们的大使向习主席提前汇报时提及此事，于是当泽曼总统拄着中国的国礼手杖去参加双边会谈时，习主席很关切地问他"我们赠送您的手杖用起来合适吗?"，取得了特别好的外交效果。

二、自我评价"We have a soul"的捷克团队

泽曼总统来参加进博会时已经 74 岁了，长期对华友好，与习主席已经七次会面，腿脚不便，率近 190 人的庞大代表团参加首届进博会，

足见对中国的重视。据捷方礼宾官反馈，泽曼总统对此次访华很满意，表示感受到"习主席是把他当作老朋友招待的"。

为了确保一级团的访华成功，中外双方团队的相向而行、密切合作至关重要。捷克总统团的工作团队上上下下（包括总统府礼宾局、捷克驻华使馆、驻沪总领馆）出乎意料地让我感觉到捷克人的干练、细致、敬业、创意。

捷克总统府礼宾局局长始终面带微笑，淡定从容，对各项礼宾安排都充分考虑了总统的腿脚不便和餐饮烟酒喜好。他在先遣组来访时就特地问我们要了专场活动的平面图，仔细估算总统行走的路线是否最短，是否有安全隐患。而泽曼总统对这位礼宾局局长是十分信任和依赖的，在会见上海市领导时甚至打趣地说："礼宾局局长和塔利班一样，都没法商量，我作为总统经常也只能听他的安排。"

而捷克驻华使馆临时代办中文特别好，行事干练，易于沟通，她是这次捷克团队的灵魂人物。当我们评论进博会捷克馆很温馨，以及由泽曼总统亲自为习近平主席弹奏钢琴的效果特别好时，她说了一句让我印象特别深的话："Because we have a soul.（因为我们都有灵魂。）"可见整个捷克团队的工作用心。而一直保持绅士风度的捷克驻沪总领事虽然抱怨我们的安保措施不允许总领事车停靠酒店，但各项工作与中方还是很配合的，最后一起送走了总统专机，他长舒一口气，幽默地感叹道他最喜欢看专机起飞的尾气，这就是"perfume of the president's plane"（总统专机的香水）。

三、计划赶不上变化，联络员工作的精益求精永远在路上

再好的合作关系，再优秀的工作团队，再精心细致的准备，接团时

也会发生意想不到的事情，计划永远赶不上变化。这次接团过程中的小插曲也蛮多：专机抵沪时捷克礼宾局局长直接把总统护照带去了酒店忘了交给中方盖入境章；总统抵离沪时不希望任何媒体和专职摄影师到场，于是我成了临时摄影师；欢迎晚宴结束时，一位部长毫不在意地把他宝贵的专场证留在了餐桌上，差点去不了第二天的开幕式；进博会开幕式巡馆时，给代表团带路的"四叶草"工作人员全都被安保人员封住了，没人带路的情况下，我只能一边看地图一边问路，好不容易把一大群捷克部长从国家馆带到了企业馆；外长双边会谈结束后，在等候两国元首双边会谈时，捷克外长突然默默地从会场消失了，我们都以为是上洗手间，结果他溜到户外抽烟去了；最后离沪的两个专包机，居然都会比捷方反复确认的名单分别多一个人……我感觉联络员工作有时真像秦刚副部长提到的"消防员"，一直在"救火"，随时考验做预案和应急处置的能力。

回想这次接团前半夜演练时，我们团队的八局随卫组长王政委结合他多年的工作经验送了我们几句金句："总统防摔，寸步不离；夫人防乱，及时上报；部长放慢，环环紧扣；团员防散，过时不候"。我深感联络员工作意义重大，难度也高，进益求精永无止境。我们要向团队成员学习长处，也要向外方学习经验，多反思，多实践，让我们今后每一场主场外交的最后一公里行稳致远，成功精彩难忘。

不一般的展会，不一般的平台

毛慧红

本文写于 2019 年 4 月。

毛慧红，时任上海市商务委综合处（研究室）副处长。

中国国际进口博览会是习近平总书记亲自谋划、亲自提出、亲自部署推动的，是以习近平同志为核心的党中央着眼新一轮高水平对外开放作出的重大决策，也是我国坚定支持贸易自由化、主动向世界开放市场的重大举措。习近平总书记高度重视进博会，多次作出重要指示。据不完全统计，从 2017 年 5 月到 2018 年 12 月，总书记在国内国际重要场合以及在国外媒体刊发的署名文章中，共 27 次提到进博会，对办好进博会提出了殷切期望，提供了基本原则，指明了前进方向。

2018 年 11 月 5 日至 10 日，首届进博会在上海成功举办。来自五大洲的 172 个国家（地区）和国际组织参会，超过 400 名部级以上外国政要与会，4 500 多名全球政商学研各界嘉宾出席论坛，3 600 多家国际企业参展，超过 40 万采购商进馆洽谈采购、参观体验，馆内馆外共计举办 500 多场配套活动，累计意向成交额达 578.3 亿美元。这是一场成果丰硕、意义重大、"不一般"的盛会，为经济全球化注入了新的活力，在国内外产生了强烈反响，赢得了国际社会的高度赞誉。

进博会是国际贸易史的一大创举，也是一项庞大的系统工程。筹办工作时间紧、要求高、任务重，首次举办没有先例可循。上海作为进博会的主办城市，在党中央、国务院坚强领导下，在商务部、外交部等国家部委的指导支持下，在长三角地区兄弟省市的协同保障下，建立全市层面统一高效顺畅的指挥体系，确保统筹协调有力、决策指挥及时、组织架构清晰，为这场"不一般"的博览会提供了一流的城市服务保障。首届进博会期间，欢迎晚宴、虹桥论坛等重大活动保障有力，安全保卫万无一失，交通组织顺畅高效，展会运行和城市服务井然有序，住宿餐饮保障量足价稳，嘉宾接待周到细致，5 527名"小叶子"志愿者热情服务，中外来宾的体验度和满意度进一步提升。同时，围绕"一流成效"目标，上海构建全方位、全覆盖、多渠道的交易组织体系，搭建"6天＋365天"一站式交易服务平台，共组织1.8万家单位（企业）、超过15万名专业观众到会采购洽谈，成为精准对接、有效采购的主力军。上海以卓越服务、有力保障，向海内外嘉宾展现了上海开放、包容、创新的城市品格。

上海应开放而生，因开放而兴。自开埠以来，上海的发展始终与对外开放息息相关。国家主席习近平在首届进博会开幕式演讲中指出："中国国际进口博览会不仅要年年办下去，而且要办出水平、办出成效、越办越好。"上海市委书记李强强调，自贸试验区新片区建设、在上交所设立科创板并试点注册制、长三角区域一体化国家战略这三项中央交给上海的新的重大任务连同进博会这一大战略平台，共同构成了上海在更高起点、更高层次上推进改革开放的四大战略支撑。进博会集展览、交易、论坛于一体，综合功能强，带动效应大，今后将要年年办下去。

上海应以举办进博会为重大契机，充分发挥其溢出效应，推动上海改革开放向纵深发展。

一是着力打造高水平开放新优势。习总书记在主旨演讲中宣布，未来 15 年中国进口商品和服务将分别超过 30 万亿美元和 10 万亿美元。按照上海口岸货物进口占全国 26%、服务进口占全国 30% 测算，将至少有 7.8 万亿美元商品和 3.3 万亿美元服务通过上海口岸实现。上海要用足用好进博会这个全球最大进口促进平台，促使更多优质商品和服务以上海为枢纽、更加便捷地进入中国市场，努力把上海建设成为联动长三角、服务全国、辐射亚太的进口商品集散地，在我国主动开放市场、积极扩大进口的长远考量中承担更大使命、发挥更大作用。

二是着力打造高质量发展新动能。进博会持续吸引新技术、新产品、新服务落地，是建设"五个中心"、打响"四大品牌"的最佳载体。依托进博会，进一步提升贸易集聚辐射枢纽功能，将推动上海国际贸易中心、航运中心建设迈上新台阶。同时，在扩大进口的进程中，未来将有更多以人民币计价交易结算的探索空间，也将助力建设上海国际金融中心。首届 3 600 多家境外参展企业中，除了 220 家世界 500 强企业和行业领军企业，还包括大量发达国家"隐形冠军"企业和发展中国家优质企业，这些都是建设全球科创中心的潜在参与者。进博会汇紧了全世界最优质的商品和服务，有助于打响"上海购物""上海服务"品牌，真正实现"足不出沪，买遍全球"。对打响"上海制造"品牌而言，通过扩大先进技术装备和关键零部件进口，可推动上海实体经济能级提升。适度引进更多国外优质文化产品和服务，将使"上海文化"品牌具有更鲜明的国际化色彩。

三是着力打造制度创新新平台。首届进博会在政策、制度方面形成了很多宝贵的创新实践。比如，首届进博会发布的检验检疫"禁止清单"和"限制清单"，是关检融合之后的一次积极创新探索。又比如，为首届进博会量身定制的保税展示交易试点、通关便利化、展品销售税收优惠等20多项政策措施顺利落地，涵盖展前、展中、展后全过程。下一步，可结合上海自贸试验区新片区建设，对标国际最新规则和最高标准，深化制度创新差别化探索，形成进博会常态化制度安排，使进博会不仅仅成为促成交、促进口的平台，更成为开放政策及制度创新的试验田。同时，首届进博会有58个"一带一路"沿线国家的超过1000多家企业参展，占全体参展企业的约三分之一，与"一带一路"沿线国家累计意向成交47.2亿美元，可依托进博会对接更多"一带一路"沿线国家（地区）展商和展品，为上海建设"一带一路"桥头堡提供更多支撑。

首届进博会交出了一张靓丽的成绩单，成效超出预期，各方高度评价。聚焦"规模更大、质量更优、创新更强、层次更高、成效更好"五方面要求，第二届进博会的各项筹备工作已经全面启动。我们拭目以待，第二届进博会将服务保障更优，溢出效应更好、更出色、更精彩，为新中国七十华诞献上一份珍贵的礼物！

"进博人"不一般

王一飞等

原载《上海会展业发展报告（2019）》，
上海科学技术文献出版社 2019 年版。

王一飞、曾春艳、于黎明［国家会展中
心（上海）党委办公室干部］等编辑
整理。

在首届中国国际进口博览会筹备阶段，习近平总书记作出重要指示："这不是一个一般性的展会，而是我们主动开放市场的政策宣示，有关部门要精心筹办好。"这个"不一般"体现在习近平总书记亲自谋划、亲自宣布、亲自推介，体现在展会主题前所之未有、规格之高、筹备期之短、服务要求之高，还体现在"进博人"不一般的精气神。

我们走进几位一线的"进博人"和班组，听听他们的故事。

一、总书记和我们"一起工作"
——周伶彦，国家会展中心进口博览会展览部副总经理

按展会惯例，通常一个 3 万平方米规模的全新展览会准备周期为 1—2 年，进口博览会设定规模 21 万平方米（后来扩容到 30 万平方米），

却只有一年半的准备期。加上企业对这样一个全新的展会并不熟悉，所以一开始很少有企业主动来报名。坐等参展商上门肯定是行不通了，我们必须主动出击。摆在我们面前迫切要解决的是：参展企业去哪里找？我们通过网络、其他展会的会刊、相关合作单位等各种渠道搜集了1 800家目标企业清单。然而，有了企业清单而没有明确的联系人，还是没用，我们又想了很多办法找相关委办局、商（协）会，动用私人朋友关系，寻找相关企业负责人。联系上之后，我们逐一登门拜访，全方位宣传介绍、阐述展会的宗旨意义以及各类优惠支持政策，让企业逐步了解进口博览会，加深认识。

刚开始招展时，不少知名企业对进口博览会都处于观望态度。比如，我们初次拜访全球健康医疗领军企业罗氏集团时，他们有所保留。但是我们并没有放弃，挖掘各种能吸引他们的受益点。我们了解到罗氏对品牌宣传还有所期望，国内还有些医疗行业的政策未对外企开放，便向他们宣传，参加进口博览会企业不仅可以获得主流媒体报道机会，更能与行业主管部门直接对话。我们随时向他们更新展会进展，通报其竞争对手已经签约的信息来激发他们的参展热情。我们还专门向商务部申请到了王炳南副部长亲自签署的写有"我在中国上海欢迎您的到来"的邀请函，直接送到罗氏集团负责人的手里。最终，罗氏相信这场展会确实不是政治作秀，而是能够给参展企业带来实实在在的好处，确定了由罗氏制药和罗氏诊断两家公司联合参展，面积达600平方米。拿到合同的那一刻，我们的喜悦之情无以言表。

就这样，我们和一家一家企业"软磨硬泡"，前期联系企业时所做的基础工作，换来的是招展工作的不断推进。距离博览会开幕还有150天时，已有130多个国家和地区超过2 500家企业参展，面积达九个馆27万平方米，提前完成并超过了前期设定的七个馆21万平方米的招展目标。看到这些数据，我们觉得自己所有的辛苦付出都得到了回报。

回想起来，在一开始最艰难的时候，我也曾感到疲惫和焦虑。世界上第一个以进口为主题的博览会，没有任何先例可循，所有工作都是"摸着石头过河"。我们团队的成员是从各单位借调的，大部分同志之前并没有从事过展览工作，甚至有好几位同事因工作强度太大，想打退堂鼓。因为这几个月来我忙于工作几乎很少在家，甚至春节也没有休息。我儿子的一幅全家福画作中没有我。有一次我们加班到凌晨，大家一起吃着泡面，吃着吃着几个女孩子就哭了。

承受着这么大的压力，面对这么多的困难，我和我的团队坚持下来了！因为我知道我不是一个人在战斗！进口博览会汇聚了各方之力，从党中央、国务院、商务部到中央各部委，从上海市委、市政府到地方各省区市的很多同志也都参与了进口博览会的各项服务保障工作。习近平总书记与法国总统马克龙会谈时，向他推荐了中国国际进口博览会，马克龙当场表示将组织大规模法国企业参展。当时，我有一种总书记和我们"一起工作"的感觉，他就是进口博览会最大的"展位销售"！过去，我曾承办过很多国际性展会，这次却直接参与到了国家战略的实施中，参与搭建一个向世界展示中国的舞台，一个能让全世界参与进来的大舞台。作为一个普通人，能够参与这样的盛会是人生之幸事，它给了我一个把奋斗写进自己生命历程的机会，更给了我一个在国家发展的进程中实现梦想的机会！

二、"办完进博会我们再结婚"
——陈炳森，国家会展中心安保部高级文员

2016 年 7 月，我成为一名国家会展中心员工。工作以来，最让我感到自豪的是能够亲身参与首届进口博览会的筹备工作。这是一场史无前例的展览会。在此期间，我主要参与进口博览会证件管理方案的制定，包括前期与各业务处室、公安警卫等部门单位的对接、证件方案初稿的编制及后续修改。从确定在国展中心举办首届进口博览会之日起，工作日及节假日期间的加班已成常态，为了进口博览会，再大的事情也要让步。2018 年春节期间，30 岁的我在和未婚妻商量婚事时，我毫不犹豫地说，婚期必须等到 11 月 10 日以后，因为 11 月 10 日是首届进口博览会的最后一天。这个"婚誓"得到了未婚妻的理解。在同事的宣传下，这事被商务部"e 新商务"微信号报道出来，当时也觉得特别不好意思，身边的伙伴都和我开玩笑说"这下你这个婚必须得结了"。

为全面贯彻市交通保障三级诱导的要求，改善国展中心周边交通组织情况，保障进口博览会交通的稳定、有序，"外环线交通诱导系统布设项目"于 2018 年 7 月正式破土动工。作为项目成员，我多次实地勘查，并充分结合诱导系统设施设备的性能特点，最终确定 11 个大门的诱导屏安装在大门外侧的绿化带或人行道上，8 个大门的诱导屏安装在大门内侧。为了使屏幕安装点位尽量合理化，充分发挥诱导系统的指引功能，同时不占用道路空间，确保行人、车辆正常通行，我仔细研究国展中心地下管道分布图，主动到现场查看各门口地沟、管道的确切走向，以保障诱导系统立柱基础能够顺利开挖施工。因为地下分布情况不明确，导致立柱基础施工期间经常遇到阻碍（如埋有电缆、大型管道等），与厂家多次开会商讨修改方案，通过扩大基础宽度、长度来保证水泥容量；通过增加屏幕伸长量优化指引效果。为了保证项目实施进度，我与电工在现场通宵进行各个屏幕的强、弱电连接，并与核心机房完成系统的所有调试工作。为了使指引效果更显著，我们加班加点排版、美化指引内容，最终赶在进博会开展的前一天正式上线发布。众所周知，进口博览会期间，国家会展中心的管控级别较高，各个大门的进出规则与平常大不相同。通过交通诱导系统能够有效地将进出规则对外发布、告知，方便了车辆、行人进出，优化观展体验。

三、这是一个让年轻人"疯狂"的地方
——赵慎权，国家会展中心运营中心经理

回忆起三年前，今昔之感，历历在目。2015 年 7 月 6 日，我怀揣会展的梦想，来到上海，来到"四叶草"国家会展中心，开启了漫漫的追梦之路。

国家会展中心（上海），一个让年轻人"疯狂"的地方，一个展现自我、实现自我的地方。在这里，像我这样来自五湖四海、追逐梦想的青年人很多，大家都为了同一个梦想汇聚在此。

在"四叶草"，有更先进的管理经验，有更广阔的发展平台，有家一般的温馨，有亲如兄弟的关爱。寒暑易往，三载春秋，在"四叶草"的三年，我先后在运营中心、安保部、进口博览会三大业务部门工作，"忙、忙、忙"是工作中的"关键词"。现在回头想想，在这里工作的三年，展会服务、安保、展务的工作经历，都让我兴奋，让我感动。第一年，在运营中心，经历了 147 万平方米的保洁工作，那年家具展进场之前，和小伙伴们一起打破了我 72 小时没睡觉的记录。第二年，在安保部，经历了服装面料展、汽车展、医药展等超大型客流的展会，和小伙伴们一起，成功保障了多次单日超过 10 万客流的展会，"大客流应急保障突击队"也获得了市级机关优秀突击队的称号。第三年，进口博览

会展务工作，从场馆管理人员变身展览管理人员，意味着管理方式的改变、思维方式的转变、自身角色的转变。

打造一流展务服务是进博会的要求。我们结合进口博览会特性制定了厚达 200 页的参展商手册，规范各服务商工作流程，统一现场服务标准；成立展务联合办公室，快速高效解决参展商、采购商各类问题；对接政府相关单位，确定运输费率，落实展品税款担保、确保通关便利化等各项措施；主动对接参展企业和搭建商，了解具体需求，提供优质服务；设置 4 个综合服务区和近 60 个现场服务点，一站式解决参展商、采购商的各类问题；筹办绿色展会，制定了《绿色中国国际进口博览会标准》，严格按标准开展绿色展位的审核工作，着力打造"绿色中国国际进口博览会"，首届进口博览会展位绿色达标率达到 91%，远超 80% 的预期目标。这些措施的实施，确保了首届进口博览会一流服务各项工作内容落到了实处，并实现了现场突发情况快速反应、快速处置，更实现了整个进口博览会期间现场服务零投诉，受到了参展商和观众的一致好评。这背后，仍旧是我和我的同事们近乎"疯狂"的忙。我期待，在若干年后，家人为我的工作感到自豪、骄傲，我相信！

四、小团队发挥大能量
——国家会展中心进口博览会餐饮保障组

进口博览会期间有来自 172 个国家和地区、3 600 多家企业参展，6 天展期有 80 万人进馆。这种超大客流的展会，餐饮保障工作是一大重点，如何确保进口博览会期间餐饮保障"供得上、吃得好"，成了进博会餐饮保障组面临的一道难题。

面对任务紧、人手少的挑战，组长彭春焰带领每个成员毫无保留地投身到工作中，积极对接相关政府部门，每周多次召集专题会议，群策群力优化执行方案，根据成员个人所长分配任务发挥潜能，每周7天、每天超过12个小时的高强度工作是常态。大家坚信，只要齐心协力、明确目标、理清思路、加强执行，小团队必能发挥大能量。

"和压力做朋友，挑战自我，越过高山风景更美"，张旻带领事务口的同事们担负起国展商办两大业务的客户服务及运营协调工作。面对商业广场的特殊运营模式，真是压力巨大。"保供、安全、优质、价稳"的目标让他们日夜苦思冥想，短短几天就罗列了一大堆问题，写满了整整8页A4纸，针对需解决和提升的问题，团队各有分工。张旻说，不回避问题就是好的开始。

安全是最基础的工作，也是最重要的工作。在上海市商务委、食药检局、消防局、物价局等政府部门的帮助和指导下，张旻和团队伙伴们始终要求自己、要求商户必须以高标准严要求来看待和处置安全问题。每家商户都签署《消防安全承诺书》《价格承诺书》，购买了"食品安全责任险"，每个店铺都安装了明厨亮灶和电监控设备，进场食材均实施网上溯源申报和统一物流配送。另外，通过集体培训、上门指导、检查整改、再检查再整改，越来越多国展商户通过努力获得了"放心餐厅""放心食堂""守信超市"的称号。张旻说："感谢压力，是压力帮助我们挑战自我，提高自我，只有越过高山，才能看到不一样的风景。"

刘磊是进口博览会餐饮保障组的一员，主要负责引进餐饮商户，丰富餐饮结构，满足进博会各国来宾的不同餐饮需求。俗话说众口难调，况且20余万名客商分别来自全球130多个国家和地区，饮食习惯各不相同，餐饮保障工作面临极大挑战，保障方案事无巨细都要逐一落实到位，力争万无一失。在上海市商务委的大力支持下，在进口博览局、国家会展中心党委的有力领导下，各保障工作组紧密协助，成功引入了一大批国内外优质特色餐饮，涵盖清真餐、犹太餐、素食、上海特色小吃等各种餐饮品类。考虑到可能出现的大客流就餐情况，保障组做好应急供应保障措施，引入 10 余家团餐外烩服务保障单位，确定应急供应保障场地以及供应保障路线等各项工作。刘磊说，商务谈判的艰辛和不易，换回的是沉甸甸的租赁合同和满满的收获。

王政旎是一个文弱的姑娘，进博会筹备开始后，奔波二装施工现场是她的家常便饭。她在时间短、工期紧的情况下，协调各部门解决二装过程中遇到的各种问题，同时叮嘱现场施工人员注意安全生产。保障组为二装商户建立了项目协调微信群，凡是开业筹备中遇到的问题，不管是材料运输、设备维修、证照办理，只要商户反映，第一时间都有成员作出应答。在保障组成员的协调下，即使像盒马鲜生这样超过 4 000 平方米的商户，从进场开始，也能仅用 3 个月不到的时间就完成装修并取得开业所需证照。"面对紧张的筹备工作，对团队中的每个人，都是职业生涯中的一次特殊考验"，王政旎说。她因长期接触装修环境，以及工作强度大，免疫力下降，全身起水泡并溃烂两个多月，身上没有一处皮肤完好。但在团队整体氛围的感染下，她清楚意识到自己身上的责任与使命，坚持工作在第一线。即使被迫住院三天，也全天远程沟通协调事务。

孙鑫负责商业广场商户和志愿者的培训。她发现不同商户的服务质量、服务水准、受教育程度，以及对进博会的认识有较大的差异。为了让全体商户能同步提升服务水平，迅速成长，她专门编写了《进博会商业广场商户培训手册》向商户进行基本情况宣讲。"服务水平无上限，我们组织了一次又一次的培训及演练，在这过程中，不仅是对志愿者的提高，更是对自己的一次提高。"

孔令伟作为小组的一员，负责临时餐饮的保障对接。为了让进博会可能出现的超大客流能够"吃得上、吃得安"，他反复多次联系商户，沟通菜单与供应量，对接搭建商确定统一设计方案与进场要求，商户们终于从开始的无头绪状态到后来的有序主动。"把问题想得再多一点，工作做得再充分一点"，这样朴实的话语成为他的工作主旋律。

五、打造知识产权保护"高地"
——国家会展中心知识产权服务项目组

为加强中国国际进口博览会知识产权保护工作，进博会知识产权服务项目组专门制定了《中国国际进口博览会关于参展项目涉嫌侵犯知识产权的投诉及处理办法》，规范知识产权程序，优化知识产权服务。同时，知识产权保护与商事纠纷处理服务中心入驻进博会现场，形成展前、展中、展后知识产权服务"一条龙"，将进博会打造成知识产权保护"高地"，树立进博会知识产权保护的良好品牌。

商务部副部长、中国国际进口博览局局长王炳南说："中国国际进口博览会将是一个新技术、新产品集中发布的平台，我们高度重视进口博览会的知识产权保护工作，将把加强知识产权保护作为一项重要工作来抓，着力营造公平贸易环境，切实维护参展各方利益。"王部长的重要指示给服务组的知识产权服务工作指明了方向。服务组全体成员根据工作统一部署，采取了多项措施为参展各方提供更加严格的知识产权保护服务。在展前，主动对接参展方需求，制作知识产权宣传材料，通过呼叫中心提供咨询服务，做好风险防范和宣传指引。在展中，服务中心邀请相关知识产权部门、中国国际经济贸易仲裁委员会等机构的专家入驻，为参展商和采购商提供专业的知识产权、商事领域的法律咨询和纠纷调处服务。充分发挥服务中心的桥梁纽带作用，建立健全进博会知识产权保护工作机制，优化知识产权与商事法律服务，使服务中心成为进博会"一流服务"的重要标志，成为反映中国重视和加强知识产权保护的重要窗口。

依法保护参展企业和知识产权权利人享有的知识产权合法权益，是进博会服务保障的一项基本原则。服务组始终致力于做好展会全过程的知识产权保护和防范工作，不仅与参展企业在参展协议中约定知识产权保护条款，而且通过参展手册、官网信息等方式，提醒参展企业制定知识产权保护方案，防范知识产权被侵犯情况。服务中心作为进博会设立的专门服务机构，人员主要是来自相关知识产权部门、仲裁机构等单位的专业人员，他们以专家身份入驻现场提供咨询。展会期间，服务组与有关专家密切沟通，通过制作和发放有关咨询材料，讲解在中国申请和保护知识产权、防范商事风险、争议解决等方面的法律法规，协助回复收到的有关电话和邮件咨询。根据进博会《关于参展项目涉嫌侵犯知识产权的投诉管理办法》《商事纠纷防范与投诉处理办法》的规定，服务组配合有关专家在展会现场接受和调解处理有关知识产权与商事纠纷，对纠纷只做调解处理，不做执法或裁判，切实维护展会秩序，实现进博会知识产权保护工作做出亮点、做出水平、做出实效。

结合进博会"双境外"的特点，考虑境外参展商和采购商的实际需求，服务组提前谋划，优化服务内容，提高服务质量，会同上海市相关知识产权单位为参展各方提供专业服务。展会期间，服务组积极开展知识产权专题宣传工作，制作印发《进口博览会知识产权保护宣传手册》及相关宣传材料，介绍解读中国知识产权保护的积极成果、知识产权与对外贸易法律法规，以及进博会知识产权保护与商事纠纷处理的服务措施。展会期筹备过程中，服务组做好统筹协调工作，密切接受商务部条法司对进博会知识产权保护工作的业务指导，依托各知识产权相关部门、仲裁机构等入驻单位发挥专业优势，负责各自业务范围内的服务工作。

在服务中心设立运行过程中，服务组在做好知识产权咨询服务、宣传指引和纠纷调解工作的同时，也配合参展企业做好展出证明工作。例如，有一家美国红酒销售企业，因为在参加进博会期间商品受欢迎度高、品牌价值潜力巨大而萌生了进入中国市场的想法。该参展商因担心其精心设计的商标在国内被抢注，在进博会举办期间特意来到服务中心申请办理展出证明，服务组在获悉该参展商的意愿之后，协同工作人员对其所提供的资质证明文件进行审核查验，指导其现场起草、补充欠缺的文件资料，使其最终满足申报条件。在现场踏勘环节，服务组多次配合参展商在展台与办公场所之间往返、取证，最终，仅用时不到两小时就办理完成全部申请手续。参展商在获取最终受理结果后高兴地称赞："进博会办事效率高、服务态度好，我回去一定要和美国展团多宣传，再也不用担心商标被抢注了！"服务组协同有关专家在进博会期间快速妥善处理有关知识产权和商事纠纷及咨询80余件，扎实推进进博会知识产权保护工作，确保展会良好氛围，真正实现了为博览会"添彩不添乱"。

习近平主席在首届中国国际进口博览会开幕式上的主旨演讲中指出："中国将保护外资企业合法权益，坚决依法惩处侵犯外商合法权益特别是侵犯知识产权行为，提高知识产权审查质量和审查效率，引入惩罚性赔偿制度，显著提高违法成本。"知识产权保护已经上升到国家层面，日益受到各方关注和重视，进博会的知识产权保护工作更是如此。服务中心的设立是进博会知识产权保护工作的一个缩影，是加强进博会知识产权保护的客观需要，也是为参展各方提供一流服务的重要举措。

自进博会筹备以来，服务组与商务部条法司、上海市各知识产权行政管理部门加强横向协作、纵向联动，全力做好首届进博会知识产权与商事法律服务工作，为首届进博会的圆满举办作出了积极贡献，为参展各方提供一流服务，树立了进博会保护知识产权的良好品牌，成为反映中国重视和加强知识产权保护的窗口。

在进口博览会紧锣密鼓的筹备工作背后，正是这样一群人，他们在招展、招商、服务、保障、管理的各个岗位上，冲锋在前，吃苦在先，攻坚克难，砥砺奋进。他们每一天都在见证着国家会展中心的变化，进博会也让他们每天都在进步。他们在压力之下毫无惧色，因为有领导的指导和支持，有热情工作的团队，有善于学习勇于挑战的每一个国展人。他们是进博一线奋斗者的代表，像他们一样的团队和工作人员还有许多许多。由于第二届进博会已经进入筹备时间表，他们旋即投入紧张的工作中，更多鲜活的故事也在这种快速的节奏中，成了真正的"故事"。

从"心"出发，一场同自己的较量

洪　贝

原载《上海会展业发展报告（2019）》，
上海科学技术文献出版社 2019 年版。

洪贝，京兮（上海）展览设计有限公司
总经理。

2018 年 11 月 11 日晚上 8 点，当最后一辆撤馆的货车驶离国家会展中心，望着渐行渐远消失在我视线中的车辆，我悬了很久的心才重重地放了下来。看着眼前还在忙碌的人群，以及身后来回穿梭的车辆，周边的嘈杂慢慢隐匿消失在空旷的展馆。终于，我如释重负地打开手机，在搭建群里发布："进博会如期圆满成功，大家都辛苦了！"一时百感交集。清楚地记得那天上海的夜晚有些冷，不少人早已在夜晚套上厚厚的羊毛衫，当时因为忙碌，我只穿着一件短 T 恤却一点也感觉不到冷，内心暖洋洋的。从搭建前期设计图纸的确定，到报馆审核，到工厂搭建，到展会开展的每一天，以及最后的撤馆，每一步都走得小心翼翼。

时间拉回 2018 年 8 月，夏日炎炎。我们的老客户一早给我打电话问我们公司是否打算参与进博会的这次竞标。听到这个消息我既震惊，又欣喜。进口博览会作为世界上第一个以进口为主题的国家级展会，规模大，涉及范围广，对于展览公司是一个特别好的展示自己的机会。我们公司成立三年，虽然已经趋于稳定，但是碍于一些原因，并没有成为进博会的指定搭建商，对此一直感到遗憾。眼前有这么好的一个机会，岂容错过，简直就是天赐良机。于是几乎想都没想就参加了竞标，最终凭借我们公司对该品牌的深入理解，结合公司自身特点，再加上设计师的灵感，我们公司出的设计图纸脱颖而出。对方公司来到我们公司考察，经过交涉很快就签订了合同，紧接着是漫长的准备过程。

9月，展台设计图纸初步确立，但还在不停地整改，每张旋出来的图都经过设计师不停地修改，每个开口方位、每个角度，设计师都用专业的软件去测量，力求打造完美的效果图。负责这个展台的吕哥说，前前后后，进博会的这个展台总共出了三个方案，旋图旋得手都抖了。但一想到习近平主席要来参加第一届进口博览会，当然很值得，于是打起精神全力备战。功夫不负有心人，我们设计的效果图让客户赞不绝口。紧接着进博会开始报馆，可我们公司并不具备报馆的资质。我们打印了公司几年来的搭建合同，找到相关负责人，希望可以成为具有进博会搭建资质的公司。回复是："这次展会是国家举办，对参展公司资质要求极高，虽然贵公司从事展览设计搭建已经有几年的时间，初具规模，团队良好，但是相对于很多大的展览公司而言，你们仍有待改进；而且这次进博会有硬性规定，很遗憾你们今年不具有这个搭建资质。"听到这些，身为公司领导人，我深感自责却也很无奈，但是事实就摆在眼前，怨天尤人解决不了任何事情。

出于对客户的负责，我们连夜与客户紧急磋商，很诚实地介绍了这个情况。参展公司对于我们十分信任，对此并不介意，他们说已经与我们公司合作了好几年，知道我们公司有实力完成这个展会。客户对我们如此信任，我们岂能辜负客户的嘱托，只能更加坚定决心，对进口博览会更加用心、上心。于是我们委托具有搭建资质的公司为我们报馆搭建，我们提供报馆所需资料，他们帮我们提交。第一次报馆，由于客户定展台时用的是英文名字，而这一点并没有事先跟我们说，导致表格全部没有通过审核。第二次经过改正，通过了审核。

紧接着是网上申请施工证、进场车证。一般的展会，申请施工证、进场车证是小事。但是进博会要求严格，进场车证申请都是电脑系统直接录入，对行驶证要求很高，要求两页并排横向拍摄；照片不要裁剪；副页上的有效期检验，应该拍背面有检验日期的那页。车证还不是最难的，最难的是施工证，要求身份证照片不能歪，不能留白，要清晰，还有像素大小等问题。这些问题本来也不难，但是工厂那边发过来的施工人员身份证，以及他们的证件照都没有标明姓名。我们根据十几年前的身份证，来辨别他们现在的证件照。由于分辨不清，只能催工厂让他们重新标明照片姓名。提交给报馆公司后，得到反馈说格式不符合要求，分辨率不够。最终，工厂那里重新发送证件照，我们这里让设计师发挥专业优势修照片。在争分夺秒中，终于如期提交，通过了审核。

接下来接到紧急通知：消防要求在整个展期每一个展台必须固定一名安全员，需要时随时可在展位找到，而且不允许一人管多个展台。安全员可以是展商或持有服务者证人员。秉承负责到底的态度，我提交了自己的信息成为一名光荣的消防员。紧接着又一个紧急通知：材料的消防标准只看耐火等级，是用直观检测方法，也就是用火来燃烧以检验是否达到难燃要求。大家在群里纷纷说，这个展会要求真是特别的高，心情很忐忑。10月24日，又接到通知说，经现场勘查，发现多家展台实际搭建中未按照审核通过图纸施工，出现立柱、底板等部分金属架结构尺寸更改，影响其展台的安全性，存在安全隐患。因此请各家搭建商负责人进馆前期做好与工厂的核实工作，务必保证实际施工与报图图纸一致。还明确了若干条规定，比如地台、地板上下必须涂防火涂料；电箱位置不许放储物间或者封闭房间，必须外露；所有展位必须提供墙面、地面、顶面及装饰物家具等检验报告；等等。

搭建开始后，为了配合进口博览会，周边交通管制，私家车不能靠近，地铁2号线的好几个出口都封闭。这给我们的搭建带来不少挑战，运送物资都要靠人力跑前跑后。搭建结束，我们接到最新的消防通知：所有特装展位搭建工作完成后需要进行消防验收，搭建商须在确定展位完工后到主场服务台处登记，并且拍下自己展位东南西北各方向和宏观全景照片后，排版到A4纸上，彩色打印提交给场馆管理方，之后将有专人去展位进行布展施工竣工消防验收。未经竣工备案的，将采取消防惩戒措施。这样的管理，真的是从未经历过的严格。

在本届进博会，京兮（上海）展览设计公司携手参展商成功登展进博会，从最初的沟通设计到为期10天的搭建，积极配合客户及大会的各项要求，在公司领导的带领下全体组员齐心协力、攻坚克难，为确保搭建效果完美展现，加班加点、不惧辛劳。每位员工始终以最饱满的热情，坚持用最独特的创意、最优质的工程、最细致的服务完成客户的托付、回报客户的信任、打造客户的品牌效应、传达客户的宗旨与使命，我们感到很骄傲，很自豪！

从百年未有之大变局看进口博览会

张海冰

本文写于 2019 年 5 月。

张海冰，时任上海国际问题研究院世界经济研究所执行所长。

2018 年 11 月，第一届中国国际进口博览会在上海举办。无论是外媒的关注，还是国内学者专家的研讨，关于为什么要举办进口博览会，有很多不同的声音。比如：现在的网购很发达，我们为什么还要办进口博览会？我们已经有了众多的专业博览会，为什么还要办这个综合的博览会？为什么我们这次进口博览会是一个像拼盘一样的博览会，有论坛，有国家展，又有企业展？

上海国际问题研究院作为最早参与进口博览会筹备，以及虹桥国际经贸论坛主题议题设计的研究机构，对于进口博览会的研究工作启动得早，并且在 2018 年 11 月 6 日，与中欧国际工商学院、复旦大学中国研究中心共同举办了进博会配套国际研讨论坛"世界经济再平衡：中国的角色和作用"。我作为课题成员和主要参与相关研究的工作人员，对于进博会的观察和思考也随之展开。此外，在与外交部、商务部和上海市商委等中央部委和地方政府相关部门的沟通交流中，逐步加深我了对进口博览会的认识。如何看进口博览会，我认为还是要将其放在世界格局和国家发展的大格局中，也就是要结合当前百年未有之大变局来认识进口博览会。

一、百年未有之大变局催生进口博览会

举办进口博览会是顺应全球化的大势，也是顺应世界经济发展的大格局变化。百年未有之大变局在全球层面的变化首先体现在全球化的大变局，具体体现在全球化深入推进，但是反全球化的力量也随之上升。一方面，国家间力量对比发生实质性变化，金砖国家为代表的新兴市场国家经济实力显著上升，突出表现在中美之间的竞争加剧；另一方面，各国国内的发展不平衡特别是收入差距问题的扩大推高了反全球化的浪潮。同时，科技创新带来的人工智能的飞速发展以及技术变革对于产业带来的冲击，正在成为牵引全球化飞速发展的重要动力来源，也是各国竞争的焦点。

百年未有之大变局在区域层面的表现集中体现在区域经贸合作的加强，尤其是在亚太地区和欧洲地区，这两个地区的区域内贸易占比已远远超过美洲地区。由于一体化产业链不断地深化，亚太地区内贸易占比超过 50%，达到 52.4%。欧洲由于一体化包括英国在内的区域内贸易比重已经超过 63%。北美自由贸易区贸易比重则是 40.7%。因此，从区域来看，世界经济的竞争在某种意义上也是区域间的竞争。世界经济的重心过去集中在美洲与欧洲两大地区板块，当前亚太地区的影响力显著上升，如果欧洲和亚太在经贸上不断加深紧密合作，那么美国所在的美洲地区在世界经济的大格局中则处于一个被"边缘化"的位置，一个联系越来越紧密的欧亚大陆经济板块正在形成中，特别是在"一带一路"倡

议的推动下，这一趋势越来越明显。

二、中国发展需要进口博览会

百年未有之大变局最大的变化来自中国。40 年的改革开放中国经济发展取得的成绩是非常显著的，全球 GDP 前十大国家中 GDP 总量超 10 万亿美元的国家只有中国和美国。中国不仅经济总量上去了，在全球治理中的话语权也在上升，建立了亚洲基础设施投资银行、金砖国家新开发银行、丝路基金等。中国的变化还表现在国内经济发展在社会层面带来的变化，社会主要矛盾的界定发生了根本性的调整，由人民群众日益增长的物质文化需要和落后生产力之间的矛盾，现在转化为人民对美好生活的向往与发展不平衡、不充分之间的矛盾。我们如何来界定美好生活，如何通过解决不平衡、不充分发展来实现美好生活的需要？从社会主要矛盾变化、从中国经济发展的需要来说，进口博览会都是应运而生的。

世界面临百年未有之大变局，变局中危和机同生并存，这给中华民族伟大复兴带来了重大机遇。中国发展仍处于并将长期处于重要战略机遇期，需要建立更多的创新机制来抓住机遇推动高质量发展。举办进口博览会就是紧扣重要战略机遇的新内涵要求，适应加快经济结构优化升级，提升科技创新能力，深化改革开放，变压力为加快推动经济高质量发展的动力。

三、进口博览会的战略意义在于开启中国经济新时代

全球面临百年未有之大变局，中国经济发展进入高质量发展的新阶

段。在我看来，进口博览会至少有三方面的战略意义：首先，以市场开放应对贸易保护主义。进口博览会是主动开放中国市场，向外对接、向外采购。因此，博览会不仅有企业展，还有国家展和配套论坛，就是要加强各国间的政策对话和沟通，共同应对贸易保护主义。并且，区别于其他国际性的经贸论坛只谈不做，中国言行一致，身体力行地推动贸易自由化进程。其次，以深化改革应对经济增长下滑。进口博览会看似是一场博览会，但是为了支撑这场博览会所进行的一系列的通关、边检、物流、城市保障服务等各个方面的配套措施改革，对深化改革以及提升上海城市能级都有很大的促进作用，对未来高质量促进中国经济增长也有很大的促进作用。最后，以引进商品应对技术封锁。中国和发达国家之间竞争最激烈的是技术。5G、华为事件已经成为大家热议的话题。改革开放之初通过开放市场来换技术，来引进资本，下一个阶段的发展我们如何推进产业升级，通过进口博览会这样综合性的展览引进全球代表行业一流水准的产品，此举更大的作用是示范、引领、推动和促进，把好的产品引进中国市场，倒逼中国企业创新，也给中国消费者一个好的导引。

国际货币基金组织总裁拉加德女士在论坛上的讲话很好地诠释了进口博览会的桥梁作用。进博会搭建起了中国和世界之间沟通的重大桥梁。举办进口博览会是习近平主席在"一带一路"高峰论坛上提出的，也作为"一带一路"倡议的重要支撑机制。因为"一带一路"倡议面临的很大批评指责中国输出过剩产能，通过世博会，证明中国不是光输出，我们也引进，开放自身的市场。"桥梁"非常恰当地形容了进口博览会的意义，它是沟通世界的桥梁，也是中国正在建设通往未来和通往繁荣的桥梁。

"主场外交"三大平台：经贸外交、元首外交、民间外交

陈东晓

2018 年 6 月 9 日，第 122 期文汇讲堂
《中国举办首届国际进口博览会的战略
意义》。

陈东晓，上海国际问题研究院院长。
整理：李念、金梦。

一、新时代中国"主场外交"是一般外交活动的升级版和加强版

近五年来，"主场外交"是新时代中国外交词汇中出现最多的高频词。我对它的定义是：在我们国家开展的、由中国政府扮演关键角色的，对于维护、拓展国家利益发挥巨大的提质增效作用的重要外交外事活动，特别是多边外交活动。

梳理近五年来的主场外交活动，不难发现，中国的主场外交至少获得了三个标志性、"标配性"的成果。第一，我们提出了一套具有时代引领性的理念和行动路线图。例如，2014 年中国首次主场外交——上海亚信峰会，习近平主席提出了亚洲安全观。同年下半年的 APEC 峰会，中国提出了亚太自贸区北京路线图。2016 年杭州 G20 峰会，中国提出了推动全球经济强劲、协调、包容、可持续发展的杭州宣言等。这些思

想、观念、路线图的影响非常大。

第二，中国的主场外交不仅帮助中国自己搭建了多边外交平台，还扩大了国际"朋友圈"。例如，2017 年，北京召开的"一带一路"首届国际合作峰会邀请了 29 位国家元首和政府首脑。2015 年，在纪念中国人民抗日战争暨世界反法西斯战争胜利 70 周年阅兵式，我们邀请了 30 位外国领导。也就是说，邀请什么人，邀请多少人，都是检验我们国家国际朋友圈的能力。换言之，在中国举办的多边峰会中，首脑外交的"颜值"也很重要，这也是检验中国主场外交成效的第二个标配性的成果。

第三，中国的主场外交能够整体提高中国的综合国际影响力与国际形象。大到我们对多边外交的议程设置，话语权的引领，多边外交、双边外交和民间外交配合，中到文艺演出、领导人配偶外交，小到宴会菜单制定、建筑场馆的文化要素设计等。一场成功的外交活动也是为主场外交的举办城市开展的一场盛大的国际文宣。原来的多边外交主要集中在北京、上海这些一线城市，而 G20 之后的杭州、金砖峰会之后的厦门、正在举办上合峰会的青岛，在举办好多边主场以后，极大地提升了国际影响力与国际形象，改善了民生水平。现在，越来越多的国内二线城市都在踊跃争办主场外交。

所以，并不是在境内举办的所有外交外事活动都能够叫作"主场外交"。主场外交展现的是特殊的外交规模、外交品牌、外交能力及国际传播效应，是一般外交活动的升级版和加强版。

二、2018 年主场外交：围绕一个主旋律、四个分乐章的"交响乐"

2018 年，11 月即将在上海举办的国际进口博览会、4 月的博鳌亚洲论坛、今天开始举行的青岛上合峰会以及 9 月将在北京举行的中非合作论坛峰会，并称为"2018 年的四大主场外交"。这是近五年来，中国主场外交活动最多的一年。那么，如何定义 11 月在上海举办的国际进口博览会的主场外交功能？它与全年的主场外交有何联系？

如果将今年全年的外交活动视为一场交响乐，那么四场主场外交就是围绕一个主旋律的四个分乐章。什么是主旋律？我认为，新时代中国外交的主旋律是：开放促机遇，创新促发展，包容促合作，公平促正义。在中国与世界关系产生历史性变化的今天，我们要以改革开放 40 年为契机，向国际社会展示中国发展扬帆再启航的宏伟蓝图，奏响中国和各国打造的新型国际关系和人类命运共同体的时代强音。

例如，4 月博鳌亚洲论坛开篇着力体现了新时代的博鳌精神，通过进一步宣示扩大开放，中国推动了亚太区域，以及世界范围的经济发展与合作再上新台阶；又比如，今天在青岛举行的上合组织峰会是中国周边外交的重要环节，目标是着力提升新时代的上海精神。通过搭建新老成员安全发展合作新平台，突破务实合作瓶颈，助推扩容后的上合组织"行稳致远"。

9 月即将举办的中非合作论坛的主题尚未确定，我的理解是应该着力倡导新时代的"南南合作"创新精神，使得面向未来的中非合作进一步提质增效。作为今年主场外交的收官之作，进口博览会应该展现新时代更高水平的开放精神，通过做好"6 天展会 +365 天效应"这篇大文章，进一步展示新时代中国开放范围扩大、方式创新、领域拓宽、层次加深，推动全球经济和国际贸易投资朝着更加开放、平衡、普惠和共赢方向发展的信念，发挥中国推动世界经济增长主引擎的功能。

三、进口博览会主场外交的功能——三大平台建设

中国国际进口博览会的功能，从外交角度来看，主要体现在三大平台建设：一是发挥进口博览会提高中国经济外交的综合能力。包括进一步主动扩大开放，主动努力实现贸易平衡；打造虹桥经贸论坛，使之成为一个世界级国际贸易投资论坛，从而进一步提高中国在全球经贸治理领域的国际话语权。二是发挥进口博览会中首脑外交的战略引领作用。全面发挥政治引领、方向引领和理念引领三大引领作用。充分展示中国国家元首在讲好"中国故事"中的"首席讲解员"的风采。三是发挥进口博览会的民间外交、公共外交与地方外事平台作用。做好提升上海国际全球影响力这篇大文章。而每位上海市民的素质与风采都是提升海纳百川、追求卓越上海精神的重要写照。

借外脑，引智慧，推动进博会落户上海

上海市会展行业协会秘书处

原载《上海会展业发展报告（2019）》，
上海科学技术文献出版社 2019 年 4 版。

2017 年 6 月，国际会展业 CEO 上海峰会在上海举办。上海市商务委员会借此契机，邀请了与会的国际会展顾问召开了以"发挥上海会展业优势，把中国国际进口博览会打造成为'一带一路'贸易畅通的重要平台"为主题的上海会展行业国际咨询会议。以下为各专家对 2018 年首届"国际进口博览会"建议的发言摘录。*

贺庭凯［Kai Hattendorf，国际展览业协会（UFI）执行总经理 /CEO］：

"进博会"的召开能带来很多价值，上海有很好的技术设施、很多的人才，专业度高，业界认可度也很高，在这里举办能达到很高的质量级别。

需要注意的是，举办一场大型展览会，由于举办地区的文化背景特点，当地提供的服务可能有所不同。我们建议这可以是一个开放的平台，我们可以提出意见，互相倾听，互相学习，经验分享。上海举办国

---

* （1）发言者身份均为 2017 年 6 月时任职位；（2）此次座谈会是 2017 年 6 月举办的，当时中文还没有"进博会"这个说法。本文中的"进博会"是在翻译过程中，根据后来的称呼确定的。

际展览会的能力，在国际国内的认可度都很高，"进博会"将是向世界展现上海的能力和优势的最好方式。

爱新克 [Jime Essink, 亚洲博闻（UBM）总裁]：

希望主办可以明确，这是一个怎样性质的展览会？是 B2C、C2C、B2B，还是横向的合作展？

众所周知，"广交会"经过了 60 年才达到了如今的成就，目前可能是中国最佳，也可能是世界最佳的进出口商品交易会，他们的展览内容非常专注和独特。那么"进博会"会通过什么机制来做？如何邀请展商、专业观众、买家？是只在一个展览馆举办还是多个？如何进行综合的交通治理、安全管理和人流管理？

关于"一带一路"倡议，我们知道例如哈萨克斯坦就有专项的扶持资金的项目。"进博会"是当地政府倡议的展览，有一定的优势，可以结合这些信息来考量。

伍德保 (Paul Woodward, Paul Woodward 咨询公司总裁)：

"一带一路"的概念将会产生非常多的市场机遇。初期会在地区基础建设方面开始，未来更多的就发展到贸易。目前的世界背景下，对专业化程度的要求越来越高，我们必须把握住未来的趋势，展商期待通过参与这样的展览会来得到他们经济上的回报，如果这个展会和他们的业务息息相关，他们就会来。做好市场营销，建立品牌，把这个展会办成中国最具有领导力的展会，这样就必然能带来更多的机会。

由于"进博会"展品类型众多，是不是有可能在同期分类举办，这样针对性强，对展商观众也有一定的便利性。但是我们也要设定一个质量标准，与现有展会保持在一个同等的水平。

上海需要开发一些世界级的展览项目，一些其他国家无法做到的项目，来体现上海的重要性和不可替代性。任何展览会的最终目的还是要带来一些商业的机会，在政府的支持下，彼此合作，推动展会市场不断向前发展，以达到地方政府和中央政府的一些政策目标。

科拉多·佩拉博尼［Corrado Peraboni, 国际展览业协会（UFI）2018 年度主席］：

上海是中国的中心，一直扮演着其他城市无法扮演的角色，所以我们需要考虑的是这个城市的特色是什么。比如，这里有很多的博物馆、美术馆，这些卖点可以进行很好的组织，与展会组成联动效应，这样对参观者会更有吸引力。

戴维·奥德兰［David Audrain, 美国独立组展商协会（SISO）主席］：

上海的展览会很多，涉及各个行业，都组织得非常好，这是一个优势。新的进口博览会若能给所有的参与者提供一个有利的平台，这非常重要。

还有就是展览会的标准问题。展览行业是一个非常具有创新性的行业，目前没有一个普适的标准，若通过"进博会"，上海能通过有效沟通，形成标准，从而在更加公平公开的赛场上，让各种大小规模的展览会，都有公平的竞争机会。

凯西·布莱登［Cathy Breden，国际展览与项目协会（IAEE）执行副主席］：

除了竞争之外，还有进行合作是不是更好？我们一直在说合作共赢，有没有可能提供更宽泛的合作，并提升推广。包括配套服务设施、数字化营销等，对参展商做一个调研，看看如何能做到多方共赢。

狄克思［Klaus Dittrich，德国慕尼黑展览集团总裁］：

在我看来，"一带一路"是一个非常好的倡议。对于会展来说，我们首先可以建立一个基础设施的项目，接着考虑环境的因素，包括物流也是非常重要的一个主题。这些项目应该寻找其他的合作方才能更加有力，比如开展峰会论坛、各种相关主题的展览和主题展馆，来共同打造上海品牌。

保罗·兹尔克（Paul Zilk，励展 MIDEM 公司总裁）：

"一带一路"是一个非常好的想法，可以增加这个国家的包容性，对各个国家来讲都是非常互惠互利的计划。我认为这样的想法对整个世界来讲都是必不可少的，整个世界都需要这个计划。"进博会"可以把各国的人邀请过来了解这个倡议，这是一个长期的计划。

上海与 17 个 "一带一路" 沿线国家建立了友好城市关系，可以通过城市与城市的连线，在这个基础上开展合作，邀请各国的经济部、外交部、贸易部等来参加活动，看看如何达成互赢的局面。

对于"进博会"的展览类型和行业，可以按照满足"一带一路"沿线国家的需求为先，我们可以提供一个平台，让他们能够接触到那些国家的市场，对于优先需要解决的问题列一个清单，这样可以更有计划性，也可以讨论出更好的想法。

戴维·邦迪（David Bondi，英国英富曼集团亚太区总裁）：

我的建议是：我们的方向不仅仅是开一个展览会，我们可以用一个世界上比较领先的展会来帮助各种各样的展会找到中国的市场。对于某一个展，我们可以提供一个非常明确的标签，让其他人看到特色在哪里。这样的一个平台需要我们很好的交流和沟通，来策划这些活动。

另外，我们需要考虑一下上海的未来，在世界展览行业中是要扮演一个重要的角色、一个领导的角色，我们要这样考虑问题，这样才会成功。但是现在很多展览会还没有达到高度成功的水平，我希望未来往更高的层面发展，这对上海而言是非常好的机会。

桑迪·安格斯（Sandy Angus，蒙哥马利展览集团主席）：

"进博会"可以成为一个很重要的平台，给一些国家和地区提供了解中国的机会，它们也希望从欧洲来到中国寻找商机。中国政府在加强这方面制度的建设，上海市政府也能给予很多的支持。我们可以把所有的机会汇总成一个概况，以有效的方式来吸引人们享受这个种机会，可以做一个未来十年的项目计划表，这样会更加有利于这座城市价值的提升。

施铭泽（Hugh Scrimgeour，塔苏斯集团中国区董事长）：

进口是一个国家从另一个国家购买一些东西，除了制造业外，还需要有服务业，我们需要分析，这些产品进来后，谁会买它？政府希望通过贸易促进经济发展，我们希望了解具体的政策情况。

对中国来讲，现在贸易方面还不是非常对称，中国政府在这方面有很多刺激政策来促进贸易增长。对我们展览行业来说，我们需要买家下订单，不管是国内还是国外买家，我们都需要给予他们更好的服务，我们需要非常谨慎地对待他们，这样才能将你的销售推广出来。

参与筹办首届进博会的感想

牛海彬

本文写于 2019 年 6 月。

牛海彬，时任上海国际问题研究院美洲研究中心副主任。

2018 年 3 月至 11 月，经上海国际问题研究院党委会推荐，上海市政府外办与市委组织部选定，并经过在市委党校集中培训后，我作为上海市选拔的 50 名干部之一，全脱产借调至中国国际进口博览局（进博局），参与首届中国国际进口博览会（首届进博会）筹办工作。

借调期间，我在进博局论坛处参与日常报告及综合文稿撰写、虹桥经贸论坛的注册嘉宾遴选邀请、论坛发展调研规划以及论坛现场会务等多项工作，涉及收费方案、宣传方案、软装方案、证件发放、发票发放等事宜。事非经过不知难，通过这些琐碎和繁杂的工作，我得以较全面地参与虹桥论坛筹办工作，并深刻体会到论坛的重要意义。

首先，干好论坛筹备工作需要提高政治站位，从服务国家总体外交和社会发展的高度予以重视。在接到市委组织部的借调通知时，我并不明白借调的具体工作，并且年度科研规划工作肯定要暂时放一下了。因为要求尽快回复，我思考了一刻钟后决定同意借调，能够在一线为国家和上海直接效力义不容辞。进博会与世博会相比，前者更具中国特色，是中国主动设置和引领国际议程的重大举措，能够参与其中何其有幸。事实证明，只有从思想上认清借调工作的重要性，才能在行动上克服借调工作的各种困难，全身心投入到论坛筹办工作中去。

首届进博会虽然三位一体，包含国家展、商业展和论坛三个方面，但商业展无疑是重中之重。我曾经在 2010 年上海世博会筹办期间，深度参与了美洲方向的主题演绎工作，但进博会的国家展与世博会无论在规模还是主题演绎上区别都很大。虽然进博会重在演绎"进口"主题，但仅靠国家展和商业展显然是不够的，国家级进口博览会的主题必须依赖论坛的深度阐释和解读。可以说，虹桥论坛由谁来讲、讲什么和怎么讲，至关重要，这是深度解读经济全球化与中国选择的重要舞台。

其次，做好工作需要有好的体魄、沟通能力和合作精神。进博局是国务院批准设立的正局级公益二类事业单位。首届进博会筹办期间，进博局的正式在编人员只有几位，其余多为商务部外派和上海市借调人员。商务部派驻上海干部与上海借调干部之间的合作非常重要，在商务部更强调招展办展和牵头开展各项业务的情况下，上海同志更需要有大局观，要重视配合。

进博会筹备工作团队来自五湖四海、各行各业，年龄不均，而且借调同志和志愿者居多，没有强烈的事业心和责任感很难融入这个集体并顺利完成首届虹桥论坛的筹办工作。在冲刺阶段的两个多月，大家在"白加黑、5+2"的日子里连续作战，很多人出现体力不济和情绪失控，没有红过脸、大声呵斥的可能还没有进入状态，有些志愿者边哭边工作，有的人加班太晚就睡在办公室。很多志愿者来不及进行专门的业务培训就要上战场，只能在战斗中学习。为避免出状况，在博览会临近举办的决战动员会上，领导要求各部门不能只压任务，也要关心下属的精神状况，要做好保障工作，比如要供应好三餐，累了要督促休息，办公室要配备床。

最后，在无经验可循的情况下，需要开创性地开展筹办工作。上海虽然有过承办世博会等大型活动的经验，但首届进博会是上海市首次与商务部共同承办的大型活动。一是注意向国际上有影响力的论坛学习，调研博鳌论坛、达沃斯论坛、创新论坛等的设想和做法，探索收费等有利于论坛长远发展的举措。二是探索论坛与展会之间的有机联系，用好优质企业的资源。三是注意细节，办出国际水准。比如，在看到博览局办公楼的标识上出现了"official building"，我意识到这是个翻译错误，如果只有局办公楼是"official building"，难道论坛场馆是"unofficial buildings"？准确的翻译应该是"office building"，这个意见最终被采纳。四是努力提升论坛的影响力。首届论坛的名字从"虹桥贸易论坛"调整为"虹桥经贸论坛"，尽管调整了一个字，但却反映了外界对论坛的期许之高，未来它可能还会被给予更多的期望。

首届进博会终于落下帷幕，商务部的商业头脑和成本意识、上海市的有力保障和全局意识给我留下了深刻印象。我为直接参与了这项工作感到自豪，相信这份经历对我今后的工作和事业会有所裨益。

大乐章中的小音符

黄放放

本文写于 2019 年 6 月。

黄放放，时任上海国际问题研究院智库
发展与科研管理处科长、美洲研究中心
助理研究员。

中国国际进口博览会是一首展现中国全面对外开放的崭新乐章。我
们每一个青年参与者就如同一个个跳动的小音符活跃在进博会的各项活
动中，用自己小小的单音符助奏整个乐章的动听旋律。

作为中国最重要的国际问题智库之一，我的工作单位——上海国际
问题研究院深度参与了首届进博会的研究和筹备工作。得益于此，我有
幸以三种不同的身份直接参与了这场载入史册的盛会，和众多奉献进博
会的青年同仁一样，成为了大乐章中的小音符。

一、发挥组织引领作用，为服务进博会输送青春正能量

2018 年 7 月，为落实上海团市委"关于开展'青春上海'志愿服务
品牌创建行动暨 2018 年上海青少年迎进口博览会城市文明志愿服务计

划"，在市级机关党工委、市外办机关团委指导下，在上海国际问题研究院党组和总支的领导下，作为院团支部书记和研究生党支部书记，我发起建立了"上海国际问题研究院进博会小音符青年志愿服务队"。该队由20余名上海国际问题研究院研究生组成，主要任务是参与进博会最重要的轨交枢纽——徐泾东站的保障服务工作和进博会配套学术论坛的会务保障工作。队员们从9月3日开始参加会前培训，10月29日正式上岗，11月10日结束，在不耽误课业学习的基础上，总计服务134个小时。

在组织的引领下，小音符志愿服务队全队上下立场坚定、团结齐心、正气抬头，四处洋溢着新时代的青春正能量。11月4日，志愿服务队在徐泾东站提供秩序引导和现场翻译服务时，接待了一位老华侨。老爷爷洋装虽然穿在身，但依然有着一颗中国心，从他胸口挂着国旗徽章就可以看出。然而大概是长期受西方媒体的影响，老爷爷对中国应对中美贸易问题提出了批评，对中国的两岸政策也不大认同，对国家举办进博会更是提出了诸多质疑。为此，志愿者们保持着高度的政治敏感性，结合其专业知识，不卑不亢地与老爷爷推心置腹地进行了交流，向其讲解进博会举办的大背景及意义，分享了青年人如何经历和感受到祖国日新月异和翻天覆地的变化。经过近30分钟的交流互动，老先生的言语不再激烈，神色也从凝重转为轻松，似乎心中一些疑虑得到了解答。在离开地铁出口前，老爷爷特地向志愿者们作了告别，他表示自己对中国的未来总体上还是乐观的，并鼓励志愿者们能够为祖国繁荣和两岸统一多做贡献。

虽然故事发生时我不在现场，但当我听到转述时深深为小音符志愿队的主人翁精神感到高兴，更为他们能用专业本领践行"两个维护"感到骄傲。一支高素质的志愿服务队，不能仅仅满足于做好迎来送往等事务性工作，还要发挥专业所长，做好政策解释和民间外交工作，传递青春正能量。最终，这支队伍被上海市精神文明建设委员会办公室和共青团上海市委员会评为"上海市志愿服务先进集体（首届中国国际进口博览会志愿服务先进集体）"，全市仅有 20 支队伍获此殊荣。

二、发挥吃苦耐劳精神，当好进博会外事保障的后备力量

在首届进博会中，上海市外办承担了政要团组接待任务。上海国际问题研究院作为外事系统单位，也成为市外办接待工作的重要后备力量。经我院党总支书记、办公室主任方晓老师推荐，我被分配到古巴国务委员会主席团接待组。原本以为"替补队员"的工作不会太繁重，但实际工作强度之大远超我想象。

从 11 月 5 日起，我就进入了"战时"状态。清晨 6 点，我赶到扬子江万丽大酒店完成安全检查，乘接驳车抵达国家会展中心（上海），随同我院学术委员会主任杨洁勉老师参加首届进博会开幕式。在会上，我亲眼见到了习近平主席和各国政要及国际组织领导人，现场聆听了习主席振奋人心的主旨演讲，亲身感受了开幕式的恢弘大气。开幕式刚结束，我便陪同杨洁勉老师赶往上海洲际酒店参加与比尔·盖茨的会见，过程中还承担摄影和记录的工作。会见结束时已近下午 3 点，赶回院里已经是 4 点，将手头上的工作处理和交接完毕，5 点左右才吃上午饭——泡面一碗。紧接着，6 点再次赶往兴国宾馆，参加应勇市长和比尔·盖茨的会见。7 点半回到家收拾行李，8 点半又抵达位于浦东的凯宾斯基大酒店，为接待即将到来的古巴元首团组就位。当晚 10 点半，外办领导给大家开完准备会后，全体组员都进入了待命状态。根据工作安排，我是随团备选翻译，主要任务有三：一是担任陈群副市长接机时

的备选翻译，二是担任秦刚副部长陪同参访时的备选翻译，三是随团机动翻译。

古巴国务委员会主席团原定于 6 日清晨 6 点抵沪，全体组员凌晨 4 点就已做好接机准备，但该团抵沪时间几经变化，最终落地已近中午 12 点。古巴团组实到人数远超计划人数，让接待组有些措手不及，幸好外办同志外事经验丰富，做好了应变措施，顺利完成接机任务。之后，该团组行程多变，又给接待任务带来了不小的挑战。比如，下午原计划参观上海光源、张江高科技园区和进博会古巴展位，但出发后古巴主席径自调整了日程，参观了展会中所有拉美国家的展位，临时取消上海光源行程，仅赴张江高科技园区科技创业孵化基地进行考察。在六个多小时的随团参访中，全团同志注意力高度集中，全程粒米未进、滴水未沾。在全团的默契配合和相互协作下，我们克服了重重困难，终于顺利圆满完成了各项任务。行程结束的那一刻，古巴领导人对全团认真细致的工作表示了感谢，大家也对能够为中古交往和中古友谊尽了绵薄之力而感到高兴。

还有一个小插曲，在参访张江高科技园区过程中，迪亚斯·卡内尔主席对中国一项拥有自主知识产权的人工智能机械手臂产生浓厚兴趣，并向研发企业询问普通人是否负担得起，他的陪同翻译误将 3 万美元译为了 300 万美元，让这位古巴领导瞠目结舌。我听到后，立即提醒站在身边的古巴新闻官，请他纠正了这个数字，以免让古方对中国科创成本和产品产生巨大误解。这可能也算是我作为一个备用翻译的小小贡献吧。

三、发挥专业技能优势，为服务进博会做好对外宣传工作

本次进博会是中国向全世界展现对外开放成就和海纳百川胸襟的一

次盛会，因而外宣工作显得格外重要。在进博会召开的前几天，我接到母校上海外国语大学西方语系陆经生老师的电话，他推荐我到中央电视台西语频道接受专访，要求用西班牙语对进博会及其意义作专业解读。

我院在进博会相关研究方面起步较早，有一定的学术优势。我在接受采访前，有幸得到我院世界经济研究所所长张海冰老师的专业指导，以及美洲研究中心楼项飞老师的鼓励和支持，顺利完成采访任务。节目播出后，我收到了来自西班牙和拉美国家一些友人的祝贺，其中，秘鲁《今日中国》的主编还将节目视频发在了脸书上。我想，这也是对我在专业学习上的莫大鼓励。

2008 年，我还是一名大二学生，有幸受上海世博局和团市委选派参加了西班牙萨拉戈萨世博会的志愿服务和实训调研工作，还能清晰记得当时我们对西班牙能够举办如此盛大的博览会羡慕不已。十年后，我们国家发起举办了进博会，我又有幸能够亲身参与其中，贡献自己的一分力量，真让人感叹岁月不居。逝者如斯夫，不舍昼夜。这十年是世界风云变化的十年，也是祖国蓬勃发展的十年。筹办世博会时，我们如饥似渴地向他国学习经验；举办进博会时，我们已经可以自信地宣介自己的道路、理论、制度和文化。当今世界正经历着百年未有之大变局，世博会和进博会是祖国的两场重大主场外交活动，也是我们这一代人亲历的两首时代大乐章。我和无数为之奋斗的年轻人一样，都是一个个小音符，用自己的旋律汇集成荡气回肠的和声，在助奏时代大乐章的同时，也为自己写下了一首美妙的青春之歌。

进博会接团那些事儿

孙莎莎

本文写于 2019 年 6 月。

孙莎莎，时为上海国际问题研究院国际
合作与对外交流处工作人员。

　　随着首届中国国际进口博览会的成功举办，"永不落幕的进博会"
已成为上海对外开放的新名片。盛会空前，嘉宾云集，聚光灯下的上海
也面临着城市管理、服务响应、外事接待等方面的"大考"。我有幸作
为首届进博会外事保障组的成员，担任了巴基斯坦总理伊姆兰·汗正式
访问团组的新闻联络员。

　　新闻联络员的职责在于保障外方记者顺利报道代表团参与进博会的
相关活动。所谓"养兵千日，用兵一时"，虽然巴基斯坦代表团在上海
停留的时间不到 48 小时，但是从我第一次接触外国高访团组的接待工
作，到完成进博会的接待任务，前后历时约 5 个月。为应对进博会期间
外宾团组密集访沪，为相关外事接待工作做好热身准备，上海市人民政
府外事办公室提前招募了一批外事系统的志愿者，参与到进博会前期部
分高访团组的接待。在市外办国宾处领导和老师们的指导下，我先后担
任了英国爱德华王子及卢旺达外交合作和东非共同体事务部国务部长访

沪要客团组的助理联络员，在实战中熟悉了外国高访团组的接待流程。此后，我还参与了多次联络员培训动员大会，接待了巴基斯坦先遣组访沪会谈并踩点，与巴方新闻官联络并确定外媒人员名单并制作证件、收集器材通关信息，根据代表团行程制定新闻方案，做好相关专场活动的媒体引领工作，以保障外媒组相关新闻联络工作的顺利开展。其中，最令我难忘的是开幕式后在巴基斯坦国家馆的经历。

按照工作流程，开幕式结束前，我引领两位巴方记者在领导人巡馆之前先行前往巴基斯坦国家馆，在馆内调试好设备，等候拍摄领导人巡馆。在等候期间，巴方记者主动为我当起了向导，迫不及待地带我在展馆内先睹为快。作为12个主宾国之一，巴基斯坦带来了食品及农产品、服装、运动用品等展品来参加本次进博会。记者朋友向我一一介绍馆内展品，其中包括让巴基斯坦人最引以为豪的足球——该国生产的足球曾被过去两届世界杯选为比赛用球。除了展品，展馆内的中巴经济走廊展板展现了中巴共建"一带一路"、实现共同发展的美好愿景。巴方记者还向我介绍，展馆内的葱郁大树其实是一个重要展示部分，即巴基斯坦发起的"10亿棵树种植项目"，旨在增加巴基斯坦国内及"中巴经济走廊"的森林覆盖率。

在随后的闲聊中，巴方记者告诉我，巴方对于参加进口博览会高度重视，进博会是近期巴媒体重点报道的话题。新上任的总理伊姆兰·汗亲自带队参展，并于开幕式后参加巴基斯坦贸易和投资会议，足见其重视程度之高。他还曾在多个场合表示，中国举办进博会向外界展示了中国向世界开放市场的积极努力，中国无疑是全球发展的积极力量。巴基斯坦的农产品、蔗糖、皮革、纺织品、体育用品以及医疗器具等都是很好的出口商品，进博会将有助于中巴两国就扩大巴基斯坦对华出口探索新的可能性，两国领导人会晤也为巩固中巴全天候战略合作伙伴关系提供了机遇。当谈及中巴合作，两位记者不约而同地竖起了大拇指："巴基斯坦和中国是好兄弟！"他们还介绍说，本次参展商品全面覆盖纺织品、医疗用品、大米等相对具有竞争力的出口产品，并由政府全额负担参展方赴华产生的费用。巴基斯坦参展商将首届进博会看作向中国乃至世界推介展示自家商品的好机会、好平台，希望能搭上中国开放的快车，实现共同发展。其中一位摄影记者还表示，这是他第一次来中国，但绝不会是最后一次，更希望以后能有机会带家人来中国看看。

市外办新闻文化处的老师在进博会前为新闻联络员整理了一些流程和注意事项，文档名是"接团那些事儿"。在短暂的接团过程中，"平淡"二字从未出现。开幕式当天，从凌晨3点起床洗漱，奔赴外媒组所在酒店接人，再赶往国家会展中心，在新闻中心安置负责传送卫星直播信号的记者，一直到在安检口等候进入主会场时，我紧张焦虑的心才慢慢沉静下来，而此时的天刚蒙蒙亮。在国家领导人正式迎宾前是数小时的漫长等待，各国记者都在翘首以盼，我的心中除了期待，更多的是为今天的中国和上海倍感自豪，以及为自己能亲身参与我国主场外交活动而激动。当然，接团不可能是一帆风顺的。开幕式前一天，接机时略显混乱的场面导致排在车队末尾的外媒组差点未能完成拍摄任务。在开幕式后拍摄巡馆时，虽然在事前反复关照，巴方记者还是为了能够拍摄到更多自己总理的画面而追随着领导人离开了巴基斯坦展馆，这不符合我方新闻工作规定，我只好在警卫人员的注目下追上他们并进行解释，再将其带离场馆。

通过此次进博会接团的经历，我不仅重新认识了中国人口中的"巴铁"——巴基斯坦，更是从身边的老师和小伙伴身上学习到了许多宝贵品质。顾大局：在遵守外事纪律和程序规范的前提下照顾外方的合理诉求，保证顺畅沟通，积极谋划并制定合理方案。能吃苦：外媒组往往是最早到达、最晚离开活动现场的一批人，还要面对道路拥堵、设备安检等多重压力，也经常活动赶场而错过用餐，但这些都不妨碍小伙伴们精益求精、严谨细致，体现了追求卓越的工作标准。勇拼搏：每个访问团组均由北京联络员、上海联络员、新闻联络员、警卫、车队等构成，大家时刻保持昂扬斗志，每每出现突发状况，依靠团内和外媒组老师的协作和帮助，问题总能迎刃而解。这段弥足珍贵的回忆和进博精神将伴随我砥砺前行。

零距离接触
——我的首届进博之旅

张　翀

本文写于 2019 年 6 月。

张翀，时为上海国际问题研究院亚太研究中心研究实习员。

　　作为 2018 年四大主场外交的收官之作，首届中国国际进口博览会吸引了全球目光。上海国际问题研究院也在进博会现场共同举办了"世界经济再平衡：中国的角色与作用"论坛，会议邀请到前英国国防大臣、现任英国国际贸易大臣利亚姆·福克斯，法国前总理拉法兰等多位重量级嘉宾，共同就全球经济治理的前沿问题进行了讨论，进一步彰显进博会所倡导的开放、合作、共赢的理念。我也有幸通过参与"世界经济再平衡：中国的角色与作用"论坛，体验了首届进博会这场"不一般"的历史性盛会。

一、精准到秒：英国贸易大臣福克斯博士的转场之旅

　　在参与组织"世界经济再平衡：中国的角色和作用"论坛过程中，作为参会嘉宾的联络员，我负责对接英国国际贸易大臣福克斯博士。大

臣先生在组织筹备阶段给论坛准备工作出了一个不大不小的"难题"。由于论坛和英国国家馆开幕式在时间上发生了冲突，两场活动恰巧同时开场，因此大臣先生计划在完成致辞后立刻从英国国家馆赶到论坛现场参会。如何在巨大恢弘的国家会展中心内确保他能通过最近的路程、在最短的时间内完成活动转场并及时赶上演讲环节，是一场集聚了对我个人耐心、细心、专心和责任心的多重考验。这也成为了论坛前期准备工作的重点之一。

出于安保的考虑，进博组委会仅允许论坛工作人员在会议前一天晚上进入国家会展中心内布置会场。但所幸通过与组委会工作人员一次次的电话沟通和他们的耐心帮助，我们对国家会展中心内外布局有了相当程度的了解，我的馆内地图也写满了各种"注脚"：进出口大门方位、馆内通道限制、各安检口位置等。为了确保大臣先生能快速、准时地完成转场，我与他的工作团队研究设计了多条从英国国家馆到论坛现场的路线。论坛筹备小组的各位同事与我在进博会开幕前还三次赴国家会展中心"踩点"。尽管没有机会用双脚丈量国展中心，但大家选择环绕场馆行走，仔细研究进博期间场外道路交通管制规定，甚至为大臣先生"制定"好了场外行车路线。可以说，论坛开始前虽然无法做到对"四叶草"内部进行实地探场，但我们对各展馆位置和会场内交通有了充分了解，真正做到了心中有数。同时，为给活动转场留有余量，我还与其他演讲嘉宾进行沟通，确保在福克斯博士未能及时赶到会场的情况下，论坛依然能顺利进行。

论坛能否顺利进行是检验准备工作到不到位的有效手段。11月6日，我们迎来了最后的"大考"。一早我和同事们便赶赴论坛现场做最后的准备工作。其间我与大臣的工作团队持续保持联系，互通各自活动进展。在 9 点论坛开场后 20 分钟左右，我收到大臣工作团队的消息：福克斯博士已经完成开幕式致辞，正按计划从英国馆步行至论坛现场。

不久后，我在论坛场馆入口顺利迎到大臣先生。经过简单寒暄，我便立刻带领他及随行人员进入活动现场。在大臣入座后不久，我抬头看了一眼时钟，时间定格在 9 时 36 分。大臣到场的时间精准地落在了我们行前计划的"窗口"之内。

10 多分钟后，论坛便进入嘉宾主旨演讲环节。福克斯博士作为第一位发言嘉宾在演讲中表示："中国自从加入世界贸易组织以来，不仅成为了全球最大出口国，同时也是最大的全球消费市场。自由和开放的贸易能让人们获得更多的机会，也让他们分享知识、技能和经验，同时也可以激发创新、促进企业发展。"大臣还强调了英国对维护公平自由的贸易环境和世界贸易组织框架下的贸易准则的坚定支持，并表达了对中英两国"黄金时代"的贸易关系的发展信心。

大臣在演讲中传递的有关未来全球经济及中英关系的积极信息得到全场听众的热烈反响，赢得了阵阵掌声。我相信，这些掌声既是为精彩的演讲而喝彩，也是对所有论坛工作人员默默付出的辛勤与执着的肯定。

二、永不落幕的进博会

作为参与进博会及配套论坛的一分子，所有活动相关的记忆将长留在我脑海之中，挥之不去。在进博会活动筹备工作的日日夜夜中，我看到无数进博会参与者不仅成为各项活动中尽职尽责的"螺丝钉"，更常常发挥自身优势，成为进博会筹备工作的"助推器"。他们的努力工作和无私奉献为各国来宾呈现了中国日益开放、包容、自信的面貌。

习近平主席在首届中国国际进口博览会开幕式上的主旨演讲中表示："中国有 13 亿多人口的大市场，中国真诚向各国开放市场，中国国际进口博览会不仅要年年办下去，而且要办出水平、办出成效、越办越好。"日日行，不怕千万里；常常做，不怕千万事。我相信，所有进博人都将"守正笃实，久久为功"，通过永不落幕的进博会向世人展现中国"海纳百川"的开放胸襟。

后 记

　　本书汇编了90余篇个人回忆，其中关于世博会的文章近九成。显然，这是因为世博会已经是过去式，而进博会刚拉开帷幕。

　　上海世博会结束后，不少参加办博的人员纷纷撰写回忆。首届进博会开幕后，也开始有参与者谈参与感想。我们从各方面汇集了这些回忆，整理成《从世博会到进博会》一书。

　　为了尽可能收集更多人的回忆文章，又为了避免此书过厚，我们确定两条原则：一是对有多篇回忆文章的作者，本书尽可能只收录其一篇回忆，尽管如此，还是有很多参与世博会的人的回忆无法进入本书；二是每篇文章尽量不超过3 000字，为此，编者对大部分文章做了删节。这两条原则，使得本书在篇幅"瘦身"的同时，不可避免地带来"回忆不全面"的遗憾。希望明年在编辑第二册时能有所弥补。

　　除了直接邀稿之外，凡是从各方面汇集的文稿，本书都注明出处。

季路德

2019年7月1日

图书在版编目(CIP)数据

从世博会到进博会/陈东晓主编. —上海:格致
出版社:上海人民出版社,2019.10
ISBN 978 - 7 - 5432 - 3059 - 0

Ⅰ.①从…　Ⅱ.①陈…　Ⅲ.①博览会-介绍-上海
Ⅳ.①G245

中国版本图书馆 CIP 数据核字(2019)第 210982 号

责任编辑　张苗凤
封面设计　人马艺术设计·储平

从世博会到进博会
陈东晓　主编
季路德　副主编

出　　版　格致出版社
　　　　　　上海人民出版社
　　　　　　(200001　上海福建中路 193 号)
发　　行　上海人民出版社发行中心
印　　刷　常熟市新骅印刷有限公司
开　　本　720×1000　1/16
印　　张　28.5
插　　页　4
字　　数　336,000
版　　次　2019 年 10 月第 1 版
印　　次　2019 年 10 月第 1 次印刷
ISBN 978 - 7 - 5432 - 3059 - 0/G · 689
定　　价　88.00 元